U0531138

本研究得到国家社会科学基金一般项目（项目编号18BSH028）及湖北省社会科学基金后期资助项目（项目编号2019130）的支持

金小红 等◎著

乡村儿童留守问题的实证研究

基于"留守"到"泛留守"现象的观察

中国社会科学出版社

图书在版编目(CIP)数据

乡村儿童留守问题的实证研究：基于"留守"到"泛留守"现象的观察 / 金小红等著 . —北京：中国社会科学出版社，2021.5
ISBN 978 – 7 – 5203 – 8384 – 4

Ⅰ.①乡…　Ⅱ.①金…　Ⅲ.①农村—儿童教育—研究—中国　Ⅳ.①G61

中国版本图书馆 CIP 数据核字（2021）第 082794 号

出 版 人	赵剑英
责任编辑	冯春凤
责任校对	张爱华
责任印制	张雪娇

出　　版	中国社会科学出版社
社　　址	北京鼓楼西大街甲 158 号
邮　　编	100720
网　　址	http://www.csspw.cn
发 行 部	010 – 84083685
门 市 部	010 – 84029450
经　　销	新华书店及其他书店
印　　刷	北京君升印刷有限公司
装　　订	廊坊市广阳区广增装订厂
版　　次	2021 年 5 月第 1 版
印　　次	2021 年 5 月第 1 次印刷
开　　本	710 × 1000　1/16
印　　张	18
插　　页	2
字　　数	291 千字
定　　价	108.00 元

凡购买中国社会科学出版社图书，如有质量问题请与本社营销中心联系调换
电话：010 – 84083683
版权所有　侵权必究

关键性导读

- ◇ 乡村振兴是解决儿童"留守"问题的根本基石
- ◇ 乡村的衰落对儿童成长不利,"泛留守"问题应该受到关注
- ◇ "留守"问题的综合特性需要多层理论视角研究
- ◇ 家庭教育对于留守儿童的影响胜于家庭留守状态的影响
- ◇ 关注留守儿童精神世界(价值观)日常型构,反思当下乡村社会的文化传递
- ◇ 学校教育要注重新型数字化及素质性教育知识的充实
- ◇ "留守"与"泛留守"问题亟待专业化社会组织服务的介入
- ◇ 需要构建以乡村社区发展为基石的专业服务体系

目　录

第一章　绪　论 ……………………………………………………（ 1 ）
　　第一节　人口流动与乡村"衰落" ……………………………（ 1 ）
　　第二节　研究综述与研究反思 …………………………………（ 7 ）
　　第三节　研究视角与研究设计 …………………………………（ 14 ）
第二章　乡村儿童日常生活原型 …………………………………（ 33 ）
　　第一节　乡村儿童生存及需求现状的差异性描述 ……………（ 33 ）
　　第二节　乡村儿童偏差行为的多因素分析 ……………………（ 40 ）
第三章　留守儿童日常生活原型 …………………………………（ 46 ）
　　第一节　留守儿童生存及需求的现状 …………………………（ 46 ）
　　第二节　留守儿童的内部差异性分析 …………………………（ 64 ）
　　第三节　留守儿童偏差行为的多因素分析 ……………………（ 71 ）
　　第四节　留守儿童多个问题的多因素分析 ……………………（ 76 ）
第四章　留守与非留守儿童的描述性比较分析 …………………（ 88 ）
　　第一节　留守与非留守儿童的共性需求 ………………………（ 88 ）
　　第二节　两组儿童行为的差异性描述 …………………………（ 90 ）
　　第三节　两组儿童相关需求的差异性描述 ……………………（ 95 ）
第五章　两组儿童生理、心理和行为问题成因的比较研究：
　　　　　基于生态系统理论的视角 ……………………………（ 98 ）
　　第一节　生态系统理论的适用性 ………………………………（ 98 ）
　　第二节　两组儿童相关问题的研究现状 ………………………（ 99 ）
　　第三节　模型建立和研究发现 …………………………………（102）
第六章　两组儿童偏差行为、受欺凌问题的比较研究：
　　　　　基于社会联结关系的考察 ……………………………（112）

第一节　留守儿童偏差行为研究现状 …………………… （112）
　　第二节　留守儿童受欺凌问题研究现状 ………………… （116）
　　第三节　社会控制理论对越轨行为和受欺凌的解释 …… （119）
　　第四节　模型建立和研究发现 …………………………… （123）

第七章　两组儿童偏差行为问题的作用机制比较研究：
　　　　　基于一般压力的考察 ……………………………… （133）
　　第一节　一般压力及实证研究的适用性 ………………… （133）
　　第二节　中介模型建立与研究发现 ……………………… （138）
　　第三节　调节模型建立与研究发现 ……………………… （151）

第八章　留守儿童"学习价值观"的型构：基于日常
　　　　　生活实践的视角 …………………………………… （166）
　　第一节　区域背景、相关概念及解释框架 ……………… （167）
　　第二节　乡村场域：学习价值观的生成环境 …………… （169）
　　第三节　惯习：学习价值观生成过程的日常呈现 ……… （177）
　　第四节　日常生活实践中学习价值观的特质 …………… （183）

第九章　"网格化陪伴"介入的实务初探：基于生态
　　　　　系统的视角 ………………………………………… （192）
　　第一节　行动研究设计 …………………………………… （192）
　　第二节　"陪伴式"实务模式应用及反思 ……………… （193）
　　第三节　"网格化陪伴"实务模式探索 ………………… （199）

第十章　留守儿童关爱服务传输中社会工作者资源整合
　　　　　角色的再思考 ……………………………………… （208）
　　第一节　留守儿童关爱服务的传输 ……………………… （208）
　　第二节　关爱服务传递的现状、问题及其影响：基于资源
　　　　　　利用效能的角度 ………………………………… （212）
　　第三节　关爱服务传递过程中社会工作者的
　　　　　　角色落差 ………………………………………… （217）
　　第四节　关爱服务输入过程中社工资源整合
　　　　　　角色的探索 ……………………………………… （218）

第十一章　从"留守"问题到"泛留守"问题的思考 …… （222）
　　第一节　乡村儿童生存及需求的现状 …………………… （222）

第二节　"泛留守"问题的思考与社会工作服务的现状 ……（235）
  第三节　针对社会工作"留守问题"服务的调查及反思 ……（241）
第十二章　研究结论、政策建议与研究展望 ……（256）
  第一节　研究结论 ……（256）
  第二节　政策建议 ……（262）
  第三节　研究展望 ……（265）
参考文献 ……（267）
后记 ……（276）

第一章 绪　　论

第一节　人口流动与乡村"衰落"

一　党的十八大及党的十九大以来乡村振兴的国家战略

2012年、2017年党的十八大、十九大以后，关于"乡村"研究的语境慢慢发生了转变，随着反哺乡村、精准扶贫、乡村振兴等国家战略和思路的铺开，与"留守"相伴随的问题被置于乡村生态系统重建的思路中。

党的十八届三中全会提出，城乡二元结构是制约城乡发展一体化的主要障碍，必须健全体制机制，形成以工促农、以城带乡、工农互惠、城乡一体的新型工农城乡关系，让广大农民平等参与现代化进程、共同分享现代化成果。要加快构建新型农业经营体系，赋予农民更多财产权利，推进城乡要素平等交换和公共资源均衡配置，完善城镇化健康发展体制；推进农业转移人口市民化，逐步把符合条件的农业转移人口转为城镇居民；创新人口管理，加快户籍制度改革，全面放开建制镇和小城市落户限制，有序放开中等城市落户限制，合理确定大城市落户条件，严格控制特大城市人口规模；稳步推进城镇基本公共服务常住人口全覆盖，把进城落户农民完全纳入城镇住房和社会保障体系，将在乡村参加的养老保险和医疗保险规范接入城镇社保体系。同时，党的十九大报告中，在健全社会保障体系部分，提出健全乡村留守儿童、妇女、老年人关爱服务体系，健全残疾人权益保障、困境儿童分类保障制度。

二　中国大步跨入人口流动时代

据2019年湖北省调查数据，湖北省农民工突破1000万人，其中在省内务工的达500多万人。2000年第五次全国人口普查资料显示，中国有迁移人口14439万人，占全国总人口的11.6%。2010年第六次全国人口普查资料（段成荣，2011）如图1-1所示。

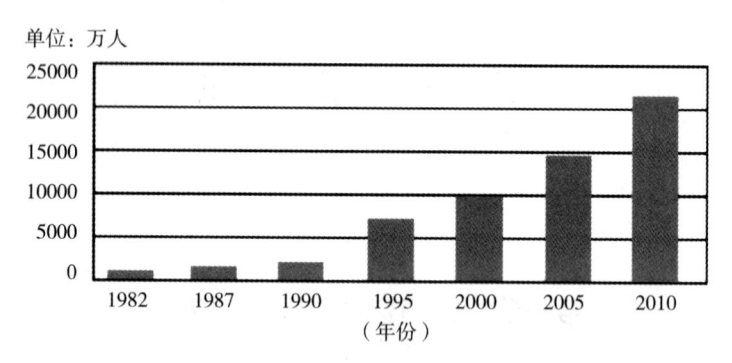

图1-1 中国流动人口的增长趋势

根据《中国流动人口发展报告2010》预测，随着我国城镇化和户籍制度改革的逐步推进，未来流动人口规模会进一步增加，预计到2050年达到3.5亿人。同比西方的一些发达国家，他们在一个多世纪以前就完成了城镇化过程：英国早在1850年城市人口就超过了50%，初步进入城市社会；德国在1900年城市人口超过55%，美国、澳大利亚、法国也都在20世纪上半期先后进入城市社会；日本在1970年城市人口达到72%，进入成熟的城市社会。因此，可以预见，未来中国的流动人口还将以更大规模增长，同时，伴随着人口的大幅度流动，由此而带来的诸多社会问题将是未来中国社会管理所面临的巨大挑战，在这些挑战中包括本次调查研究的核心议题——乡村生态环境及"留守"儿童生存环境的风险问题。

三 人口流动带来的家庭风险

（一）中国流动人口的社会学特质

流动人口是一个具有"中国特色"的概念。在其他国家，只有"人口迁移""迁移人口"的概念，而没有"人口流动""流动人口"的概念。中国流动人口的迁移，仅仅意味着空间和时间的变化，但是在户籍制度仍然对公民的教育、医疗等一系列的社会保障政策起作用的时候，大部分由乡村向城市流动的人口户籍内涵是没有变化的。正是这个原因，使得很多流动家庭生活发生变化，其中儿童"留守"现象的出现就是最大的变化之一。

表 1 – 1　　　　　　中国迁移人口与流动人口的区分

人口类别	空间	时间	户籍
迁移人口	变化	变化	变化
流动人口	变化	变化	未变

（二）人口流动带来的儿童"留守"问题

从 1985 年中央一号文件打开了农民进城务工的大门，到 2004 年《中共中央国务院关于促进农民增加收入若干政策的意见》等政策的实施，乡村人口向城市转移的规模不断扩大。进城务工成为农民脱贫致富的一个主要途径，也成为我国经济持续高速增长的动因。与此同时，人口的流动和转移也加大了城市在就业、住房、医疗、教育、交通和社区服务等方面的压力。我国现行的户籍管理制度和人口分布状况使这种压力落到流动者身上。

对于中国人口流动的城乡二元社会结构背景，国外及国内相关学者保持了一致的敏感度。市场竞争机制的引入，激发了人口流动，但是户籍制度（郭秀云，2010）等公共物品的相对不平等分配，限制了农民城市公民权的获得（Solinger，1999）；一定程度上的社会排斥使得这些人群在城市面临"半城市化""内卷化"困境（王春光，2006），"三重制度分割——二元社会结构、二元经济结构和二元劳动力市场结构，使流动人口劳动力被隔离在特定的社会和经济空间之内，而正式制度对这个空间领域的控制和影响较弱"（李春玲，2006）；这些人群在城市中遭遇社会适应性问题（朱力，2006；王桂新、武俊奎，2011）。在户籍制度仍然对公民的教育、医疗等一系列的社会保障政策起作用的时候，大部分由乡村向城市流动的人口户籍内涵是没有变化的，根据中国城市流动人口社会融合评估报告（2018），与流动人口生存密切相关的职业保障、公共服务保障等比较差，除了一般意义上的户籍门槛外，还主要表现为工作保障差、工作环境差、社会保障（三险一金、劳动合同）贫乏，劳动合同签订率和连续就业时间方面的问题更为严重，而上海的一项调查表明，流动人口中合同制工人的比例仅为 29.1%，全国流动人口跟踪调查数据表明，平均只有 15.22% 的流动人口参与了失业保险，子女就学及家庭就医、养老等都还是瓶颈问题。正是这个原因，使得留守儿童现象出现（Zhou & Cai，

2008)。谭深等提出"拆分型家庭模式"的概念来描述流动人口的家庭结构模式,它由"拆分型劳动力再生产模式"衍变而来(沈原,2006;任焰、潘毅,2008;金一虹,2009、2010;谭深,2011)。

留守儿童是指年龄在 18 岁以下,因为父母一方或者双方外出打工 6 个月以上,被留在户籍原地(通常指乡村地区)的儿童(Fan,Su,Gill & Birmahe,2010)。据全国妇联此前发布的数据显示,我国有 6100 多万名乡村留守儿童,每 5 个儿童中就有 1 名乡村留守儿童(全国妇女联合会,2013)。一项调查表明,大部分的父母会在一年内回家看望儿童并在家乡待一个月甚至更少的时间(Ye & Pan,2011)。更值得关注的是,一项 2013 年进行的调查显示,仅仅有 66% 的 3—5 岁的留守儿童进入幼儿园,2010 年的数据显示大约有 3.4% 的 6—17 岁的留守儿童没有接受 9 年义务教育,同时留守儿童显示更低的高中入学率,只有 23% 的留守儿童进入高中阶段学习(Duan,Lv & Wang,2014;Lv,2014)。留守儿童的相关问题引起了广泛关注。

四 人口流动带来的乡村风险

(一)乡村经济形态与困境

在 40 多年的改革历程当中,中国政府适时地出台、调整与完善乡村政策,相继推出以家庭承包经营为基础的微观经济组织建设、所有权和使用权互相分离的土地制度改革、农产品价格改革等为先导的以提高经济效益为核心的改革等政策(李秉龙,2008),极大地赋予了乡村经济发展的动力与活力。

根据相关理论和数理统计分析得出,中国乡村经济处于转型的重要时期(张凤,2011),乡村经济也面临着发展困境,如快速的工业化和城镇化发展过程塑造了模式粗放的工业化、质量低下的城镇化和不完善的社区管理(曹俊杰、高峰,2012),传统与现代农业转换过程中出现了产业结构调整矛盾、非农产业步履维艰、农民工群体的弱势地位等问题(卢昌军,2007),特别是外出务工的农民工,这一群体规模庞大,给乡村发展带来多重影响。一方面农民工外出是现代化过程中人口发展不可避免的趋势,他们的流动对增加乡村居民收入、缓解农民家庭贫困、改善农民家庭福利状况及促进土地流转具有积极效应（蒲艳萍、刘婧，2010）；另一方面，我国农民工的出现仅仅是乡村劳动力的自发流动，带有相当的盲目性（梁龙，2008），作为乡村社会稳定的中坚群体，青壮年劳动力大规模地流动，乡村地区富余劳动力向非农转移对乡村正常的农业产生影响（彭巨水，2008），影响农业生产的稳固基础，带来耕地利用率降低、粗放经营、空心村形成、农业新技术难以推广（夏莉艳，2009）等负面影响。

（二）乡村的文化系统及冲击

特定的经济基础之上形成一定的文化系统，乡村文化是指与乡村区域的生产方式和生活方式相联系、适应当地群众需要的思想观念、道德伦理、法律意识、科学文化、知识教育、文娱活动的统称，是乡村经济发展潜在的文化动力，是整个乡村现代化过程中显在的人文环境。"进城"的人口流动现象不但对乡村经济发展产生影响，而且也对乡村文化造成一定的冲击。

与过去相比，我国目前的乡村经济实力得到很大提高，物质文化繁荣发展，但这并不代表乡村的文化精神与经济同步上升。在城乡二元结构下，乡村文化建设面临着因乡村劳动力"空心化"而造成的乡村文化建设主体缺失、基础设施落后、供需矛盾突出、边缘化、系统开发及建设机制无法形成（卢婷婷、翟坤周，2012）等困境。同时在市场经济、文化异质性、现代教育与大众传媒、城市吸引力、信息社会（周军，2011）等因素以及伴随着农民流动性增强的影响下，乡村文化各个方面处在动态的变迁之中，如传统的人际关系受到挑战、农民主体自我身份认同淡化、乡村高素质人口大量流出（王作亮，2011）等。而这种文化变迁会对成长的乡村少年在价值判断、内在精神、行为表现、学习成绩（王作亮，2011）等方面产生负面影响，特别是城市文化"入侵"和乡村文化重构滞后导致乡村文化教育功能式微的同时加剧了留守儿童的"问题化"（刘伟，2015），后者易表现出对乡村文化的否定、盲目追随城市文化认同等危机（吕宾、俞睿，2016）。

教育与文化二者之间的关系不可分割，因此，必须将乡村教育与乡村文化、乡村发展联系起来，以系统思维权衡、调节及完善他们之间的相互连接与作用，以更加强大的力量促进乡村社会的可持续发展。

(三) 乡村教育布局及调整

乡村教育，是乡村社会的重要组成部分，是乡村建设的智力支撑。乡村教育是一个发展性的概念（凡勇昆、邬志辉，2014），其根植于乡村教育与城市教育二元的教育系统之中。城乡教育一体化的教育战略在城乡一体化、统筹城乡发展的大背景下提出，该战略要求乡村教育实现一体化、落实渐进发展模式及为本土文化服务，但该要求与当前乡村教育的二元机制、跨越式发展及现代化追求的现状相矛盾（纪德奎，2013）。乡村教育和城市教育的关系不能一言以蔽之，二者之间的关键问题在于看待问题的出发点，即是从城市化的角度看乡村教育，还是就乡村本身看乡村教育（张以瑾，2009）。城市教育、乡村教育，二者同时作为教育整体的局部，彼此之间相互影响，需要在二者之间的互动关系中合理认识，更需要在现实的教学活动中观察与思考。乡村教育根植于乡村的生态环境当中，对它内涵的深入把握需要与乡村零散的居住方式、自给自足的农业生产以及宏大的社会制度（杜育红，2013）相联系并且以动态的视角看待乡村教育的发展。

我国乡村人口总量明显降低，年龄结构明显失衡、学龄人口数量呈现趋势降低，城镇化由低速、低水平向高速、高水平的方向发展（凡勇昆、邬志辉，2012），城市化进程的加快引发乡村学生大量向城镇流动（胡俊生、李期，2014），新乡村建设合村并居的居住格局，这些因素对乡村教育布局调整均有重大影响。乡村教育布局的调整，改变了乡村小学的格局，出现了乡村教育校舍资源流失、教师流失（刘欣、曾嵘、王宁，2013）等现象，使得乡村小学不再是乡村文化的中心，乡村文化建设主阵地缺失、原始村庄凝聚力下降、乡村文化传播途径断裂而产生文化建设危机（周洪新、徐继存，2014），更不容忽视的是学校系统与其他系统之间的隔离（冯翠云，2012），以上现象造成了乡村文化传承的困境。

在人口由乡村向城市流动这一背景下，乡村的"空心化""空巢化"日益明显，乡村经济被推置于农业发展动力不足、农业产出比重明显下降、非农速度加大、农民工资低及乡村居民消费不断下滑的状态（周靖祥，2010），这又加剧了乡村文化建设中外部供给乏力与监管缺失、内部文化建设群众基础及承接主体流失（李祖佩，2013）的问题。村庄衰落、乡村文化衰落对儿童成长的影响具有多维表现，需要在具体的日常实践中发现与挖掘。

第二节 研究综述与研究反思

一 中国学术界关于留守儿童的研究历程

（一）"留守儿童"现象的发现

通过追溯留守儿童的已有研究，发现在 2000 年以前学者的研究主要集中在农民工进城给城市带来的影响之上，学界较多提到的是城市中的"流动儿童"一词，"乡村留守儿童"并未进入政府和公众的视野。直到 2004 年 5 月，教育部基础教育司召开的"中国农村留守儿童问题研究"研讨会，标志着解决留守儿童问题正式进入政府的工作日程，成为留守儿童问题研究和干预"升温"的重要推力。在此之后，乡村留守儿童成为最受关注的社会群体之一，有关乡村留守儿童研究的学术论文数量迅猛增长。

（二）留守儿童概念的争议

近年来，留守儿童的问题引起了越来越多学者的关注。关于留守儿童的概念，众说纷纭，仁者见仁，智者见智，但基本上都包含以下几个内容。

1. 已达成共识的内容

父母双方或者单方在外；其涉及对象为因各种原因不能离开家乡的未成年人，他们因种种原因不能随父母外出共同生活；留在家乡由代理监护人教养或者自我照顾。

2. 存在分歧的内容

一是儿童居住地。肖正德在《我国乡村留守儿童教育问题进展》中，将留守儿童的居住地定义为"家乡"，倪春虎则在《乡村留守儿童家庭教育短缺之调查与思考——以苏北泗洪县为中心》中，将留守儿童的居住地界定为："户籍所在地"；留守儿童的户籍所在地大多数都是其家乡，只有少部分不是。所以对于大多数留守儿童来说，这种界定没有多大区别，只是界定为"户籍所在地"要比"家乡"更为精确，范围也较小。

二是父母外出的时间长度。究竟父母外出多长时间，儿童可被视为留守儿童？有没有具体的时间界定标准？我们可以看到的是，大多数学者对留守儿童的定义，都避开了这一点。大多数学者还是比较偏向于将分离时间定义为6个月以上，这个时间不但与儿童在校一个学期的时间相吻合，并且根据乡村的实际情况，大多数农民工都会在秋季农忙的时候以及春节的时候回家，这两个时间段停留在家的时间相对来说比较长，也就是说大多数留守儿童留守的时间一般都以半年为周期。同时，由于2000年人口普查及此后的有关调查都采用了以半年为界定流动人口的时间参考长度，因此，将父母外出的时间长度定义为半年及其以上是比较符合现实情况，也是比较有研究价值的。本次研究对留守儿童的界定采用这种方案。

三是留守儿童的年龄。此问题一直以来都是学者争议的焦点，很多学者认为年龄应为14周岁以下，有些则认为应该是16周岁，还有人认为留守儿童的年龄应该界定为18周岁，目前，这一基本特征尚不能统一和明确，造成了留守儿童概念的缩小和扩大。为了方便调查研究，本次调查将参照《联合国儿童公约》年龄标准，将年龄界定为0—18周岁。

四是留守儿童的身份属性。留守儿童是否如"独生子女"一样是一个固定终身的属性？罗国芬提出，留守儿童是个变动不居的群体，"留守"只是儿童阶段性的生存状态而不是其长久属性，当他们回到父母身边时，这种"留守"就随之结束，没有"留守"儿童的说法，而只有一些有过或正在或将要经历留守状态的儿童（罗国芬，2005，2006）。

五是留守儿童、乡村留守儿童及城乡接合部的留守儿童是否是同一个概念？目前大多数学者都已经将留守儿童和乡村留守儿童的概念分开使用。虽然本次调查研究，并未涉及留守儿童、乡村留守儿童及城乡接合部的留守儿童的比较研究，但是却认为城乡接合部留守儿童是一个特殊群体，对他们的关注很有学术及政策上的价值。

为了便于展开论述，这里给出本研究的定义："留守儿童"是指居住在乡村的父母双方或一方在户籍所在地以外的地方务工或者从事其他工作时把其未成年子女留在户籍所在地并在附近的城镇就读、年龄在18岁以下的社会群体，他们一般与父母双方或一方连续分离长达半年及以上的时间并且留守在乡村或者远城区的城镇中。

（三）留守儿童问题的提出

留守儿童如何从最开始的一种新社会现象转变为一个问题儿童群体，是一个值得深究的问题。根据学者江立华（2011）依据社会学视角提出的观点，留守儿童之所以成为一个社会问题，是社会建构和学术建构共同作用的结果，这两种建构方式的载体是指针对留守儿童群体及其各种"问题"的报道、宣传及相关调研活动，留守儿童问题之所以凸显出其重要性，在很大程度上是借助国家政策、大众传媒、学术文本、社会舆论等活动形式而得以表现出来的。由此，可以得出留守儿童的"问题"也是一个被"标签"的过程。从有学者认识到这个问题之后，越来越多的学者开始对留守儿童是否一定是"问题"儿童产生了质疑，现在越来越多的学者主张应客观地看待留守儿童问题（谭深，2011）。

总的来说，参照留守儿童研究的状况，我们认为对留守儿童的研究总体上经历了五个阶段。

第一阶段：现象描述阶段。这一阶段从1994年到2000年，这是留守儿童作为一种社会现象逐渐被关注的时期。这一群体的逐渐扩大使得其开始被学术界所关注，最开始的研究主要是个案研究，并未把其定义为问题儿童，只是针对其具体情况进行描述。

第二阶段：问题建构阶段。2000年之后，留守儿童问题开始进入社会成员的视野。这一时期不仅仅是学者的关注，更多的是新闻传播媒体的关注与渲染。学者们也开始从各自的学科角度对留守儿童进行定义，研究其存在的问题，留守儿童问题逐渐被建构，使人们一提起留守儿童，首先想到的是其存在的很多问题。

第三阶段：多元问题研究阶段。随着学者们调查的留守儿童问题不断出现，研究者们也在不断寻求解决问题的对策，这一阶段与前一阶段有所交叉，很多学者都认为解决留守儿童的问题必须得依靠家庭、学校、社会的齐心协力。因此出现了更多针对留守儿童的不同问题进行的研究，也即多元研究阶段。如针对留守儿童家庭教育问题的研究集中于2006年之后。

第四阶段：质疑反思阶段。在多元问题阶段，学者们通过更细致的多维度的比较，发现留守儿童并不是像之前所研究的那样存在较多的问题，相反与非留守儿童相比，他们有自己的优秀品质。于是进入了质疑反思阶段，反思留守儿童问题的建构问题；反思留守儿童是否真的具有较多严重问题；反思这些问题是留守儿童所独有，还是一般儿童都具有的等。因此这一阶段的学者主张客观地看待留守儿童问题，进行具体问题的具体分析，而不是对其进行简单的定义。

第五阶段：本源回归阶段。2012年、2017年党的十八大、十九大以后，关于"乡村"研究的语境慢慢发生了转变，随着以工促农、反哺乡村、乡村振兴等国家战略和思路的铺开，儿童"留守"问题被置于乡村生态系统建设的思路中。

二 国内外关于留守儿童问题的实证研究

这个部分首先对国际留守儿童现象及中国留守儿童研究进行了总结，同时重点对本研究关注的核心问题进行了综述。

（一）国外关于留守儿童问题的实证研究

1. 关于国外发达国家留守儿童问题的研究，相关文献相对比较少，借鉴国内学者对这一问题的研究综述，主要的结论是：虽然许多国家在城市化过程中也存在乡村劳动力向城市转移的现象，但是这些国家不像我国有城乡二元经济体制，以及户籍制度等限制，所以人口转移并没有导致类似于我国的乡村留守儿童问题。发达国家农民向非农产业转移，完全是在国家工业化、城市化历史进程中自然推动下自发地进行，几乎没有什么人为的干扰或阻碍，因而农民流动大都比较顺利和平稳。农民流动都同时表现为职业、身份、地位上变化，又表现为空间位置移动；而且这种改变是彻底的，由农民变为工人，与土地的脐带被彻底地剪断（而我国的农民工还保留着土地），他们携带家眷在城市定居，拥有稳定的工作，享有与城市人同等权利和义务，因而没有出现父母与未成年子女长期分离的现象（赵富才，2009）。但是，也有一些国际相关研究表明：父母服兵役后对小孩心理及行为产生了某些影响（Lester et al.，2010）。另一项纵贯研究结果显示：父母离开的时长，会对留守儿童的情绪产生影响，但是并不对行为及同辈关系产生影响（Fan et al.，2010）。

2. 关于发展中国家留守儿童问题研究。在菲律宾、印度尼西亚、泰国等东南亚劳务输出国普遍存在类似的留守儿童问题（Edillon，2008），国外研究欠发达地区留守儿童的结果表明，留守状态的影响是多元与复杂的（Zhao，Yu，Wang & Glauben，2014），正向影响包括因为经济条件的改善带来入学率提升（Antman，2012；Kuhn，2006；Yang，2008）；而负向影响包括较差的学习结果与负面的心理和行为（Spera，2005），这说明留守状态对留守儿童的影响会与多种条件产生互动效应。留守儿童现象与未成年人的身心发展及家庭安定的潜在关联性，使得留守儿童成为一个国际学术热点问题（Tarroja & Fernando，2013）。

（二）关于中国留守儿童问题的实证研究

1. 多种条件的交互作用下，留守儿童问题的不确定性

国内外研究描述比较了留守儿童与非留守儿童的健康（崔嵩、周振、孔祥智，2015；陶行、尹小俭，2015；周遵琴、李森、刘海燕，2015；邬志辉、李静美，2015）、学业（李云森，2013；隋海梅、宋映泉，2014；季彩君，2016）、心理（Luo et al.，2011；周宗奎等，2005；范兴华、方晓义、林丹华，2013）及行为问题（赵景欣、刘霞、张文新，2013；杨青松，2014），但是这些研究主要是基于"留守状态"家庭环境变迁的影响分析（比如双亲外出、父亲外出、母亲外出、留守时间、留守年龄等留守状态，留守儿童教养模式等）（Zhang, Li, Guo & Zhu，2019；Guo et al.，2015；Luo, Gao & Zhang，2011；Ling, Fu & Zhang，2015；Sun, Tian, Zhang, Xie, Heath & Zhou，2015；Zhao et al.，2014；肖正德，2006；胡心怡等，2007；唐有财、符平，2011；赵景欣、刘霞、李悦，2013），而很少从家庭以外的系统环境因素出发，比较分析影响留守儿童与非留守儿童之间行为差异的原因。

另外，有很多研究发现留守儿童比非留守儿童容易产生相关心理和行为问题（Wen & Lin，2012；Zhou, Murphy & Tao，2014；李晓巍、刘艳，2013），但是其他研究显示在控制一些相关变量后，此种差异并不显著（Liu, Li, Chen & Qu，2015；Xu & Xie，2015；侯珂、刘艳、屈智勇、蒋索，2014；隋海梅、宋映泉，2014），也有研究表明，留守儿童的心理问题随着时间的推移而发生改变（张茂元，2016），说明留守儿童与非留守儿童之间是否存在及在什么条件下存在差异还有待进一步深入研究（江立华，2011；谭深，2011），比如在关于心理问题的作用因素方面，周永红等（2013）研究发现，社会支持和心理弹性对于留守儿童心理健康水平均具有显著的正向预测作用。

2. 关于留守儿童主观精神世界的研究现状

在人格塑型的关键期，父母一方或者双方外出使完整家庭的结构遭到破坏、和谐的家庭环境发生变化，对留守儿童的价值观产生间接影响。一方面，父母因无法陪伴孩子而深感愧疚，用金钱和物质的形式对他们进行弥补，易使他们产生功利主义、读书无用等消极思想，且因父亲的工作性质及父性教育的缺失，使留守儿童在内化行为规范、树立价值观念等方面缺乏直接指导（韩敬梓，2014）；另一方面，因为家庭监护不到位，留守儿童容易将同辈群体的行为规范和价值观念作为参照系，他们在选择同辈群体成员时，易结交不良少年，导致他们的社会化偏离正确目标（陆继霞、叶敬忠，2009），一些不良文化及偏差行为易影响他们身心的健康发展。但是也有相关研究表明，留守经历会对留守儿童产生积极影响，他们的独立自主能力更强，意志更加坚韧，人生信念更加坚定，自我意识也更加成熟和稳定，且随着年龄的增长、知识的增加及阅历的丰富，他们的价值观念更具有深层次的动力（张学浪，2016）。

乡村传统文化与现代文化的碰撞是否及怎样影响留守儿童的人生观、世界观及价值观的形成，对此还需进一步深入观察与研究。

（三）关于留守儿童问题介入策略研究现状

大量研究从修复乡村留守儿童的家庭微系统、强化学校微系统、同伴微系统、社区文化微系统等几个方面探讨教育介入的途径（肖正德，2006；曾瑾、陈希宁，2007；Wen，2008；占少华执笔，王晓毅、马春华主编，2009；姚丽，2012；高志强、朱翠英等，2013；林婷婷、游毅文，2016），还有少量研究从教育实务的角度探讨了社会工作专业手法（王俊、金小红，2015）、团体辅导手法（兰燕灵、游慧霞，2009）等介入留守儿童问题的途径及方式。基于乡村环境综合层次的介入策略还需要进一步深入实践。

三 留守儿童问题研究的不足及研究反思

（一）研究不足

1. 对"留守"的概念界定有时代局限性。目前主流的学术研究对"留守"的界定仍然是以物理空间的距离为标准。随着人口流动而造成的乡村"空心化"环境、城乡教育资源分配不均衡的现实，不仅仅影响了留守儿童，很多乡村儿童同样深受影响，实际上，心理和精神的"留守"

也是非常重要的问题。

2. 研究视野上，从单因素或者单一理论取向，对留守儿童心理健康问题影响进行的研究居多，从多层次角度及综合理论取向，挖掘留守儿童问题产生原因的研究比较少，科学性及应用性受到挑战。本次研究立足于具有相似的研究立场和相似的研究逻辑的一组理论视角，对留守儿童相关问题进行综合实证研究，以期较为全面地揭示该群体的特点。

3. 研究问题上，对儿童"留守"可能出现的问题、问题演变及其形成机制探讨不足，对什么条件下可能产生什么问题的研究可以进一步深入，提升结论对实践应用的借鉴意义。本次研究试图层层递进地贯通对留守问题的描述—影响因素—形成机制探讨，将研究问题放置在一个由浅入深的探索环节中。

4. 研究主题上，较少关注儿童偏差行为问题、受欺凌问题及内隐精神世界的（比如学习价值观）状态及生成机制问题，而对留守儿童心理、学业、健康问题和外显行为特征及结果（比如学习成绩）的关注比较多。本次研究从最后落脚的主题上，在上述空白处给予填补。

5. 研究对象上，很少关注到留守儿童群体内在的需求及行为问题的差异性。除了全国妇联课题组在 2008 年的《全国乡村留守儿童状况研究报告》中，将乡村留守儿童分为幼儿（0—5 周岁）、义务教育阶段儿童（6—14 周岁）和大龄儿童（15—17 周岁）三个组，梳理了这三组儿童各自生活的境况、面临的问题和需求外，其他此类系统比较研究还很少见。

6. 研究性质上，理论研究居多，应用及行动研究较少；教育与引导问题是偏实务取向的研究内容，理论上的探讨不能满足实践中的应用性及操作性需求。本次研究尝试贯通理论研究、行动研究及应用研究，研究设计包含了提出问题—实证分析—介入实验—应用方案的完整体系。

（二）研究反思

将儿童"留守"议题，放在历史变迁与多学科的研究审视中。

1. 对"留守"的概念界定进行反思。将"留守问题"放在一种相对"全景"的历史视域中，乡村振兴的语境不是偶然形成的，是对当下乡村危机的切实反映，"泛留守问题"是其表征；将乡村儿童放在整体城乡二元格局中，放在乡村振兴的战略背景中，"留守"的内涵就不仅仅是物理空间意义上的，更是教育资源分配与传递意义上的。

2. 心理学学科视角的分析，在很多细致的留守儿童心理动向上给予描述、解释和说明，但是缺乏从儿童生存的生态系统环境角度，系统研究心理问题的产生源头及形成机制，研究在理论广度上大打折扣，对于改变现实大范围问题的政策性影响价值有限。

3. 教育学学科视角的分析，偏重于对教育政策导向的挖掘，但是对当下教育政策环境的形成动因及其对留守儿童产生的直接影响，缺乏有机衔接的贯通研究，因而对实务引导和政策改良的实证依据作用需要加强。

4. 社会学学科视角的分析，通常碍于分析概念和分析层次的抽象及偏宏观性质，而对于微观问题的内在发生动力机制研究略显不足，尤其是将理论研究与行动研究结合起来的研究少见，因此在真切应对乡村儿童"留守"问题的策略性及政策性建议上，说服力和引导力略有不足。

综上所述，围绕研究问题，整合多层次理论取向成为对留守问题研究的迫切需要。

第三节　研究视角与研究设计

一　研究思路

乡村儿童"留守"现象产生于城乡二元分割体制及城市化进程的双重背景下，儿童"留守"问题呈现双重嵌套性特征，一方面反映了城乡二元分割体制下乡村儿童问题的共性；另一方面兼具因微观家庭流动而带来的"留守性"特征。本次研究力图站在日常生活实践的立场，从生态系统的视角，还原乡村儿童生存现状、比较留守儿童与非留守儿童的问题成因，同时从乡村主体人员外流与文化"空心化"的现实角度探讨了由乡村生态环境变化而引发的"泛留守"问题。

本书以研究问题为导向，同时以解决现实问题为社会抱负，将理论研究与行动研究结合起来，尝试学理思考—经验研究—实务应用—学理提升的科学研究完整环节。本研究的主要目的是找出环境因素—心理—行为

(重点聚焦于偏差行为及受欺凌问题)—环境问题的一般作用机制,并且从实务实验的方式入手,找到打破这一恶性循环的策略。

二 研究视角

本研究围绕日常生活实践的三个主要维度展开:空间、时间及反思性。

(一)场域及空间序列中的生态系统环境

日常生活并不是一个抽象的概念,它意味着具体的实践(郑震,2013)。布迪厄的社会实践理论实质与日常生活世界密切相关。他高度关注日常实践,尝试建构一种非二元论的实践理论。与此同时,他更关心主客观结构之间完美的对应以及主观结构对客观结构的再生产。因此,他提出了"场域"和"惯习"这一对辩证概念以理解个体在日常生活中的实践活动。

场域,被定义为在各种位置之间存在的客观关系的一个网络(Network)或一个构型(Configuration)([法]布迪厄、[美]华康德,1998),场域,作为布迪厄一个基本分析单位可以从四个方面进行理解:第一,场域是一个独立运作的社会空间,人类的社会结构、社会关系及各种力量的博弈镶嵌在这种社会空间中,使分化的小世界有各自不可化约的运作逻辑,从而具有高度的独立性;第二,场域是"关系群",关系场域是构成各种场域的基本场域,是其他场域得以运行的基础;第三,场域内充满斗争,各种实践活动的力量在"博弈"过程中建构,特定场域的"游戏"规则,使场域充满了活力;第四,多个场域之间关联的复杂性,使它们之间的边界只能依靠经验确定,一个个亚场域在长期发展中形成自己的制度或者标志性特征,只有通过对具体对象的经验研究才可以定位它们。

结合此次观察研究的主题,本书将儿童"留守"置于乡村场域这一宏大的社会空间当中。同时,根据心理学家布朗芬布伦纳于1979年提出的具有中层理论性质的生态系统理论(Ecological Systems Theory)的核心内容,架起儿童与宏观乡村场域之间互动的桥梁。该理论的核心内容是指,人类现实生存的社会环境如同生态系统一样,这个具有社会性的系统对于观察、理解及分析人类活动具有不可替代的作用。他主张这一稳定的生态系统具有结构性，即按照从小到大的层级分别为微系统、中系统、外系统和宏系统。将儿童所处的乡村场域视为一个生态系统，其微系统是指与其日常实践密切相关的家庭、学校、社区及同伴群体等。

通过对儿童实践活动的观察，本次研究不仅关注留守儿童微观的家庭亚场域发生的变化对他们的影响，也借生态系统与乡村场域的连接关系，观察其他连带亚场域对留守儿童与非留守儿童的作用，进一步推进对儿童"留守"问题的研究。

（二）惯习及时间序列上的社会联结与压力感

布迪厄从宏观的社会结构出发提出场域概念的同时，也从微观的个体出发提出了惯习这一概念，使其成为实践理论的核心概念之一，注重该概念所内含的实践意义。人们在社会实践过程中对自己的行为往往有一种十分直观的理解与把握，并且这种理解与把握既是当前实践的基础，同时也来自在此前实践过程中形成的持久而又潜在的行为倾向系统，这种持久而潜在的行为倾向系统就是惯习（侯钧生，2010），即生存心态。

惯习，是一个性情开放的系统，不断随着个体的经验与环境的变化而变化、调整、建构与完善，使场域中的行动者成为一个个有自我意识、有精神属性的个体，也使场域更具有意义与内涵。可以从以下四个方面进行理解：第一，惯习是一种具有持久性和转移性的禀性系统，它在日常实践中扎根行动者的身上，且因抗拒外在变化而显示出一定的连续性，会在长期的生活经验中形成一致性；第二，惯习具有能动性、生成性及开放性，并不是由客观条件机械地决定，而是个体在后天的实践中不断获得与形成；第三，惯习既寄存在个体也寄存在集体，兼具个体身体化属性与社会化的属性；第四，作为精神结构的惯习与社会客观结构（场域）密切相关，一定的惯习在一定的场域中构成与形塑，没有脱离场域的惯习。

惯习，所指称的人类的生存心态不只是简单地存在于个体的自我意识层次，而是时刻与行动者、社会结构并存，且发挥深层次的作用。它受个体所处场域、外在行为及所受教育等多个因素的影响，在长期的社会实践中塑型与完善，在日常生活中自然而然地指挥人类行动。

惯习在具体的现实情境中并非是虚幻的，也表现为由主体角度出发的各种社会关系的参与和建构过程。本次研究主要从社会联结状态和一般压力感知两种关系形态进行了考察。

社会联结状态是惯习在日常生活实践中一种具体的表现形态。赫西（Hirschi）在《违法的成因》（*Causes of Delinquency*，1969）一书中阐述了四大关键社会纽带对问题心理与行为的约束和控制作用，这些纽带包括依附——对父母、朋辈及学校的联系，承诺——个人在日常生活中愿意对事情作出承担及努力，投入——当个人投入于正常行为的时间较多，个人便没有时间和精力陷入问题状态，信念——社会公民共同分享的价值观及道德标准，健全信念能强化个人的自我控制力。国际上基于社会联结状态对一般儿童行为问题的研究比较成熟，如有研究提出，与父母增强互动会减少其子女的偏差行为（Peterson, Lee, Henninger & Cubellis, 2014），而接触朋辈群体的不良行为对青少年的偏差行为有显著的正向作用（Byongook，2012；Church, Wharton & Taylor, 2009；Raymond & Paul, 1994），师生依恋会对青少年的问题行为起到一定的抑制作用（Han, Heejoo & Lee, 2016），同时道德信念（Raymond et al., 1994）和长时间参加课外活动（Huebner & Betts, 2002）对青少年越轨行为也具有约束作用。

可将一般压力感知视为日常生活实践中惯习的负面状态。罗伯特·阿格纽于1992年提出了一般压力理论（General Strain Theory，简称GST），该理论与传统压力理论相比，进一步引入了"负面情绪"（Negative Emotion）的中介变量及社会控制的调节变量，着眼于社会—心理层面，在综合考虑宏观及微观社会环境因素的负向作用外，更顾及个体心理的反应及其对偏差行为的综合影响，以期较为完整地解释压力感与偏差行为间的关系。一般压力理论从微观的视角，能进一步有效解释生态系统因素的作用机理，从负向的角度解释各种环境因素、心理反应及行为问题的作用逻辑。

（三）反思性及日常生活实践：日常生活实践研究的基本原则

反思，摆脱个体已内化的基本常识对社会研究活动的束缚，释放社会学的活力，即社会科学研究的基本要求是常识与已有知识的决裂。反思性，是布迪厄实践理论必不可少的组成部分，是更好地理解实践理论的重要依据。

布迪厄的反思性因跨越了哲学、理论、经验与具体方法四大层面而独具特色。基于学术研究活动，反思性首先要求研究者进行彻底的质疑，保持一种怀疑的态度与精神，要求研究者超越纷繁复杂的具体实践，进行最为彻底、透彻的反思，从而获取真正的认知。着眼于此次研究，需要站在乡村留守儿童问题已有的研究之上，摆脱现有研究结果对思维认知的束缚，从笔者所观察的社会事实出发，充分应用布迪厄的社会实践理论推进对儿童"留守"问题现状、影响因素及其生成过程的研究，力求获取关于该问题表象及生成过程的真实图景。

同时，反思性社会学要求对社会科学研究中存在的学术无意识与权力无意识进行深刻反思（解玉喜，2007）。一方面，针对学术无意识这一现状，应立足于"对象的对象化"这一基本原则，即先把研究者与研究对象的关系纳入考察、分析及解释的范围，再以考察者的角色观察、把握行动者的实践逻辑；另一方面，针对权力无意识这一现状，要求社会科学研究者对自身所处的场域来理解其知识的生产，笔者在本次研究中充分立足乡村场域的文化独特性。

反思性，既是一种态度，也是一种原则。在当前乡村振兴背景下，用反思性的视角去审视当前乡村儿童的生存处境和对"问题儿童"的标签进行反思。更为重要的是，日常生活具有重复性，而重复本身就蕴含着反思，所以需要在反思中不断把握研究对象。

总之，日常生活实践视角要求研究者不应浮于"社会事实"的表层，应突破熟悉性障碍，从真切的生活情境入手，力图通过对人的日常生活进行观察，直观地展示他们的生活方式及其交往方式等。同时，平凡的日常生活含有深厚的文化意义，是个体实践活动、精神活动得以进行的基础，影响着人类的各种实践活动与观念。社会大流动致使中国乡村日常生活发生深刻的变迁，乡村人口流动已成为常态，针对长期存在的儿童"留守"现象，不能仅限于观察场域外化在客观行动中的表现，也要从主体性出发关注乡村儿童内在的主观精神状态，并将反思性贯穿于整个研究活动，如此才能更为深刻地理解该群体在当下的生存现状与未来可能的后果。

三 研究的主要问题

1. 乡村儿童及留守儿童的日常生活形态问题。以生态系统环境为主轴，全面深入描述（避免单一因素）乡村儿童的生存状态及主要需求，同时，对留守儿童与非留守儿童的生存状态及主要需求及问题进行对比描述。

2. 留守儿童与非留守儿童的生理、心理和行为问题表象及影响因素的差异性问题。从时间系统—环境事件—社会关系改变的视角入手，以家庭生活关系变化而引发其他系统环境因素的连带变化为思考逻辑起点，从家庭、社区、学校及同辈群体等因素入手，分析及比较两组儿童心理和行为问题表象及影响因素的差异性。本次研究重点关注的儿童心理和行为问题有：幸福感、道德感、亲子关系、同辈关系、学业状况、身体健康等。重点考察的影响因素包括：亲子分离、家庭环境、学校生活、同辈群体关系等。

3. 留守儿童与非留守儿童在偏差行为、受欺凌等重要问题上的发生机制问题。本次研究从日常生活实践出发，以关系主义及反思性的方法论立场，尝试将抽象特质的"场域"与日常生活经验的生态系统要素联系，将抽象特质的"惯习"与日常生活经验的社会联结关系及负面压力感知联系，从生态系统环境的正向因素——四个社会联结要素的角度及负向作用——压力源的角度，在与非留守儿童的比较中，从更细致及微观的角度，呈现生态系统环境对儿童心理及行为的作用机制。

4. 留守儿童精神世界的生成过程与机制问题。以对具体日常生活"场域"情景（家庭、学校、同辈群体、社区等）的观察为起点，从动态形塑的日常生活实践出发，详细梳理留守儿童精神世界的重要表征——学习价值观形成过程的作用机制，将留守儿童的学习价值观置于初级环境（家庭）、次级环境（学校、社区等）及其所涵盖的经济资本、文化资本及教育资本的宏观乡村场域中，为深入反思当下乡村社会的文化传递内容、机制与后果提供实证研究的素材。

5. 实务介入模式探索问题。将理论研究与行动研究结合起来，尝试构建学理思考—经验研究—实务应用—学理提升的科学研究完整环节。

6. 反思留守儿童问题及提出"泛留守"问题。本次研究力图在一种相对"全景"的视域中，通过对"留守"现实及实质的详细观察与体悟，不仅从学理上反思研究的议题和取向，而且致力于反思实践介入与政策倡导。

四 研究方法及资料收集

（一）定量研究

问卷调查法。根据研究点面结合、由探索到深入聚焦的原则，分别进行了两套数据的调查，两套数据的抽样方案为：第一套数据采取分层多阶段整群抽样，2013年在湖北省WH市六个远城区选择3所中学、7所小学进行调查（第一套数据是探索性意义的调查）；第二套数据采取经验分层和非严格随机抽样的方法，按照经济发展水平、地理位置等具有代表性的原则，2015年在湖北省三个市中的两个镇、两个区对5所小学、4所中学进行了调查。具体抽样对象均为留守儿童与非留守儿童（第二套数据是基于第一套数据研究结论的基础上，主要以生态系统理论、社会控制理论和一般压力理论为研究视角，形成研究假设，建立生态系统模型、社会联结模型和一般压力模型，对儿童的偏差行为及受欺凌问题的内在发生及关联机制展开深入探讨）。

第一套数据调查共发放问卷1250份，有效问卷1233份，有效回收率为98.6%。留守儿童765人，有效百分比为62.0%；非留守儿童468人，有效百分比为38%。详细数据参见表1-2。

表1-2　　　　　　　　调查总样本的基本情况　　　　　　（单位:%）

变量	具体指标	频次	百分比	变量	具体指标	频次	百分比
性别	男	705	56.4	爸爸的职业	农民	186	15.1
	女	545	43.6		工人	515	41.9
年级	小学三年级	24	1.9		个体经营者	138	11.2
	小学四年级	168	13.4		失业下岗职工	7	0.6
	小学五年级	380	30.4		教师	12	1.0
	小学六年级	249	19.9		军人	7	0.6
	中学一年级	181	14.5		机关干部	35	2.8
	中学二年级	153	12.2		自由职业者	163	13.3
	中学三年级	95	7.6		私营企业主	12	1.0
独生子女	是	430	35.4		公司职员	94	7.6

续表

变量	具体指标	频次	百分比	变量	具体指标	频次	百分比
	否	785	64.6		未就业人员	8	0.7
现监护人	爸爸妈妈	705	56.4		其他	53	4.3
	爷爷奶奶外公外婆	475	38.0		农民	249	20.4
	哥哥姐姐	6	0.5		工人	260	21.3
	亲戚	50	4.0		个体经营者	105	8.6
	其他	14	1.1		失业下岗职工	39	3.2
你的父母现在与你住在一起吗	父母都和我生活在一起	499	40.0	妈妈的职业	教师	32	2.6
	我和父亲一起生活	76	6.1		机关干部	14	1.1
	我和母亲一起生活	246	19.7		自由职业者	246	20.2
	父母都不在身边，我一直与其他人生活	426	34.2		私营企业主	9	0.7
					公司职员	129	10.6
是否留守	是	765	62.0		未就业人员	104	8.5
	否	468	38.0		其他	31	2.5
样本总量		1250（份）		缺失值		17	

第二套数据调查共发放问卷1100份，回收有效问卷1043份，有效回收率为94.8%。留守儿童612人，有效百分比为58.9%；非留守儿童427人，有效百分比为41.1%。详细数据参见下表1-3。

表1-3　　　　样本情况调查总样本的基本情况　　　　（单位:%）

变量	具体指标	频次	百分比
性别	男	540	51.8
	女	503	48.2

续表

变量	具体指标	频次	百分比
年级	五年级	287	27.5
	六年级	278	26.7
	初一	219	21.0
	初二初三	259	24.8
留守与否	留守	612	58.9
	非留守	427	41.1
是否独生子女	是	335	32.1
	否	703	67.4
现监护人	爸爸妈妈	427	40.9
	爸爸	62	5.9
	妈妈	166	15.9
	其他亲戚	380	36.4

(二) 定性研究

(1) 访谈法及实地调查法。分别进行了两套访谈数据的收集，第一套访谈对象生活在湖北省 WH 市远城区：包括小学 1—6 年级和中学 1—3 年级的教师、留守与非留守学生、社区家庭；访谈对象共计 63 人，访谈家庭共计 20 个。第二套访谈对象生活在 LX 省 TX 区的南部山区 TXX，包括小学 4—6 年级教师、留守儿童、留守儿童父母、社区居民；访谈对象共计 28 人，访谈家庭共计 8 个。第一套访谈调查资料主要是对第一套数据调查的补充性及查证性分析；第二套访谈调查资料主要是补充了不方便应用问卷调查法研究的问题领域，比如精神世界的型构观察。

第一套访谈调查，采取走访学校及社区家庭的方式进行。其中调查学龄留守儿童 19 个、非留守儿童 21 个，教师 24 个，学龄前留守儿童家庭 5 个，学龄前非留守儿童家庭 5 个，学龄后留守儿童家庭 5 个，学龄后非留守儿童家庭 5 个。其中学龄期的儿童及教师调查对象分布在 WH 市六个远城区的 3 所中学及 7 所小学，儿童家庭的调查分别在两个远城区的两个社区中进行。具体资料详见下表 1-4 及表 1-5。

表1-4　　　　　　学龄期儿童及相关教师访谈资料汇总表

序号	名字代码	性别	学校名称	是否留守	年级	年龄(岁)	职位
1	LH	女	江夏区山坡碧云小学	留守儿童	五年级	11	
2	LSY	女	江夏区山坡碧云小学	留守儿童	一年级	7	
3	LXM	女	东城垸小学	留守儿童	三年级		
4	RYY	女	东城垸小学	留守儿童	四年级		
5	ZHW		辛冲二中	留守儿童	初二		
6	LDN	女	成功中学	留守儿童	初一	12	
7	WMJ	男	郑城四小	留守儿童	五年级	11	
8	YKJ	男	辛冲二中	留守儿童	初三	15	
9	HQ	男	祁家湾寄宿小学	留守儿童	五年级		
10	WQY	女	长轩岭小学	留守儿童	六年级		
11	S	男	桥头小学	留守儿童	一年级		
12	LDL	男	成功中学	留守儿童	七年级	12	
13	L		思源实验学校	留守儿童			
14	M	女	祁家湾寄宿小学	留守儿童	六年级		
15	HZW	男	长岭小学	留守儿童	五年级		
16	H	女	长岭小学	留守儿童	二年级	7	
17	HZY	男	东西湖东山小学	留守儿童	四年级	10	
18	XYB	女	东西湖东山小学	留守儿童	四年级	10	
19	L	男	山坡乡	留守儿童	四年级	10	
20	WJH	女	鸿华希望小学	非留守儿童	六年级	11	
21	CYJ		郑城四小	非留守儿童	四年级		
22	PJX	女	东山小学	非留守儿童	五年级	11	
23	HXR	女	东山小学	非留守儿童	五年级	10	
24	DG	男	辛冲二中	非留守儿童	初三	15	
25	XMQ		成功小学	非留守儿童	初一		
26	MQL	女	东城垸小学	非留守儿童	四年级	9	

续表

序号	名字代码	性别	学校名称	是否留守	年级	年龄（岁）	职位
27	ZCY	男	郏城四小	非留守儿童	五年级		
28	WXQ	女	黄陂区祁家湾小学	非留守儿童	六年级	12	
29	LJQ	女	黄陂区祁家湾小学	非留守儿童	六年级	11	
30	G		长岭小学	非留守儿童	五年级	10	
31	XX		蔡甸成功中学	非留守儿童	初三		
32	JX	女	辛冲镇第二中学	非留守儿童	初一		
33	FL	男	新洲小学	非留守儿童	五年级		
34	S	女	桥头小学	非留守儿童	四年级		
35	DK	男	东城垸小学	非留守儿童	六年级	11	
36	ZL		新洲区思源实验学校	非留守儿童	初二	14	
37	ZSY	女	思源实验学校	非留守儿童	初二		
38	L	女	鸿华希望小学	非留守儿童	六年级		
39	WQY	女	祁家湾寄宿小学	非留守儿童	五年级		
40	ZXY	男	山坡碧云小学	非留守儿童	五年级		
41	C		蔡甸区				教师
42	JS		蔡甸成功中学				教师
43	Z		碧云小学				服务站站长
44	L		碧云小学				政教处主任
45	S		碧云小学				教师
46	Y		桥头小学				教师
47	L	男	祁家湾寄宿小学				校长
48	Y	男	祁家湾寄宿小学				教师
49	L	女	黄陂区长岭小学				校长
50	Y	男	长岭小学				教师
51	C		思源实验学校				教师
52	ZZB	男	思源实验学校				校长
53	L	男	成功中学				校长

第一章 绪 论　　25

续表

序号	名字代码	性别	学校名称	是否留守	年级	年龄	职位
54	H	女	辛冲二中		七年级		教师
55	S	男	邾城四小		六年级		教师
56	X	女	辛冲二中		八年级		教师
57	JS		东城垸小学		七年级		教师
58	JS		东城垸小学		六年级		教师
59	H	男	东西湖东山小学		二年级		教师
60	JS		东城垸小学				教师
61	JS	女	辛冲二中		八年级		教师
62	JS	男	邾城四小		一年级		教师
63	W	男	东西湖东山小学				教师
64	J	男	山坡乡			40	教师

表1-5　　　　学龄前及学龄后儿童家庭访谈资料汇总表

序号	代码	父母文化	父母职业	访谈类型	访谈地点
1	XM		父：打工	学龄前留守儿童	新洲区道观
2	DNN		工人	学龄前留守儿童	
3	GMM		打工	学龄前留守儿童	新洲区钵盂坳湾村
4	AMM		母：在家带孩子 父：打工	学龄前留守儿童	新洲区
5	BMM	母：初中 父：小学以下	母：在家 父：打工	学龄前留守儿童	新洲区
6	NN		母：在家 父：打工	学龄前非留守儿童	新洲区
7	N		母：没工作 父：打工	学龄前非留守儿童	新洲区道观
8	YMM		工人	学龄前非留守儿童	新洲区
9	CMM		没工作	学龄前非留守儿童	新洲区

续表

序号	代码	父母文化	父母职业	访谈类型	访谈地点
10	CNN	父：大学毕业 母：大学毕业	母：教师 父：工程师	学龄前非留守儿童	东西湖区东山镇
11	TNN	父：小学 母：小学以下	母：工人 父：保安	学龄后留守儿童	东西湖区东山镇
12	HYY、HNN	父：初中	父：打工	学龄后留守儿童	东西湖区东山镇
13	YY、NN	父：初中 母：初中	打工	学龄后留守儿童	东西湖区东山镇
14	M	父：小学以下	打工	学龄后留守儿童	东西湖区东山镇
15	DMM	父：初中 母：初中	父：打工 母：没工作	学龄后留守儿童	东西湖区东山镇
16	LMM		个体经营户	学龄后非留守儿童	
17	WMM	父：初中 母：小学	母：个体经营户 父：打工	学龄后非留守儿童	东西湖区东山镇
18	BB、MM	父：初中 母：小学	打工	学龄后非留守儿童	东西湖区东山镇
19	PMM	父：初中 母：小学以下	打工	学龄后非留守儿童	东西湖区东山镇
20	EMM		母：工人 父：保安	学龄后非留守儿童	新洲区

第二套访谈资料，走访了5个家庭和4个社区的14名成员及4所乡村小学16名儿童，获取留守儿童学习实践中的相关资料。出于对儿童理解能力的发展阶段的考虑，此次研究选取四年级以上的留守儿童作为访谈对象，以确保信息获取的有效性。其中四年级3人，五年级6人，六年级7人；男生9人，女生7人；父母双方外出的9人，父母一方外出的7人。如下表1-6及表1-7。

表1-6　　　　　　　　被访谈对象基本信息

被访谈者	社会角色	从事工作	居住地点	相关内容	访谈时间
家庭成员					
1	母亲（CQ）	打工	甘沟村	外出情况、家庭收入、儿童教育	2017.6.7
2	父亲（GY）	打工	白河村	回家次数、家庭支出、儿童教育	2017.6.2
3	母亲（MXH）	打工	白河村	家庭收入、未来打算、儿童教育	2017.6.2
4	爷爷（YY）	务农	甘沟村	儿童教育、生活需求、娱乐方式	2017.6.6
5	父亲（LDM）	打工	老三营	打工方式、家庭需求、儿童教育	2017.6.9
社区成员					
6	邻居（YYH）	务农	黄铎堡	耕地收入、家庭成员、教育观念	2017.6.4
7	叔叔（YWK）	务农	黄铎堡	外出经历、儿童教育、社区参与	2017.6.4
8	驻村干部	组织部	市区	外出经历、经济状况、孩子教育	2017.6.6
9	村主任	村干部	甘沟村	社区建设、社区文化、留守儿童	2017.6.7
学校成员					
10	同桌（HRB）	学生	白河村	学习情况、同桌关系、是否帮助	2017.6.2
11	班主任（HT）	教师	市区	留守儿童的学习态度、活动参与	2017.6.8
12	代课教师	教师（白河）	市区	教学任务、留守儿童表现	2017.6.9

续表

被访谈者	社会角色	从事工作	居住地点	相关内容	访谈时间
13	班主任	教师（黄小）	市区	教师队伍现状、对留守儿童看法	2017.6.9
14	校长	教师	甘沟村	留守儿童数量、考核标准	2017.6.8

表 1-7　　　　留守儿童基本信息

被访谈者	代码	年级	性别	年龄（岁）	班级人数	学习成绩	父母外出情况	访谈时间
黄铎堡小学								
1	MXH	六	女	12	59	上游	双方	2017.6.3
2	GQ	四	男	10	55	中游	一方	2017.6.3
3	YYH	四	女	14	43	下游	双方	2017.6.3
4	YWK	六	男	14	47	上游	双方	2017.6.3
甘沟小学								
5	HJG	六	女	14	43	中游	一方	2017.6.4
6	YY	六	男	13	43	上游	双方	2017.6.4
7	TJL	四	女	10	46	上游	一方	2017.6.5
8	HB	六	男	13	46	上游	双方	2017.6.5
9	CQ	五	男	12	53	中游	一方	2017.6.5
三营二小								
10	LDM	五	女	13	50	中游	一方	2017.6.8
11	WYF	六	男	12	39	中游	双方	2017.6.8
12	HT	五	女	12	42	上游	双方	2017.6.8
白河小学								
13	HRB	五	男	12	42	上游	一方	2017.6.10
14	HXX	六	男	13	32	中游	双方	2017.6.10
15	HJJ	五	男	11	38	偏科	双方	2017.6.11
16	GY	五	女	12	45	中游	一方	2017.6.11

2. 行动研究。本次研究从实务介入的方式入手，经过调查评估—实务介入—模式反思—升华思考的四个主要环节完成行动研究；已经完成的实务研究一部分是根据第一套问卷的数据采集点选取一所中学进行"陪伴式"实务模式的介入研究，介入周期为 3 个月，服务内容包括学校社会工作、个案管理、社区工作等，并通过服务反思，提出"网格化陪伴"实务模式；另一部分研究是在第一套问卷调查区新增另外一所小学的实地调查，针对该校的留守儿童关爱服务输送现状及驻校社会工作服务的观察及调查，提出了资源整合的问题及应对措施，并对"泛留守"现象进行了深入观察。相关详细调查情况将在本书第九、十、十一章中进行介绍，这里从略。

（三）分析方法

定量研究采用多种统计分析方法与技术，包括：多元回归分析、因子分析、方差分析、列联分析、对应分析、相关分析等。质性研究主要采用话语分析及案例分析技术的方法。

五 研究的主要指标

（一）一级指标

1. 人口学变量；2. 需求；3. 心理及行为；4. 家庭教育；5. 留守状态；6. 社区环境；7. 学校环境；8. 同辈群体。

（二）二级指标

1. 人口学变量：性别、年级、留守与非留守、家庭结构等；

2. 家庭教育：

A. 文化背景：受教育程度、阅读习惯；

B. 经济背景：家庭收入、父母职业；

C. 动机背景：对子女职业前途的态度、对子女学习的鼓励、道德引导；

D. 情感背景：家庭气氛和谐程度、亲子沟通、家庭的完整性；

E. 教育途径：直接教育、间接教育；

F. 教育方式：奖励方式、惩罚方式。

3. 生活及心理：

　　A. 学校生活：学习情况、学习动力、学校软硬件设施及参与情况、同辈关系等；

　　B. 行为习惯：负面行为习惯、正面行为习惯；

　　C. 家务劳动：劳动频率、劳动内容；

　　D. 身心健康：自我能力评价、幸福感、自闭倾向、道德认知与行为；

　　E. 安全问题：安全知识、安全环境。

4. 留守情况：留守与非留守、留守时间频率、留守空间形态、留守沟通方式等；

5. 需求及帮助：照顾需求、心理需求、帮助需求等；

6. 社区环境：社区硬件、社区文化、社区活动等；

7. 学校环境：同辈关系、师生关系、学校硬件及学校文化等。

六　本次研究的理论创新及学术价值

此研究通过六方面对现有文献做出贡献。

（一）理论创新体现为以下四点

一是在历史动态变迁中反思了乡村儿童"留守"问题的内涵。乡村儿童"留守"现象出现与乡村和城市的关系密不可分，但是乡村与城市的关系实质在改革开放40多年的历史进程中，不断发生着阶段性变化，从城乡二元格局、城乡一体化发展到乡村振兴，是城乡关系变化的集中体现，"留守"是相对于什么而言的留守，也在发生变化；乡村振兴的国家战略再一次确立了乡村的主体地位，"留守"不仅仅意味着空间的亲子分离问题，还意味着对于"乡村文化"本身的传承与"乡村社会"的反思。

二是贯通了宏观—微观的双向研究思维，避免了宏观思维与微观研究的脱节。从日常生活实践出发，以关系主义及反思性的方法论立场，尝试将抽象特质的"场域"与日常生活经验的生态系统要素联系，将抽象特质的"惯习"与日常生活经验的社会联结关系及负面压力感知联系，同时在分析宏观结构要素的影响中，突出微观能动要素的反思性，这是一次在具体实证研究中打破"二元对立"及抽象与具体割裂的重要尝试。

三是在对儿童"留守"问题综合特性进行判断的基础上，借鉴多种理论框架，尝试整合研究设计。留守儿童问题呈现双重嵌套性特征，一方面反映了城乡二元分割体制下乡村儿童问题的共性；另一方面兼具因微观家庭流动而带来的"留守性"特征，这种综合特性需要做多学科的整合设计，将社会学关于社会结构的宏观思考、心理学及教育学的微观动力研究及社会工作等实务介入方法有机贯通，避免因割裂问题而形成分散的研究，提升理论价值及研究结论的适用性。

四是本次研究还将理论研究与行动研究结合起来。本次研究既重视学理研究的内在逻辑基石，同时注重基于理论视角整合的经验研究，又对实务应用手段进行了检视，尝试贯通学理思考—经验研究—实务应用—学理提升的科学研究完整环节。本次项目实践与反思表明，实行"网格化陪伴"实务模式及基于"资源整合"功能的专业社会工作角色导向，可以有效应对现实中的"碎片化"及低效服务问题，同时认为发展长期扎根于乡村社区实践的服务体系，是应对"泛留守"现象的途径。

（二）其他学术价值体现为以下两点

一是与以往文献比较，本次研究在变量的选取与分析方法上有所改进。本书严格依据相关理论视角，检测相关变量（如学校与社区环境，父母互动与监督，父母与自我期待，压力源，社会控制，心理弹性等）对留守儿童与非留守儿童多方面（如学习成绩，身体状况、偏差行为及受欺凌问题）的影响，并比较两组原因的差异。

二是系统探究了"留守问题"介入的专业社会工作服务路径。避免零散及碎片式的介入服务，从"资源整合及共享"角度，更好发挥专业社会工作者的角色。

七 本次研究局限及未来建议

（一）本次研究局限

首先，文献的整理范围需要扩大，文献的解读还可以更深入细致。留守问题并非是单面现象，既需要将其放在城市化进程及其相伴随的乡村振兴情景中，也需要放进儿童身心发展的生命历程规律中，因此对儿童身心发展规律的相关文献可以进一步纳入，整理出更为关键的考察变量。其次，理论框架、数据结果与政策建议的内在关联性进一步加强，本研究力图整合不同的问题及不同的理论视角，在研究结论的内部比较上尚且薄弱，需要进一步深化反思。

(二) 未来研究的议题

本研究对社区因素有所涉及，但是站在乡村社会结构的角度，深入程度是远远不够的，深入探讨乡村衰落及振兴对乡村儿童的影响是未来的一个重要问题。同时，鉴于学校环境的宏观层面的多层分析框架也有待推进，学校环境不仅包含微观层面的人际互动，也包含宏观层面的学校资源配置，宏观层面的分析更能深入分析"教育再生产"的实践资源分配逻辑，这些层面的考察在目前实证研究中是缺乏的。另外，对留守问题的跟踪纵贯研究亟待推进，从静态的角度对此问题进行解读，难免会使得很多研究结论面临挑战。

八 本书的结构

本书的绪论是对整个研究思路的整理，第二章到第四章是描述性分析部分，第五章到第八章是推论分析及理论解释部分，第九章到第十二章是实务探讨及政策分析部分。

第二章 乡村儿童日常生活原型

本章主要基于生态系统理论视角，详细考察乡村儿童的生活状态。主要从儿童的家庭生活、学习生活、社区生活、心理行为、留守状态及生活需求等几个维度，比较儿童的生存及需求现状，从生态系统理论的视角对儿童偏差行为的影响因素进行考察。分析结果来源于第一套问卷调查数据及第一套访谈资料。

第一节 乡村儿童生存及需求现状的差异性描述

一 不同年级儿童在多项指标上存在显著差异

（一）小学阶段的儿童比中学阶段的儿童对学校生活满意程度要高，学业评价要高，学业期待要高

比如列联分析结果显示：Pearson 的卡方值为 153.118，近似概率为 0.000，卡方结果拒绝零假设，"年级（中学、小学）"与"你对现在就读的学校满意吗"有显著相关。同时，通过满意度的频次分布可以看出，小学儿童较中学儿童对学校的满意度更高。

（二）中学阶段的儿童可能引发偏差行为的风险更大，道德认知与行为取向更偏自我

比如数据显示：年级与道德行为两个变量的交互分析显示：Pearson 的卡方值为 45.381，近似概率为 0.000，卡方结果拒绝零假设，"年级（中学、小学）"与"爸爸买了好吃的，你会怎么做呢"有显著相关。同时，通过行为的频次分布可以看出，小学儿童比中学儿童在道德行为上更好。

（三）中学阶段的儿童对自我的身体感知更敏感，但是评价程度相对更低

方差分析显示，Pearson 的卡方值为 28.718，近似概率为 0.000，卡方结果拒绝零假设，"年级（中学、小学）"与"与同龄人相比，你的身体好不好"有显著相关。同时，通过频次分布可以看出，小学儿童比中学儿童在身体健康方面评价更好。

（四）中学阶段的儿童相比于小学阶段的儿童，幸福感偏低

数据显示：年级与幸福感，交互分析显示：Pearson 的卡方值为 36.482，近似概率为 0.000，卡方结果拒绝零假设，"年级（中学、小学）"与"与同龄人相比，我觉得自己更快乐"有显著相关。同时，通过频次分布可以看出，小学儿童比中学儿童的幸福感更高。

（五）中学阶段的儿童相比于小学阶段的儿童，更少与父亲交流，对家庭氛围的评价相对低，对同辈群体的依赖要更高，而小学阶段的儿童更依赖自己的父母和家庭

比如方差分析结果显示：Pearson 的卡方值为 27.278，近似概率为 0.000，卡方结果拒绝零假设，"年级（中学、小学）"与"你最希望和谁住在一起"有显著相关。同时，通过频次分布可以看出，小学儿童比中学儿童更愿意与自己的父母亲住在一起，而中学生除了愿意与父母亲住在一起，也更倾向于与同学住在一起，对同辈群体更为青睐。

（六）中学阶段的儿童相比于小学阶段的儿童，在需要得到的帮助上没有太大差异，而在需要得到帮助的形式上有差异

中学阶段的儿童对开展健身娱乐及有一定心理深度的活动的需求更大，小学阶段的留守儿童则更需要形式多样、富有乐趣的活动；同时，两个阶段的留守儿童都对电脑培训活动的需求更大，可能与家长和教师在电脑的运用上引导过少，而儿童又很喜欢电脑等新兴媒体有关。

二　不同性别在多项指标上有显著性差异

男性儿童相比于女性儿童，在学业评价上得分偏低，发生偏差行为的风险更高，更需要娱乐健身帮助；女性儿童相比于男性儿童，更多地参与家务劳动，发生偏差行为的风险更低，更需要学业帮助。

数据显示：在男性儿童当中，位列前三项的需求为：电脑培训、娱乐

健身活动、社会关爱"手拉手"等;在女性儿童当中,位列前三项的需求为:社会关爱"手拉手"等、兴趣小组、学习辅导或讲座。由此可知,不同儿童的性别在需要帮助类型选择上有一定的差异性,男性儿童更需要电脑培训、娱乐健身等形式新颖的活动,女性儿童偏重于兴趣小组、学习辅导等传统形式的学习活动。

三 不同的家庭教育环境中儿童的行为差异

(一) 家庭文化背景与儿童行为的多项核心指标有关系

家庭教育的文化背景是个复杂的概念,以父母亲的学历、阅读习惯及对儿童的学习督促频率为分析变量,可以发现家庭教育的文化背景对儿童的行为有影响。调查数据分析显示,家庭的文化氛围对儿童的学习成绩、学习方式、学习内容、学习习惯、偏差行为、人际交往、道德认知、亲子沟通及家庭氛围感知等均有影响。同时,数据分析发现,父亲的文化程度一般会影响儿童的智商发展,比如学习成绩、学习方式、学习内容及学习习惯;母亲的文化程度一般会影响对儿童的教育方式以及儿童参与家务劳动的积极性。

相关分析显示:在年级和性别作为控制变量的条件下,父母或监护人有较好的学习督促习惯及好的阅读习惯,对儿童的学习成绩有正向影响,可提升儿童的自身学历期望,影响儿童的道德认知,同时会加强亲子沟通,改善家庭氛围,减少儿童的偏差行为。在年级和性别作为控制变量的条件下,父母对儿童的学习督促频率会影响儿童的幸福感。

(二) 家庭教育的方式对儿童行为的影响

家庭教育方式分为奖励性方式与惩罚性方式两种,数据分析发现,精神奖励对儿童的学习、亲子沟通、孩子对未来自身的文化期待等有良性影响;而体罚等负面的惩罚性措施对儿童的亲子沟通、道德认知与行为、偏差行为、家庭氛围感知以及孩子的幸福感等有负面影响。此外,父母的惩罚方式以及对孩子的未来期许会影响到儿童的人际交往行为。

比如对应分析显示:Pearson 的卡方值为 63.422,近似概率为 0.000,卡方结果拒绝零假设,"父母通常的惩罚方式"与"平时遇到烦恼或心情不好时,会与父母亲交谈吗"有显著相关性。如果父母跟孩子采取讲道理的教育方式,孩子一般会跟父母亲进行交流。父母的惩罚方式如果是责怪或体罚，通常会使儿童不太愿意与父母亲交流。其他对应分析从略。

（三）家庭教育的动机背景对儿童学习行为的影响

在总体样本中，父母亲对儿童的文化期待会影响孩子的学习成绩及学业期待。

相关分析可知：在年级和性别作为控制变量的条件下，"父母希望你今后的文化程度"和"你现在在班里的成绩排名"间的偏相关系数为0.263，说明父母对儿童的文化程度期待越高，儿童在班里的成绩排名就越好。

相关分析可知：在年级和性别作为控制变量的条件下，"父母希望你今后的文化程度"和"你希望自己实现的文化程度"间的偏相关系数为0.542，说明父母对儿童的文化程度的期望越高，儿童希望实现自己的文化程度就越高。

四 定性研究分析

（一）文化娱乐活动及心理辅导的需求

文化娱乐活动在当地儿童中有普遍的需求，并受到普遍欢迎，从访谈资料可以看出，儿童进入高年级以后，女生更需要得到心理关注，男生更需要丰富的体育竞技活动，这与年龄段的性别特点相关。

W：那您觉得留守儿童中男孩和女孩的需求有什么不一样的吗？

X：我觉得女生更加敏感一点，主要需要老师们从心理上对她们多关注一点。

W：学习上应该都还差不多吧。

X：学习上，女生比男生更自觉一些。

W：那相对来说，女生的学习成绩是不是更好一些呀？

X：学习上真正好的其实还是男生，他们的冲劲更大一点，到了九年级以后看得出来。女生的话，态度更认真一点，心更细一点，就得多找她们谈谈心，多了解一些她们的情况，这样她们心里会比较舒服一点。男生的话，怎么说呢，说他们成熟可是又不够成熟，他们老是想装成小小的男子汉的样子，所以有时候你涉及他们家庭情况太多的话，他们又不喜欢听，尤其是家庭情况不好的孩子，特别不愿意你在他面前说这些，这涉及他的自尊心的问题，他要保护自己。

S：那学校在留守儿童这块有没有开展过什么活动或者工作？

H：他们就是搞了什么团体辅导，选取了留守儿童里面比较特别的那几个。然后湖北大学体育系的大四学生组织了一个篮球社，和他们一起玩，每个星期四下午，我们在旁边站着都觉着累，但他们却很兴奋，他们都很期待星期四。

(二) 男性儿童更容易产生与网络相关的偏差行为

男性儿童普遍在学业上缺乏家庭有效指导，亲子缺乏沟通交流，这会导致他们存在更多的偏差行为，且更易受网络媒介的影响。

NZS：父母在家都关心你哪些方面？

DK：关心我的学习情况，每次回去都会问到我的学习成绩，因为知识水平的缘故，他们基本上不会辅导我功课，其他方面的问题也基本没有提及。

NZS：平时你爸爸或妈妈能辅导你日常功课吗？

ZL：因为不经常接触这些知识，不能对功课进行辅导，如果有不会的地方，会向老师或同学请教。

FY：你们遇到问题会直接去跟老师说吗？还是对其他人？

DG：遇到问题会去问老师，但是很少，应该很少有问题，有困难会对朋友说。

LJ：那你平时会不会跟父母谈心啊？父母平时会不会跟你有时间就聊一下啊？

XX：没有聊，父母忙到很晚才回来。

LJ：那你爸爸妈妈平时农闲的时候一般喜欢干什么呢？

XX：喜欢打牌。

NZS：学校打架的情况多不多？

DK：学校打架的情况比较多，会有一群学生联合欺负一个同学。

LJ：那你们班里有没有小偷之类的啊？

JX：我们班没有，其他年级有。

GYQ：那平时一天玩电脑的时间大概是多长时间？

MM：就是每天可能半个小时左右，周一到周五有时可能都没动，星期六星期天一般要玩一两个小时。玩一些小游戏，跟老师聊天什么的。

(三) 中小学儿童的需求及压力存在差异

中学儿童相比小学儿童更偏重心理需求的满足，中学儿童也更容易产生偏差行为，小学儿童更容易受到家庭及学校体罚等困扰，住校中学生的学习时间明显偏长、学习压力也明显偏大。

J：您觉得中小学留守儿童有差异吗？

Y：像小学的话，孩子们整天嘻嘻哈哈的，在中学，那就截然不同了。中学生需要更多的心理疏导以及引导。我以前班上有一个孩子，父亲死了，妈妈改嫁不认他，跟着外婆。刚开始别人一碰他，他就跟人打架，后来我注意到这方面，就去他家里看他，跟他沟通，后来好多了。

HGY：学校有打架斗殴或偷盗现象吗？

ZSY：我们年级打架比较少，大部分都是9年级的学生，放学回家没有拦路抢劫的事情发生，其他同学也没遇到过这种情况。

GYQ：那平时做错事情怎么办呢？

MM：就是吼他，吓唬他。

GYQ：女儿还是怕您吧？

MM：这句话说到底了，就是怕。

GYQ：爸爸武力解决，为什么还是更怕您呢？

MM：嗯。

GYQ：是不是因为小时候您不在她身边？

MM：嗯嗯，对对对，我觉得还是小时候疏忽她了，三年没回来，现在十二三岁了，一起待了8年，但是我也在吴家山待了好几年。

GYQ：还是跟她相处的时间不多？

MM：不多，总共5年左右，跟小的差不多，小的是一手带大的，相处还是蛮重要。

CHL：那班级里面经常吵架的情况多吗？都是因为什么闹矛盾呢？

WJH：非常多，因为班上的男生总是欺负女生。他们总是无缘无故，比如走路的时候爱打女生的头。

CHL：学校的安全情况怎么样，比如会不会出现同学受伤这些情况？

WJH：有过的，那会儿有几个三年级的小朋友在楼梯上玩，就摔伤了。

CHL：还有其他不安全的情况吗？

WJH：比如有时候吃饭排队，会有同学推我，有同学插队。我会说他们，但是他们不听。

CHL：那有没有老师会管这个事情呀？

WJH：一个星期偶尔会有老师管理。

CHL：老师有没有教你们安全教育这方面的知识？

WJH：老师会教给我们一些安全知识，比如说我们放假的时候，老师就会给我们发一张纸，上面是一些安全知识。

LJ：你们的课程多吧？

JX：一般早自习和晚自习算进去有十二节课。

LJ：那你们早上几点开始上课啊？

JX：六点半。

LJ：六点半就开始上课了啊，上早自习，是吧？

JX：是的。

LJ：那晚上什么时候下晚自习呢？

JX：八点十五分。

HJH：喜不喜欢自己的老师？

WXQ、LJQ：大多数老师都是很好的，可是我们都不喜欢自己的数学老师。因为她生气了就会把气撒到我们身上，我们的作业只要做不好，她就会打我们的太阳穴。我们语文老师挺好的，有时候晚上她会让我们陪她去操场散步。

HJH：还有没有其他老师对你们进行体罚。

WXQ、LJQ：没有，只有数学老师。

（四）学龄前儿童的生活照顾

学龄前儿童的监护人更注重儿童的生活照顾，由于自身知识储备和素养能力问题，监护人对学龄前儿童的其他学习引导等相对欠缺。

WJ：对啊，读书其实是蛮重要的东西，对于孩子来说，要是爸爸妈妈不在家，爷爷奶奶只管孩子是不是吃饱穿暖，有没有生病，但其实孩子这个时候学习也很重要。

NN：是啊，现在这个年代确实要多上学。

CH：对于孩子将来的学习，你们俩有什么想法和打算吗？

MM：现在他还小，还没想过这些问题。

NZS：那孩子平时都是跟谁生活呢？

MM：我如果外出打工，孩子在家就跟爷爷奶奶生活，有时候孩子的姑姑会来家里，教孩子一些知识。

NZS：那孩子的姑姑现在在哪住呢？都教孩子一些什么东西？

MM：孩子的姑姑现在住在阳逻街，一般都是带一些东西来家里，买一些画册给孩子，让孩子学着画一些东西。

NZS：那你们觉得怎么样教育孩子比较好呢？

MM：这个还真是没有想很多，不过我觉得等孩子上学之后，还是要以学习为主，平时如果他有什么兴趣，我会培养他的兴趣的。

第二节 乡村儿童偏差行为的多因素分析

我们在此前定类变量的分析中发现，留守与否、年级、性别、家庭教育方式、是否参与社区活动等都对儿童的行为有影响，而在儿童的诸多行为中，最值得注意的是其偏差行为，这是行为方式中一种负向的、显现的行为，因此，本节研究将儿童的偏差行为作为重要观察变量，以此考察何种因素对儿童的行为影响至关重要。

在此前两个变量关系分析的基础上，这部分导入多个自变量与偏差行为的影响,这些自变量均为此前分析中比较有影响的变量,分别是:留守与否、性别、年级、家庭教育方式、社区活动的参与性等。分析结果显示:家庭教育情况及社区活动的参与情况对儿童偏差行为的影响更显著,而留守与否对儿童的偏差行为影响并不显著。

一 留守与否、家庭教育对儿童偏差行为的影响

分析结果显示:留守与否对儿童的偏差行为整体没有影响,但是性别、年级及家庭的文化背景、学习督促频率及教育方式对儿童的偏差行为有很重要的影响。

(一)以留守与否、年级、性别、是否独生子女为自变量对偏差行为(因变量)的多因素方差分析模型

方差分析模型结果显示:方差分析模型的检验,F = 48.947,p = 0.000,所用的模型有统计学意义。留守与非留守(F = 0.225,p = 0.638)及是否为独生子女(F = 0.063,p = 0.803)对偏差行为没有显著影响,但是年级(F = 49.622,p = 0.000)及性别(F = 129.686,p = 0.000)对偏差行为有显著影响。如图2-1所示:总体上看,中学儿童及男性儿童的偏差行为要高于小学儿童及女性儿童。

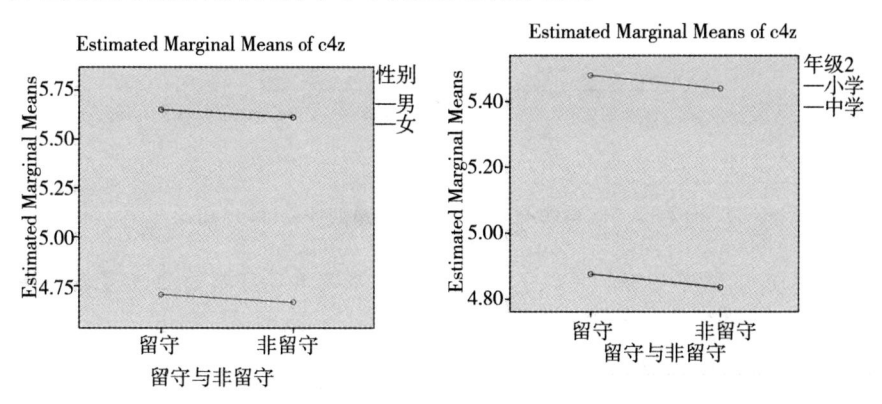

图2-1 性别&年级偏差行为的均值比较

(二)以留守与否、年级、性别、家庭阅读习惯为自变量对偏差行为(因变量)的多因素方差分析模型

方差分析模型结果显示:方差分析模型的检验,F = 38.588,p = 0.000,所用的模型有统计学意义。留守与非留守(F = 0.127,p =

0.722) 变量对偏差行为没有显著影响,但是年级(F = 45.373, p = 0.000)、性别(F = 124.971, p = 0.000)及父母亲的阅读习惯(F = 9.807, p = 0.000)对偏差行为有显著影响。如图 2-2 所示:总体上看,父母阅读习惯好的儿童,其偏差行为要远远少于父母阅读习惯不好的儿童。对模型进行事后两两比较(Post Hoc Tests),方差齐性检验(Levene's Test of Equality of Error Variances)显示,F = 7.102, p = 0.000,存在方差不齐的问题,模型事后两两比较(Tamhane),父母阅读习惯的两极差异对儿童偏差行为的影响更为显著。

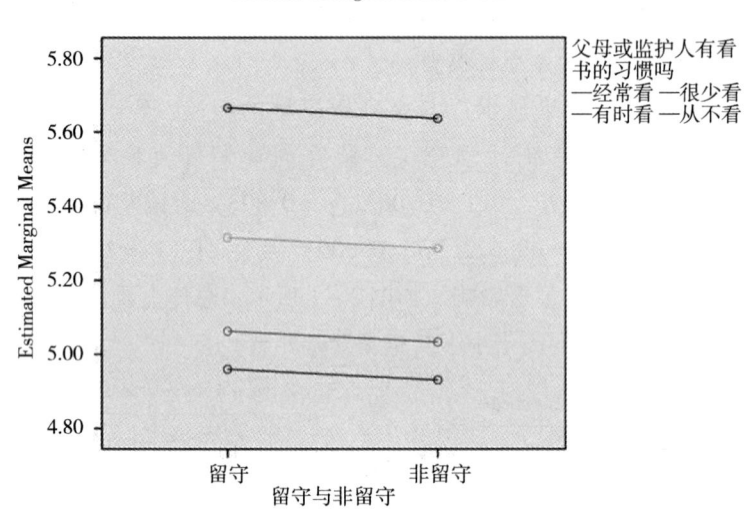

图 2-2 父母亲不同阅读习惯儿童的偏差行为均值

(三)以留守与否、年级、性别、家庭督促学习习惯为自变量对偏差行为(因变量)的多因素方差分析模型

方差分析模型结果显示:方差分析模型的检验,F = 308.493, p = 0.000,所用的模型有统计学意义。留守与非留守(F = 0.039, p = 0.843)变量对偏差行为没有显著影响,但是年级(F = 34.800, p = 0.000)、性别(F = 132.903, p = 0.000)及父母的督促习惯(F = 8.326, p = 0.000)对偏差行为有显著影响。如图 2-3 所示:总体上看,父母学习督促习惯好的儿童,其偏差行为要远远少于父母亲学习督促习惯不好的

儿童。不同自变量均值及标准差的比较在此省略。对模型进行事后两两比较（Post Hoc Tests），方差齐性检验（Levene's Test of Equality of Error Variances）显示，F=4.854，p=0.000，存在方差不齐的问题，模型事后两两比较（Tamhane），父母对儿童学习督促习惯的两极差异对儿童的偏差行为影响更为显著。

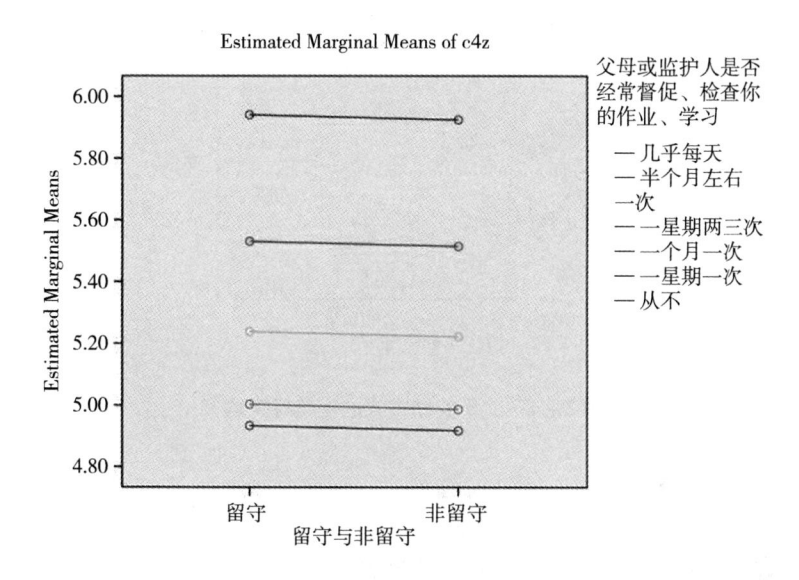

图2-3 父母亲不同学习督促习惯的偏差行为均值

（四）以留守与否、年级、性别、家庭奖励方式为自变量对偏差行为（因变量）的多因素方差分析模型

方差分析模型结果显示：方差分析模型的检验，F=36.251，p=0.000，所用的模型有统计学意义。留守与非留守（F=0.4369，p=0.510）变量对偏差行为没有显著影响，但是年级（F=57.371，p=0.000）、性别（F=125.692，p=0.000）及父母亲的奖励方式（F=4.806，p=0.002）对偏差行为有显著影响。如图2-4所示：总体上看，父母采取精神奖励的教育方式能减少儿童的偏差行为。不同自变量均值及标准差的比较在此省略。对模型进行事后两两比较（Post Hoc Tests），方差齐性检验（Levene's Test of Equality of Error Variances）显示，F=5.653，p=0.000，存在方差不齐的问题，模型事后两两比较（Tamhane），父母奖励方式的取向（精神奖励与物质型奖励）差异对儿童的偏差行为有

影响。

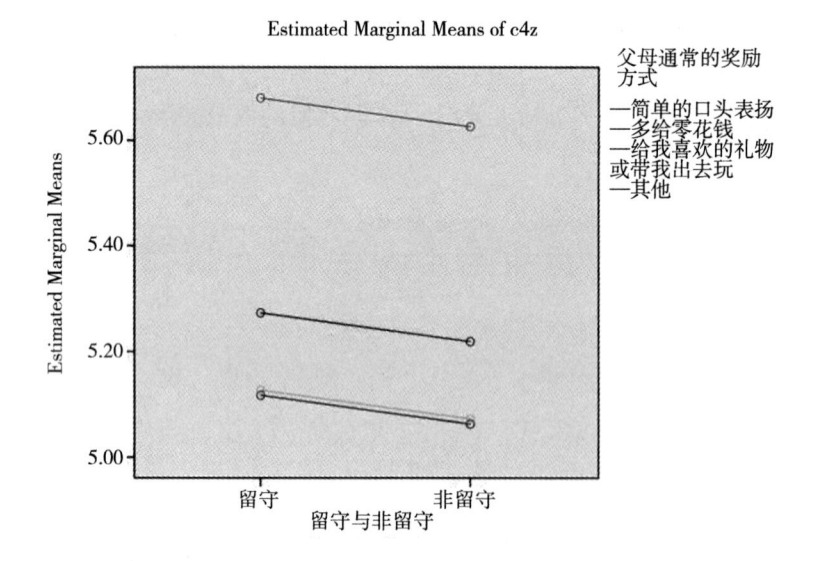

图 2-4 父母奖励方式的偏差行为均值

二 社区生活对儿童偏差行为的影响

以留守与否、年级、性别、社区活动的参与为自变量对偏差行为（因变量）的多因素方差分析模型。

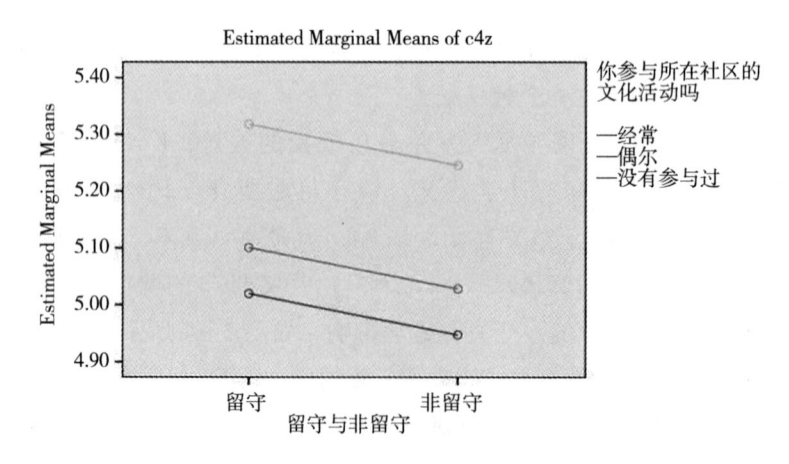

图 2-5 参与社区活动情况的偏差行为均值

方差分析模型结果显示：方差分析模型的检验，$F = 41.476$，$p =$

0.000，所用的模型有统计学意义。留守与非留守（F = 0.767，p = 0.381）变量对偏差行为没有显著影响，但是年级（F = 48.514，p = 0.000）、性别（F = 127.250，p = 0.000）及社区活动的参与方式（F = 4.030，p = 0.018）对偏差行为有显著影响。如图 2-5 所示：总体上看，多参与社区活动能减少儿童的偏差行为。不同自变量均值及标准差的比较在此省略。对模型进行事后两两比较（Post Hoc Tests），方差齐性检验（Levene's Test of Equality of Error Variances）显示，F = 7.731，p = 0.000，存在方差不齐的问题，模型事后两两比较（Tamhane），参与社区活动的两极差异对儿童的偏差行为有影响。

第三章 留守儿童日常生活原型

本章的分析建立在第一套问卷调查数据及第一套访谈资料的基础上,主要基于生态系统的视角,详细考察了在家庭微观生态环境变化情景中,留守儿童的其他生态生存环境的现状。并重点考察了亲子分离、家庭环境对留守儿童多个问题的影响。

第一节 留守儿童生存及需求的现状

一 留守儿童的生活现状

(一) 家庭

1. 留守儿童的父母或监护人的文化程度偏低,集中在小学和中学阶段

在"爸爸的文化程度"的选项中,选择"没有上过学""小学""初中""高中""大学及以上""不清楚"的频数分别为 11、142、363、148、42、57,他们所占的有效百分比分别为 1.4%、18.6%、47.6%、19.4%、5.5%、7.5%,其中缺失值为 2 个。在"妈妈的文化程度"的选项中,选择"没有上过学""小学""初中""高中""大学及以上""不清楚"的频数分别为 20、206、330、103、33、69,他们所占的有效百分比分别为 2.6%、27.1%、43.4%、13.5%、4.3%、9.1%,其中缺失值为 4 个。在"其他监护人的文化程度"的选项中,选择"没有上过学""小学""初中""高中""大学及以上""不清楚"的频数分别为 62、73、62、65、51、113,他们所占的有效百分比分别为 14.6%、17.1%、14.6%、15.3%、12.0%、26.5%,其中缺失值为 339 个。可见,父母及监护人的学历集中在小学和中学阶段。

2. 留守儿童家庭的教育动机偏重于安全方面，对孩子的文化程度期待较高，家庭道德行为榜样有待提高

在"父母和你聊的频次最多的事情"的选项中，选择"安全""身体情况"的频数最高。在"父母希望你今后的文化程度"的选项中，选择"没有什么期望""高中或中专""大专""本科""硕士""博士""出国深造"的频数分别为 18、99、82、89、50、186、232，所占的有效百分比分别为 2.4%、13.1%、10.8%、11.8%、6.6%、24.6%、30.7%，其中缺失值为 9 个。可见，父母对儿童的文化期待比较高。

在"你的父母能否做到：不随地吐痰，不乱丢果皮纸屑，不在公共场所吸烟，不在公共场合喧哗，不吵架打架，自觉维护良好环境"的选项中，选择"能"与"不能"的频数分别为 503、258，所占的有效百分比分别为 66.1%、33.9%。总体上看，父母亲给儿童树立的道德行为模范有待提高。

3. 留守儿童母亲的务工地点比父亲较近，但父母回家频率有待提升，需加强与孩子的沟通交流

比如在"你外出的爸爸在什么地方工作"的选项中，选择"本县内""省内其他城市""国内其他省份""国外""不知道"的频数分别为 183、279、200、19、65，所占的有效百分比分别为 24.5%、37.4%、26.8%、2.5%、8.7%，缺失值为 19 个。可见，父亲的务工地点集中在省内其他城市以及国内其他省份。

在"你与外出的父母主要通过什么方式联系"的选项中，选择"电话或手机短信""互联网或信件""父母经常回家看我""通过亲属转达"的频数分别为 636、30、70、14，所占的有效百分比分别为 84.8%、4.0%、9.3%、1.9%，其中缺失值为 15 个。可见，父母与儿童直接面对面的交流较少，亲子沟通有待进一步改善。

（二）学校

1. 学习内容偏向传统智力知识，但是学生更喜欢素质性课程，老师或父母在新型素质性知识引导中的作用还有待提升

除了语数英之外，喜欢政治、历史、地理、物理、化学、生物、音乐、美术、体育、劳动和实践课、实验课、兴趣小组的频数分别为 104、202、98、130、116、179、437、392、553、204、340、353，所占的百分

比分别为 3.3%、6.5%、3.2%、4.2%、3.7%、5.8%、14.1%、12.6%、17.8%、6.6%、10.9%、11.4%。可见，学生们最喜欢的是音乐、美术、体育、实验课、兴趣小组等课程，学生们喜欢传统文化知识课程以外的素质性课程。

在"你的老师是否教你分辨网络媒体中的信息"的选项中，选择"经常"的频数为 285，有效百分比为 37.6%；选择"偶尔"的频数为 329，有效百分比为 43.4%；选择"没有参与过"的频数为 144，有效百分比为 19.0%。可见，老师在网络知识方面的引导作用也有待加强。

2. 留守儿童的生活场所向家庭外转移

在"你周一至周五上学期间晚上住在哪里"的选项中，选择"学校宿舍""自己家里""租别人的房子""亲戚家里""老师家里""其他"的频数分别为 354、323、42、33、6、1，所占的有效百分比分别为 46.6%、42.6%、5.5%、4.3%、0.8%、0.1%。其中，大部分的学生并不住在自己家中，很多住在学校宿舍，还有租房、住在亲戚家里或者老师家里等。

（三）大众传媒

总体上看，新型媒体受到学生的青睐。

每天接触电视在 1 个小时以上的学生占比为 26.8%，每天接触电脑在 1 个小时以上的学生占比为 19.0%，每天接触手机在 1 个小时以上的学生占比为 12.7%，每天接触广播在 1 个小时以上的学生占比为 1.5%，每天接触报纸和杂志在 1 个小时以上的学生占比为 4.9%，每天接触课外书在 1 个小时以上的学生占比为 23.4%。

在"每天接触电视的时间"的选项中，选择"1—30 分钟"的频数为 245，有效百分比为 32.5%；选择"31—60 分钟"的频数为 263，有效百分比为 34.9%。也就是每天接触电视的时间在半个小时到一个小时的学生占比为 67.4%。

在"每天接触电脑的时间"的选项中，选择"1—30 分钟"的频数为 234，有效百分比为 31.5%；选择"31—60 分钟"的频数为 143，有效百分比为 19.2%。也就是每天接触电脑的时间在半个小时到一个小时的学生占比为 50.7%。

在"每天接触手机的时间"的选项中，选择"1—30 分钟"的频数为 306，有效百分比为 41.1%；选择"31—60 分钟"的频数为 105，有效百分比为 14.1%。也就是每天接触手机的时间在半个小时到一个小时的学生占比为 55.2%。

在"每天接触广播的时间"的选项中，选择"1—30 分钟"的频数为 163，有效百分比为 22.3%；选择"31—60 分钟"的频数为 39，有效百分比为 5.3%。也就是每天接触广播的时间在半个小时到一个小时的学生占比为 27.6%。

在"每天接触报纸和杂志的时间"的选项中，选择"1—30 分钟"的频数为 260，有效百分比为 35.0%；选择"31—60 分钟"的频数为 87，有效百分比为 11.7%。也就是每天接触报纸及杂志的时间在半个小时到一个小时的学生占比为 46.7%。

在"每天接触课外书的时间"的选项中，选择"1—30 分钟"的频数为 289，有效百分比为 38.4%；选择"31—60 分钟"的频数为 234，有效百分比为 31.1%。也就是每天接触课外书的时间在半个小时到一个小时的学生占比为 69.5%。

由此可见，从接触媒体的时间上看，大多集中在半个小时以内，但是从接触媒体的选择上看，大多数学生比较倾向于选择有声音有画面的新型媒体，而传统媒体比较受冷落，但是，学生阅读课外书籍的热情比较高。

（四）社区及社会生活

1. 社区硬件配备有待完善，且参与性不高；同时社区软实力环境有待改善

数据显示：居住的社区或村有网吧、游戏厅、健身所、篮球场、足球场、乒乓球场、图书借阅室、各种兴趣活动室的频数分别为 316、112、335、378、190、339、231、102；他们所占的百分比分别为 15.1%、5.3%、16.0%、18.0%、9.1%、16.2%、11.0%、4.9%。居住的社区没有以上活动场所的频数为 95，所占百分比为 4.5%。可见，社区的基础硬件设备有待进一步完善。

在"你参与所在社区的文化活动吗"的选项中，选择"经常"的频数为 59，有效百分比为 7.9%；选择"偶尔"的频数为 386，有效百分比为 51.7%；选择"没有参与过"的频数为 301，有效百分比为 40.3%。其中缺失值为 19 个。由上可知，留守儿童对社区硬件设施的利用率不高。

在"你觉得你周围的人对待老年人态度如何"的选项中,选择"很好"的频数为184,有效百分比为24.4%;选择"好"的频数为223,有效百分比为29.5%;选择"一般"的频数为301,有效百分比为39.9%;选择"不好"的频数为24,有效百分比为3.2%;选择"很不好"的频数为23,有效百分比为3.0%。其中缺失值为10个。由上可知,中华民族的传统孝道文化的重视程度还有待加强。

2. 社会环境支持主要以学缘和传统地缘为主

在"你主要得到哪些渠道的帮助"的选项中,选择你得到政府部门(工青妇等群团组织)、爱心企业、社会公益组织、不知名的好心人、学校、同学、居住地的村委会、邻居的帮助的频数分别为102、105、131、87、303、383、69、309,他们所占的百分比分别为6.5%、6.7%、8.3%、5.5%、19.3%、24.3%、4.4%、19.6%。其中没有得到过以上渠道帮助的频数为84,百分比为5.3%。由上可知,留守儿童从同学、学校以及邻居中得到的帮助最多。

二 留守儿童的行为、心理、道德及价值观现状

(一)留守儿童的学习适应及家务劳动参与状况适中

在"你在班里成绩排名"的选项中,选择"下等"的有56人,"中下等"的有114人,"中等"的有299人,"中上等"的有204人,"上等"的有80人,所占的有效百分比分别为7.4%、15.1%、39.7%、27.1%和10.6%。

在"你平时做过家务活吗"的选项中,选择"从不"的有12人,"很少"的有112人,"有时做"的有403人,"经常做"的有221人,所占的有效百分比分别为1.6%、15.0%、53.9%和29.5%。

(二)留守儿童的偏差行为总体不是很严重

在"上学期你迟到、旷课过吗"的选项中,选择"从不"的有550人,"很少"的有182人,"有时"的有22人,"经常"的有7人,所占的有效百分比分别为72.3%、23.9%、2.9%和0.9%。

在"上学期你抽过烟吗"的选项中,选择"从不"的有735人,"很少"的有16人,"有时"的有4人,"经常"的有5人,所占的有效百分比分别为96.7%、2.1%、0.5%和0.7%。

在"上学期你打过架吗"的选项中,选择"从不"的有489人,"很少"的有222人,"有时"的有37人,"经常"的有11人,所占的有效百分比分别为64.4%、29.2%、4.9%和1.4%。

在"上学期你去过网吧吗"的选项中,选择"从不"的有573人,"很少"的有123人,"有时"的有38人,"经常"的有28人,所占的有效百分比分别为75.2%、16.1%、5.0%和3.7%。

(三) 留守儿童的心理总体健康

他们的幸福感比较好,不能忽视家庭亲子沟通,尤其是加强与父亲的沟通。

在"'与同龄人相比,我觉得自己更快乐'是否符合你的情况"的选项中,选择"非常不符合""不太符合""比较符合""非常符合"的频数分别为30、123、403、193,所占的有效百分比分别为4.0%、16.4%、53.8%、25.8%,其中缺失值为16个。

他们的同辈人际关系比较好,在"你一般会主动与同学交往吗"的选项中,选择"从不会""很少会""有时会""经常会"的频数分别为27、63、276、385,所占的有效百分比分别为3.6%、8.4%、36.8%、51.3%。其中缺失值为14个。

在"日常生活中,你遇到烦恼或心情不好时,通常与父亲交谈"的选项中,选择"基本不会""少数情况不会""一般情况下会""多数情况下会""每次都会"的频数分别为192、148、178、113、120,所占的有效百分比分别为25.6%、19.7%、23.7%、15.0%、16.0%。其中缺失值为14个。在涉及通常与母亲交谈时,选择"基本不会""少数情况不会""一般情况下会""多数情况下会""每次都会"的频数分别为136、130、143、131、211;有效百分比分别为18.1%、17.3%、19.0%、17.4%、28.1%。其中缺失值为14个。由此可知,与父亲相比,儿童遇到困难时更倾向于与母亲交谈。

(四) 留守儿童的道德认知及行为总体适中

少部分学生的道德认知和行为存在偏差,大部分学生有良好的道德认知和行为。

在"当爸爸买了好吃的,你会怎么做呢"的选项中,选择"都是我爱吃的,他们不吃也无所谓""我总是让长辈先吃,然后再自己吃""我爱吃的就多吃点，不爱吃的就少吃点"的频数分别为31、617、114，所占的有效百分比分别为4.1%、81.0%、15.0%。其中缺失值为3个。

在"你认为一个优秀的人是否应该具备良好的道德礼仪"的选项中，选择"一定要具备良好的道德品质才能算得上优秀""不一定，只要有能力、成绩就好"和"一个优秀的人完全没必要有道德"的频数分别为633、97、29，所占的有效百分比分别为83.4%、12.8%、3.8%。其中缺失值为6个。

三　留守儿童的需求及困难

（一）家庭生活需求

1. 留守儿童对父母的依赖最大，尤其是在学习辅导上的需求最强烈

在"你最希望和谁住在一起"的选项中，选择最希望和父母、爷爷奶奶、兄弟姐妹、亲戚、同学朋友住在一起的频数分别为590、67、37、8、62，所占的有效百分比分别为77.2%、8.8%、4.8%、1.0%、8.1%，其中缺失值为1个。可见，对其父母的依赖最大。

被问及"父母不在身边，你最大的担忧是什么"时，选择"受到强人胁迫（欺负等）""受到引诱上网、抽烟、逃课、做坏事等""自己生病、长辈生病""发生车祸、溺水等""学习上没有人辅导"的频数分别为127、113、211、52、250，所占的有效百分比分别为16.9%、15.0%、28.0%、6.9%、33.2%。其中缺失值为12个。可见，孩子对学习辅导的需求最强烈。

2. 留守儿童亲子生活选择的矛盾性

他们一般能够体谅父母外出打工的辛劳，但是更愿意通过此种方式改善家庭生活水平。

被问及"对于父母外出打工，你的看法是什么"时，选择"父母在外辛苦工作是为了让我以后过得更好，我理解他们"的频数为606，所占的有效百分比为79.4%；选择"我知道父母在外工作很辛苦，但是我还是希望他们在我身边"频数为137，所占的有效百分比为18.0%；选择"父母不顾家也不管我，我恨他们"频数为3，有效百分比为0.4%；选择"在家种田很辛苦，在外打工赚钱多一点"频数为17，所占的有效百分比为2.2%。其中缺失值为2个。

被问及"对于父母外出打工赚钱改善家庭生活与父母在家种田家庭

生活困难的看法"中,选择更愿意"父母外出打工"的频数为297,所占的有效百分比为39.4%;选择更愿意"父母在家陪伴我"的频数为243,所占的有效百分比为32.3%;选择更愿意"如果有条件与父母一起进城去读书"的频数146,所占的有效百分比为19.4%;选择更愿意"其他"的频数67,所占的有效百分比为8.9%。其中缺失值为12个。

3. 家庭亲子情感沟通的强烈需求

在"如果与监护人产生了矛盾,你最想做的事"的选项中,选择"打电话给父母,让父母为自己主持公道""离开家庭,找同学散心""用唱歌、听音乐等方式来排遣""离家出走,吓唬监护人""记恨在心,等有机会再报复""和监护人讲道理""其他"的频数分别为184、43、284、11、9、206、24,所占的有效百分比分别为24.2%、5.7%、37.3%、1.4%、1.2%、27.1%、3.2%。其中缺失值为4个。选择给父母打电话及自我排遣方式的比较多,这表明家庭的情感沟通,是孩子的潜在需求。

(二) 留守儿童的帮助需求

他们更期许得到同学、父母的帮助和辅导,而需求的内容偏向新型素质性活动。

"当你遇到困难时,你希望得到哪些帮助"的有效值为764,缺失值为1。选择"当你遇到困难时,你希望得到更好的指点、辅导"的频数为326,所占比例为23.9%;选择"当你遇到困难时,你希望得到同学们的关心,和同学们一起学习、玩耍"的频数为384,所占比例为28.2%;选择"当你遇到困难时,你希望自己的父母能够在身边帮助自己"的频数为345,所占比例为25.3%;选择"当你遇到困难时,你希望得到老师更多的关注、关心"的频数为182,所占比例为13.4%;选择"当你遇到困难时,你希望有更好的经济环境,有更多的学习材料"的频数为98,所占比例为7.2%;选择"当你遇到困难时,你不想读书了,想去赚钱"的频数为28,所占比例为2.1%。由上可知,留守儿童遇到困难时更希望得到同学、父母等的帮助。

数据显示:"你希望得到社会学校家庭为你提供的哪些帮助"的有效值为759,缺失值为6。如果社会、学校、家庭为你提供帮助,选择需要"开通家长热线"的频数为139,所占比例为7.7%;

选择需要"开展定期谈心日"的频数为98，所占比例为5.4%；选择需要"高年级帮扶"的频数为86，所占比例为4.7%；选择需要"社会关爱'手拉手'等"的频数为207，所占比例为11.4%；选择需要"电脑培训"的频数为194，所占比例为10.7%；选择需要"娱乐健身活动"的频数为193，所占比例为10.6%；选择需要"学习辅导或讲座"的频数为182，所占比例为10.0%；选择需要"经济支持"的频数为100，所占比例为5.5%；选择需要"定期能前往务工地与父母生活"的频数为98，所占比例为5.4%；选择需要"兴趣小组"的频数为183，所占比例为10.1%；选择需要"同辈互助小组"的频数为52，所占比例为2.9%；选择需要"课外活动多样化"的频数为118，所占比例为6.5%；选择需要"亲子互动活动"的频数为125，所占比例为6.9%；选择需要"其他帮助"的频数为40，所占比例为2.2%。由上可知，留守儿童对社会关爱"手拉手"等、兴趣小组、娱乐健身活动、电脑培训等新型素质性活动需求最大。

四 定性研究分析

（一）留守儿童存在的问题

1. 监护人文化程度普遍偏低，很难给予学业辅导

由于留守儿童普遍被隔代抚养，而他们的监护人一般文化程度不高，对他们的教育帮助极其有限，同时对他们的行为约束也非常有限。

CHL：爷爷奶奶能帮你解答吗？

LH：爷爷奶奶的学问不高，刚上学的时候还能给我讲题，但是现在很多题他们都不会，所以都是问同学。爷爷奶奶会经常问我饭吃好了没有，提醒我多穿衣服。

CH：那你们爸爸妈妈的文化程度是什么？

LXM：爸爸妈妈都是上到了初中。

RYY：爸爸是高中，妈妈是小学。

CH：那你们一般都会说些什么？

LXM：会问我学习。

RYY：问我学习，要注意身体。

CH：那做作业有没有人辅导你？

ZHM：没有人，他们都不会。

W：您可以说一下你们班里留守儿童的情况吗？比如说学习生活方面的。

X：学习方面明显存在问题，很多孩子的基础挺差，自制能力也比较差，家里面没人管。

W：哦，就是跟非留守儿童相比？那你觉得留守儿童自制力差体现在哪些方面呢？

X：是的，比如说有时候放假做作业，非留守儿童回家的话就会赶紧做，像家里没人的，没人监督没人管，有时候放假回家了就是上网或者玩。

2. 亲子分离时间较长，亲子沟通容易出现问题

留守儿童普遍表现了对于父母的依恋，这是一种既无力又无奈的表现，他们处于不太能完全表达自己的年龄段，对于不理想的亲子联系现实，也只能以转移的方式（转移到同辈群体）或者暂时忽略的方式来消解自己的不满。

CHL：爸爸妈妈不在身边，你会羡慕那些爸爸妈妈在身边的同学吗？

LH：有点羡慕。

FY：你会想他们吗？

LDN：想（这时候她哭了，我拿纸巾给她擦眼泪，跟她说，让她不要担心这些，还有一两个月爸妈就回来，而且你成绩那么好，他们也会放心，也会想你这个乖女儿的，你要好好表现才行……大概劝说了她三分钟，她才慢慢恢复过来）。

GYQ：你家里都有谁？谁照顾？是否经常见面？

YKJ：家里有爸爸和两个姐姐，爸爸在昆明打工，爸爸和妈妈离婚了。跟着爸爸生活，主要由爸爸照顾，跟爸爸不经常见面，想念爸爸妈妈，通常是过年或家里有重要的事情的时候爸爸会回来。

RYY：平常心情不好的时候，会和爸爸妈妈讲吗？
LXM：不会。
RYY：我也不会，会和我同学讲，或者把它忘了。
WJ：所以为什么会把父母一方不在家也叫作留守儿童，就是因为只要有一方不在家，一个人带孩子多多少少都会有一些问题和缺陷，因为父母扮演的角色是不一样的。
JS：社会上这么关注，但是我觉得并没有引起家庭的重视，我们私底下也会做这一类的调查，比如家访、结对关爱，和家长接触的比较频繁，所以还是比较了解的。有时即使是有家长在家，一般是妈妈在家，她也根本不关注孩子的心理。她觉得做一个妈妈只要做到（让孩子）吃饱穿暖就行。有时候我们去家里家访，了解孩子情况，他们甚至不愿意从牌桌上下来。孩子也反映家长在家上午打牌，下午打牌，忙死了，没法和他们沟通。

3. 长期亲子分离会使留守儿童感觉孤单、寂寞

父母亲陪伴长久的缺失，会给留守儿童带来落寞而无法排解的心理状态，这种状态对于他们而言也许是模模糊糊的，但是却是真实的。

CH：你们觉得爸爸妈妈在外打工好吗？
LXM：不好，会想他们，感到孤单。
W：您觉得班里的留守儿童和非留守儿童有没有不一样？能不能感觉出来？
H：有一点不一样，好像是有些孤独。
CH：你觉得爸爸妈妈去外面工作好吗？
XX：不好，有时一个人在家里会有种寂寞感。

4. 社区的基础设施不完善，而学校现有的服务设施利用率不高

虽然乡村实现了村村通路，但是与文化娱乐密切相关、能有效被使用的硬件设施并不多，学校的硬件服务设施虽然配置比较齐全，但是缺乏软性环境支撑，服务的人群范围也非常有限。

CH：你知道你们学校有留守儿童服务站吗？会给你们举办活

动吗?

ZHW：知道，很少。

L：能否介绍一下学校留守儿童服务站的情况?

Y：留守儿童服务站是由市财政资助，刚刚成立的一个学校服务机构，现在硬件设施基本完善，但是软件方面十分缺乏，希望以后能对老师多一些软件方面的培训。

W：那你们村里面有健身场所、篮球场、网吧之类的吗?

M：没有。

J：目前留守儿童活动开展得怎么样?

Y：其实很多活动会脱离现实，毕竟留守儿童之间还是有区别的，每个人的需要都不一样。

GYQ：邻里关系（遇到问题的时候是否会向邻居请求帮助等）、娱乐设施、文化氛围、治安情况怎么样?是否经常有社区活动?

YKJ：亲戚邻里关系很好，很和谐，遇到问题时应该会向邻里求助，那边的文化氛围不太清楚，没有图书馆，治安情况还行吧，没有巡逻车。亲戚家是在一个典型的村庄。对于村委会是否会定期举办一些活动则不太清楚。

F：那也不少啊，平时买东西不方便吧?

XM：是，这边很远，正好有摩托车，要是买什么东西尽量去道观那里买。

F：我觉得这边都是山路，还是很不安全的，尤其是对于小孩子而言（来说）。

XM：对，这边就是这样，不安全。

5. 留守儿童与监护人之间缺乏沟通交流

隔代或者亲属对儿童在教育方面的监管及学习辅导较弱，这其中的一个基本原因在于，双方沟通的意愿不高，沟通的方式也非常单一，作为监护人的祖父母辈在能力与体力上都很难完成高质量监管与教育的重任，作为监护人的亲属，很难让留守儿童在心理和认同上对他们产生权威感和依从感。

FY：现在接触这些，一定要注意网络安全，不要轻易透漏自己的信息，姑姑在家里忙什么？也有工作吗？会带你出去玩吗？姑姑的文化程度怎样？有问题了，会问她吗？

LDN：没有，姑姑就是在家里看电视，也没什么习惯爱好。很少带我出去玩，基本没有。对于姑姑的文化程度我也不知道，有时候我会问她一些问题，她有的会，有的不会。

J：那他们的（留守儿童）学习情况怎么样呢？

Z：一般来说还好，但是整体来说还是要比其他学生差一些。

J：道德方面呢？

Z：还是差一些。前两天，有个与姑姑住在一起的学生放学的时候不回家，上网吧，一般吃完饭就跑，还有就是会发生逃学的现象。

J：您的意见对我们很重要，我们更缺乏深入了解。

Z：像那个学生，吃完饭跑出来了，姑姑问他去干什么，他说去做作业，其实哪是去做作业呢，出来就是上网吧，跟同学疯疯打打去了。晚上回去，姑姑姑父要是强调他做作业的话，他就说做完了。有的姑姑姑父是无法进行辅导的，还有就是文化知识方面也欠缺。有的呢，就是不把作业给姑姑姑父看，那姑姑姑父也不敢打他呀。

WJ：您可不可以说得具体一点，虽然我以前也是留守儿童，但是不太清楚现在的留守儿童和过去是否一样。

JS：因为现在初中的很多留守儿童和小学留守儿童有很多的不同，小学的时候说什么听什么，但是初中生都有一种逆反心理，不管和他说什么都不太管用，爷爷奶奶想管又觉得力不从心，再就是一般以骄纵为主，记得我以前教的那个学生，他也是留守的，他就整天迟到，我就说他，你这个样子实在是辜负你父母的期望，你趁早想办法找个出路，这是激将法，结果他自己跑了，说老师不要我读书了，我告诉他爷爷奶奶，他爷爷奶奶说："您只要让孩子在学校坐着就行了，我能对得起他父母，对他们交个账就行了"。

6. 不同年龄的留守儿童在很多方面存在差异性

中学的留守儿童对自己的留守身份比较敏感，心理及行为上更易出现问题。学龄前的留守儿童面临社区基本设施缺乏、娱乐活动场所少、隔代教育力不从心等问题。

J：您觉得中小学留守儿童有差异吗？

Y：像小学的话，孩子们整天嘻嘻哈哈的，在中学，那就是截然不同了。中学生需要更多的心理疏导以及引导。

WJ：从我们目前调查的情况来看，小学生年龄比较小，还意识不到留守与非留守是什么，但是中学生可能就已经意识到了。

JS：我们去年的时候也搞了一个针对留守儿童的问卷调查，很多留守儿童不愿意填。（年龄大的学生比较敏感了）

7. 监护人对学龄前儿童的家庭照顾、教育认知存在问题

由于打工经济在乡村流行，一般年轻父母会将学龄前的儿童交给自己的父母亲来养育，但是主要受教育水平低下等因素影响，监护人很难完成教育的任务，主要局限于对儿童的生活照顾。

CH：以后出去工作，孩子就主要是你婆婆照顾了？

MM：没办法，只能这样了。她干活还行，照顾孩子就不行了，她连回家做饭的时间都不知道，她的脑子有一点问题。记得孩子几个月时，我出去工作了一周，不放心，觉得孩子太小了，我就回来了，一回家看见小孩儿瘦了一圈，所以想等他再大点儿我再出去工作。

WJ：那您有小孩之前在干嘛呢？

MM：在外地打工。

WJ：那现在有了小孩之后打算怎么办呢？

MM：等明年小孩断奶之后能吃稀饭或米饭了我就出去打工，等到孩子上学再回来。

WJ：你怎么想到是等孩子上学再回来呢？一般人好像都是想等孩子上学才选择出去打工？

MM：我想小孩读书的话肯定需要人带一下，现在家里的老人又不怎么识字，所以还得有人带一下。

GYQ：那她现在在家里都玩什么？

NN：就是看点动画片，买点小光碟看什么的。

GYQ：其实像这边的环境，那么多车，还挺不安全的。

NN：是啊，我们这都是住在马路边。

GYQ：那还是要跟她讲一讲。

NN：跟她讲她不听啊，你说的没有用。

GYQ：她平时有没有对错的意识啊？做错事情怎么办？

NN：做错事打她呗，问她"还弄不"？

GYQ：还是比较听话的？

NN：不听话，嘿嘿。

GYQ：我们还想了解一下孩子目前最需要什么？除了安全问题，是不是希望她能接受一下学前教育？

NN：肯定是想让她接受一些教育。

GYQ：您觉得辅导她有压力还是教不了？

NN：教不了，没有人教，她不听。

GYQ：她不听？

NN：嗯，不听，外人的话行，隔壁的小孩教她唱歌，她学得可好了，我教她，她耳都不耳（她听都不听）。

8. 家庭结构不完整，影响留守儿童的性格塑造

亲子分离，使得留守儿童在很多时候生活在不完整的家庭中，隔代及亲属抚养可以弥补部分的缺憾，但是儿童在心理及性格养成中，因为亲子陪伴的缺失，仍然不免受到影响。

X：是的，作为家长和老师，我觉得这样对学生的成长，尤其是心理健康确实不是很好，从小就离开父母，这些孩子的性格以后都可能有一些缺陷。

JS：嗯，是存在问题，在与人相处、人际沟通方面，尤其是爸爸不在家时，女孩子本身就很敏感，妈妈在家带男孩子，男孩子也有一些存在缺陷的地方。

WYC：那你在家周围生活，心里有没有一种不安全感？

HZY：有。

WYC：那你觉得这种不安全感来自哪里？

HZY：我认为来自心理，每天晚上我都做噩梦。
WYC：为什么呢？
HZY：不知道。
WYC：是因为爸爸妈妈不在身边，还是？
HZY：没有爸爸妈妈陪。每次爸爸在家陪我睡觉的时候，我就会做美梦。每次做噩梦的时候，我就感觉像爸爸妈妈会离开我一样。

（二）留守儿童的需求
1. 学业上需要有人监管和辅导

家庭学业监管与辅导，对于中小学龄段的学生来讲，是非常重要的，因为这个时期，他们都有家庭作业，而家庭作业往往是学校老师无法普遍照顾到的部分，这一点是留守儿童与非留守儿童一个非常明显的差别。

S：刚才说到留守的（儿童）在行为举止、思想上有差异，那么他们在学习上有没有差异呢？

L：学习上也是这样的，因为家里面基本上失控了嘛，除了老师对他们在学习上进行帮扶之外，在家里基本上没人管。我在上一次做调查的时候，就学习情况这个方面，我们学校里面做了一个调查，有很多留守学生也跟我说了，他们希望家里面也能有帮助他学习的人。

J：留守儿童需要一些什么样的帮助？

L：学习辅导方面的，他们需要一些学习方面的辅导，因为学校学生比较多，老师更新换代缓慢，不能满足他们的学习需求。

WJ：我们这次调查主要是妇联让我们在 WH 市的十个留守儿童服务站调查留守儿童的情况，那您觉得您班上的留守儿童在行为或学习上和非留守儿童有什么差异？

JS：老师从行为上看，感觉不出有什么差异，但是从学习成绩上，走近看，还是能感觉出差异的。比如在作业的完成情况上，那些在家里由爷爷奶奶照顾的留守儿童在个体的表现上有一定的差异，但是绝大多数留守儿童完成的情况都不是太理想，初二的孩子都比较叛逆，听话的不多，爷爷奶奶很难对其进行管教。处于这个年龄阶段的孩子，在家里面做完作业的不多，有的甚至干脆没有完成，然后星期一早早来到教室抄袭别人的作业。

2. 生活中需要父母的陪伴以及家庭成员的互动沟通

亲子陪伴与沟通，是这个阶段儿童的最基础、最自然的需求，他们对于外部世界安全感的建立也主要来自于此，在走访调查中，我们发现老师会反复强调这一点的重要性，这一点既符合理论假设，也符合客观事实。

GYQ：你跟父母联系得多吗？

YKJ：妈妈也经常给我打电话，通常是两个月打一次，跟以前比，算是打得频繁的，以前打得很少，希望妈妈能给我多打电话。爸爸一个月打一次电话，我觉得打得也不少，自己也有手机，通常跟爸爸联系多一点。打电话聊得最多的是生活方面，爸爸很少说自己在外面的工作，如果是自己主动问，爸爸就会说；如果不问就不说，有点想爸爸。

WYC：那你在学习上或其他方面遇到困难的时候，会和爸爸妈妈沟通吗？

HZY：很少。

WJ：那您觉得如果是让我们来做服务的话，留守儿童需要什么？

JS：我们的留守儿童不是都搞了QQ号吗，用来和爸爸妈妈聊天的，这边现在还没搞。其实我想这些应该经常搞，让孩子和爸爸妈妈聊聊天，联络一下感情。你不知道我们有的家长一去几年都不回来管孩子。

WJ：嗯，是有这种情况。在上一次访谈中，我问孩子爸爸妈妈多长时间没回来了，他们说不记得了。

JS：是啊，很长时间不回来，那沟通肯定就少了，亲情肯定就是淡薄了一些，本来家长没看到孩子，对孩子的关爱就少一些。

WJ：那您觉得孩子那边，就是留守儿童他们还需要什么东西呢？

JS：他们可能更多的还是想爸爸妈妈吧，更多的需求还是能够多跟爸爸妈妈在一起沟通一下，但是这个可能性也不是非常大，因为爸爸妈妈在很远很远的地方，比如说广州啊、深圳啊，他不可能每个星期或者是每个月都回来，有的甚至是一年才能回来一次，所以他们可能还是……尽管我们老师做得像爸爸妈妈，但是他们可能还是想自己的爸爸妈妈。

　　WJ：您觉得有什么方法可以弥补一下？

　　JS：我觉得只能是在网上跟他们视频，聊聊天啊，就只有这个，我觉得我们学校在这方面做得还可以。

3. 心理上需要专业人员的心理辅导和社会关爱

亲子陪伴和沟通的缺失，造成了儿童巨大的心理真空，许多一线教师会反映，根据他们的观察，留守儿童最需要的还是心理辅导需求。

　　WJ：那您觉得学校的留守儿童或者说全校的学生最需要的是什么？

　　JS：我觉得他们最需要的还是心理上的辅导。

　　NZS：如果外界人士想帮助留守儿童，怎么样帮助会比较好？

　　L：学校和社会要双方结合，为留守儿童服务站配备专职人员，比如一些心理咨询老师。

4. 经济上部分家庭困难的留守儿童需要物质帮助

物质短缺可能是导致儿童留守的因素之一，这在留守儿童的日常生活中会有所反映。

　　S：刘校长平时在实际工作中有没有了解过留守儿童他们在学习和生活中具体有哪些需求？

　　L：在上次自己学校搞的调查中我也归纳总结了一下，有的家庭环境不是很好，他的学习用品基本上都还是比较缺的。不管是留守儿童还是非留守儿童，家庭条件不是蛮好的，他们都比较缺学习用品。

5. 社交中儿童需要更多的文化娱乐活动

文化娱乐活动的缺失，不仅仅与硬件配备有关，主要还与软性教育资源缺乏有很强的关联性，在公共资源配合有限的情况下，借助于外部力量的帮助，是很多学校所期待的。

J：我们去参观了一下，贵校的留守儿童建设是很好的，像计算机房啊，设施都很齐全。

Y：我们的硬件设施已经是很好的了，但是软件跟不上，我们也希望得到高校更多的指导。

WYC：那你会不会经常参与一些由社区组织的活动呢？

HZY：一般都不会有什么活动。

NZS：留守儿童与非留守儿童有什么共性需求？

L：课余活动比较少，留守儿童和非留守儿童都渴望能有更多的时间去参加课外活动。

NZS：留守儿童需要一些什么样的帮助？

L：体育、美术、音乐、舞蹈老师缺乏，学校还是更关心对于文化课的学习，不会过多培养学生的其他爱好。

第二节 留守儿童的内部差异性分析

一 不同年级在多项指标上有显著性差异

（一）中学阶段留守儿童的学校生活满意程度低，学业评价低，学业期待低

数据显示：在"年级"与"你对现在就读的学校满意吗"的交互分析中，Pearson 的卡方值为 80.833，近似概率为 0.000，卡方结果拒绝零假设，留守儿童中，他们的"年级"与"你对现在就读的学校满意吗"有显著相关性。同时，通过满意度的频次分布可以看出，小学儿童比中学儿童在学校满意度上情况更好。

数据显示：在"年级"与"你现在在班里的成绩排名"的交互分析中，Pearson 的卡方值为 33.737，近似概率为 0.000，卡方结果拒绝零假设，留守儿童中，他们的"年级"与"你现在在班里的成绩排名"有显著相关性。同时，通过成绩排名的频次分布可以看出，小学儿童比中学儿童在班里的成绩排名情况更好。

数据显示：在"年级"与"你希望自己实现的文化程度"两个变量的交互分析中，Pearson 的卡方值为 58.290，近似概率为 0.000，卡方结果拒绝零假设，留守儿童中，他们的"年级"与"你希望自己实现的文

化程度"有显著相关性。由频次分析可知，小学阶段儿童对实现文化程度的期望值更高。

（二）中学阶段留守儿童可能引发偏差行为的风险更大，道德认知更偏自我

数据显示：在"年级"与"上学期你是否有去网吧的行为"两个变量间的交互分析中，Pearson 的卡方值为 103.609，近似概率为 0.000，卡方结果拒绝零假设，留守儿童中，他们的"年级"与"上学期你是否有去网吧的行为"有显著相关性。由频次分析可知，中学阶段儿童去网吧的行为更多。

数据显示：年级与道德行为两个变量的交互分析显示，Pearson 的卡方值为 49.120，近似概率为 0.000，卡方结果拒绝零假设，留守儿童中，他们的"年级"与"爸爸买了好吃的，你会怎么做呢"有显著相关性。同时，通过行为的频次分布可以看出，小学儿童比中学儿童的道德行为更好。

（三）中学阶段留守儿童对自我的身体感知更敏感且更关注，但是评价程度相对较低

数据显示：在年级与儿童身体感知两变量的交互分析中，Pearson 的卡方值为 16.477，近似概率为 0.002，卡方结果拒绝零假设，留守儿童中，他们的"年级"与"与同龄人相比，你的身体好不好"有显著相关性。同时，通过频次分布可以看出，小学儿童比中学儿童对身体健康评价更好。

（四）中学阶段留守儿童相比于小学阶段留守儿童，幸福感较低

列联分析显示：Pearson 的卡方值为 17.325，近似概率为 0.001，卡方结果拒绝零假设，留守儿童中，他们的"年级"与"与同龄人相比，我觉得自己更快乐是否符合你的情况"有显著相关性。同时，通过频次分布可以看出，中学留守儿童相比于小学留守儿童，幸福感较低。

（五）中学阶段留守儿童相比于小学阶段留守儿童，更少与父亲交流，对家庭氛围的评价较低，对同辈群体的依赖较高，而小学阶段的留守儿童更依赖自己的父母亲和家庭

数据显示："年级"与"你最希望和谁住在一起"两个变量的交互分析显示：Pearson 的卡方值为 34.152，近似概率为 0.000，卡方结果

拒绝零假设，留守儿童中，他们的"年级"与"你最希望和谁住在一起"有显著相关性。同时，通过频次分布可以看出，小学留守儿童比中学留守儿童更愿意与自己的父母、爷爷奶奶等亲人住在一起，而中学留守儿童除了愿意与父母住在一起，更倾向于与同学住在一起，对同辈群体更为依赖。

数据显示：年级与家庭氛围感知两个变量的交互分析显示：Pearson 的卡方值为40.656，近似概率为0.000，卡方结果拒绝零假设，留守儿童中，他们的"年级"与"你觉得你的家庭氛围怎么样"有显著相关性。同时，通过频次分布可以看出，留守儿童中，小学生比中学生在家庭氛围感知上更好。

列联分析显示："年级"与"平时遇到烦恼或心情不好时，会与父亲交谈吗"两个变量的交互分析显示：Pearson 的卡方值为36.234，近似概率为0.000，卡方结果拒绝零假设，留守儿童中，他们的"年级"与"平时遇到烦恼或心情不好时，会与父亲交谈吗"有显著相关性。同时，通过频次分布可以看出，留守儿童中，小学生相对中学生与父亲的交流更多。

列联分析显示："年级"与"平时遇到烦恼或心情不好时，会与母亲交谈吗"两个变量的交互分析显示：Pearson 的卡方值为31.785，近似概率为0.000，卡方结果拒绝零假设，留守儿童中，他们的"年级"与"平时遇到烦恼或心情不好时，会与母亲交谈吗"有显著相关性。同时，通过频次分布可以看出，留守儿童中，小学生相对中学生与母亲的交流更多。

（六）中学阶段留守儿童相比小学阶段留守儿童，在需要的帮助上差异不大，但是在需要提供帮助的形式上有差异

中学留守儿童更需要健身娱乐及有一定心理深度的活动，小学留守儿童更需要活动形式丰富、社会接触面广的活动及学习辅导或讲座；同时可能由于家长和教师对于电脑运用的知识引导过少，而儿童对电脑等新兴媒体的兴趣又较大，所以小学和中学的留守儿童对电脑培训活动的需求较强烈。

数据显示：总体上讲，在留守儿童的样本中，大部分人希望得到同学们的关心，和同学们一起学习、玩耍。在小学和中学的留守儿童中，希望

得到的帮助中位列前几项的均是：希望得到同学们的关心，和同学们一起学习、玩耍，希望自己的父母能够在身边帮助自己，希望得到更多的指点、辅导。由此可知，两阶段的留守儿童在遇到困难时希望得到的帮助选择上是没有太大差异性的。

数据显示：总体上讲，在留守儿童的样本中，大部分人对开通社会关爱"手拉手"等活动需求最大。在小学的留守儿童中，位列前三项的需求为：社会关爱"手拉手"等、学习辅导或讲座、电脑培训；在中学的留守儿童中，位列前三项的需求为：娱乐健身活动、电脑培训、兴趣小组。由此可知，两阶段的留守儿童在需要社会、学校、家庭为其提供帮助的形式上是有一定差异性的。

二 不同性别在多项指标上有显著性差异

（一）男性留守儿童相比于女性留守儿童在学业评价上偏低

数据显示："性别"与"你现在在班里的成绩排名"两个变量的交互分析显示：Pearson 的卡方值为 17.179，近似概率为 0.002，卡方结果拒绝零假设，留守儿童中，他们的"性别"与"你现在在班里的成绩排名"有显著相关性。同时，通过频次分布可以看出，在留守儿童中，女性儿童比男性儿童在学习排名的自我评价上要好。

（二）女性留守儿童相比于男性留守儿童，参与家务劳动更多

数据显示：性别与参与家务劳动两个变量的交互分析显示：Pearson 的卡方值为 31.131，近似概率为 0.000，卡方结果拒绝零假设，留守儿童中，他们的"性别"与"你平时做过家务活吗"有显著相关性。同时，通过频次分布可以看出，在留守儿童样本中，女性儿童比男性儿童更多地参与家务劳动。

（三）男性留守儿童相比于女性留守儿童，发生偏差行为的风险更高

数据显示：性别与发生偏差行为两个变量的交互分析显示出：Pearson 的卡方值为 79.490，近似概率为 0.000，卡方结果拒绝零假设，留守儿童中，他们的"性别"与"上学期你是否有打架的行为"有显著相关性。同时，在频次分布表中，可以看出男性发生偏差行为的风险要比女性高。

（四）女性留守儿童对传统意义上的学业帮助需求强烈，男性对形式

新颖的娱乐健身类帮助需求强烈

数据显示：总体上讲，在留守儿童的样本中，大部分人对开通社会关爱"手拉手"等的活动需求最大。在性别为男的留守儿童中，位列前三项的需求为：电脑培训、娱乐健身活动、社会关爱"手拉手"等；在性别为女的留守儿童中，位列前三项的需求为：社会关爱"手拉手"等、兴趣小组、学习辅导或讲座。由此可知，在留守儿童样本中，男性留守儿童更需要电脑培训、娱乐健身等形式新颖的活动，女性留守儿童偏重于兴趣小组、学习辅导等传统形式的学习活动。

三 不同家庭教育环境留守儿童的行为差异

（一）家庭教育的文化背景对留守儿童行为的影响

家庭教育的文化背景是个复杂的概念，我们以父母的学历、阅读习惯及对孩子的学习督促频率为分析变量，从中发现家庭教育的文化背景对留守儿童的行为影响。调查数据显示，家庭的文化氛围对留守儿童的学习成绩、学习方式、学习内容、学习习惯、偏差行为、人际交往、亲子沟通及家庭氛围感知等均有影响。同时，数据分析发现，父亲的文化程度一般会影响孩子的智商发展，比如学习成绩、学习方式、学习内容及学习习惯，但是母亲的文化程度一般会影响孩子的情商发展，比如人际交往的程度等。

（二）家庭教育的方式对留守儿童的行为影响

家庭教育方式分为奖励性与惩罚性两种方式，数据分析发现，精神奖励对儿童的学习、幸福感、亲子沟通等有良性影响，而体罚等负面的惩罚性方式对儿童的亲子沟通、道德认知与行为、偏差行为、家庭氛围感知等有负面影响。

（三）家庭教育的动机背景对留守儿童行为的影响

家庭教育的动机背景包含父母对孩子的文化期待、成就期待等。而这些因素会影响留守儿童的学习成绩、学业成就期望及道德认知等。

比如数据显示：Pearson 的卡方值为 924.473，近似概率为 0.000，卡方结果拒绝零假设，"父母希望你今后的文化程度"与"你希望自己实现的文化程度"有显著相关性。如果父母希望儿童今后的文化程度较高，则儿童希望实现的文化程度较高；如果父母希望儿童今后的文化程度低，则儿童希望实现的文化程度较低。

四 不同留守状态留守儿童的行为差异

相关学术研究表明，不同的留守方式对留守儿童的行为影响是不一样的，本次调查主要考察了留守儿童的亲子联系频率、亲子联系方式、父母打工距离、父母回家间隔时间等因素对留守儿童行为的影响。数据分析表明，父母的联系频率高，对留守儿童的自我能力认知、身体健康、幸福感、人际交往、亲子沟通等有好的影响，同时可以降低留守儿童发生偏差行为风险。亲子直接联系的方式比间接联系的方式更能增强留守儿童的幸福感及亲子沟通关系，并可有效降低留守儿童偏差行为的发生概率。母亲的打工距离对孩子的影响要高于父亲，母亲的打工距离近，对孩子的引导会更积极，同时孩子对家庭氛围的感知会更好。父母回家时间间隔的长短对留守儿童也有非常重要的影响，回家时间间隔越短，亲子沟通及家庭氛围就越好，更利于留守儿童的身心成长。

（一）亲子联系频率，对留守儿童的身体健康、幸福感、人际交往、亲子沟通、偏差行为有影响

相关分析显示：留守儿童中，在年级和性别作为控制变量的条件下，"你与外出的父母多久联系一次"和"与同龄人相比，我觉得自己更快乐是否符合你的情况"间的偏相关系数为 -0.140，说明父母与儿童联系的时间间隔越长，留守儿童的幸福感越差。

（二）亲子直接联系的方式比间接联系的方式，更难增强留守儿童的幸福感和缔造更为融洽的亲子关系，同时降低留守儿童发生偏差行为的风险

对应分析显示：Pearson 的卡方值为 51.100，近似概率为 0.000，卡方结果拒绝零假设，"你与外出的父母主要通过什么方式联系"与"上学期你是否有打架的行为"有显著相关性。如果外出的父母与儿童采取直接联系（如父母经常回家看我、互联网或信件、电话或手机短信）的方式，儿童打架的频率降低；如果外出的父母与儿童采取间接联系（如通过亲属转达）的方式，儿童打架的频率升高。

(三) 父母打工的距离对留守儿童的影响

研究发现,母亲打工距离的远近对孩子的教育有影响,父亲打工距离的远近对孩子的影响不大。

对应分析显示:Pearson 的卡方值为 20.734,近似概率为 0.008,卡方结果拒绝零假设,"你外出的妈妈在什么地方工作"与"你的父母是否教你分辨网络媒体中的信息"有显著相关性。如果外出的妈妈工作的地方较近,一般会教儿童分辨网络媒体的信息;如果外出的妈妈工作的地方较远,一般很少会教儿童分辨网络媒体的信息。

同时,母亲打工距离的远近会影响留守儿童对家庭氛围的感知。

对应分析显示:Pearson 的卡方值为 27.280,近似概率为 0.038,卡方结果拒绝零假设,"你外出的妈妈在什么地方工作"与"你觉得你的家庭氛围怎么样"有显著相关性。如果外出的妈妈工作的地方比较近,儿童会觉得家庭氛围比较好;如果外出的妈妈工作的地方比较远,儿童会觉得家庭氛围比较差。

(四) 父母回家的间隔时间对留守儿童的影响

父母回家的间隔时间越短,留守儿童与其父母的沟通越好。

对应分析显示:Pearson 的卡方值为 27.055,近似概率为 0.008,卡方结果拒绝零假设,"你外出的爸爸通常多长时间回家一次"与"平时遇到烦恼或心情不好时,会与父亲交谈吗"有显著相关性。如果外出的爸爸回家的间隔时间较短,儿童一般遇到烦恼或心情不好时,会更多地与父亲交谈;如果外出的爸爸回家的间隔时间较长,儿童一般遇到烦恼或心情不好时,很少会与父亲交谈。

对应分析显示:Pearson 的卡方值为 41.488,近似概率为 0.000,卡方结果拒绝零假设,"你外出的妈妈通常多长时间回家一次"与"平时遇到烦恼或心情不好时,会与母亲交谈吗"有显著相关性。如果外出的妈妈回家的间隔时间较短,儿童一般遇到烦恼或心情不好时,会更多地与母亲交谈;如果外出的妈妈回家的间隔时间较长,儿童一般遇到烦恼或心情不好时,很少会与母亲交谈。

父亲回家的时间间隔越短,留守儿童对家庭氛围的感知越好。

对应分析显示:Pearson 的卡方值为 38.855,近似概率为 0.000,卡方结果拒绝零假设,"你外出的爸爸通常多长时间回家一次"与"你觉得你的家庭气氛怎么样"有显著相关性。爸爸回家的时间间隔短，儿童会认为家庭氛围比较好；爸爸回家的时间间隔长，儿童会认为家庭氛围比较差。

第三节　留守儿童偏差行为的多因素分析

在研究此前定类变量的分析中发现，留守儿童的年级、性别、家庭教育方式、留守形式等都对其行为有影响，而在留守儿童的诸多行为中，最值得关注的是其偏差行为。因此，本节研究将留守儿童的偏差行为作为重要的观察变量，以此考察何种因素对留守儿童的行为影响至关重要。

在此前对两个变量关系分析的基础上，这部分导入多个自变量与偏差行为的影响，这些自变量均是此前分析中比较有影响的变量，它们分别是：留守形式、性别、年级、家庭教育方式等。数据分析显示：在控制性别、年级的情况下，家庭教育文化氛围、父母的文明行为、教育方式等较父母务工地的远近对留守儿童的偏差行为更有影响，此外，父母与孩子的联系频率对留守儿童偏差行为也有影响。以上表明，打工与否，在哪里打工并不是问题的重点，重点是父母亲本身的文化修养及是否经常联系关心留守儿童对留守儿童偏差行为的影响显著。

一　家庭教育方式对留守儿童偏差行为的影响

（一）以年级、性别、是否独生子女作为自变量对偏差行为（因变量）的多因素方差分析模型

方差分析模型结果显示：方差分析模型的检验，$F = 42.033$，$p = 0.000$，所用的模型有统计学意义。性别（$F = 67.303$，$p = 0.000$）、年级（$F = 45.634$，$p = 0.000$）对偏差行为有显著影响。但是是否为独生子女（$F = 1.569$，$p = 0.211$）对偏差行为没有影响。如图 3-1 所示：总体上看，中学及男性留守儿童的偏差行为要多于小学及女性留守儿童。不同自变量均值及标准差的比较在此省略。因为纳入模型中的自变量均为二分变量，所以不能进行模型的事后两两比较（Post Hoc Tests）。

Estimated Marginal Means of c4z

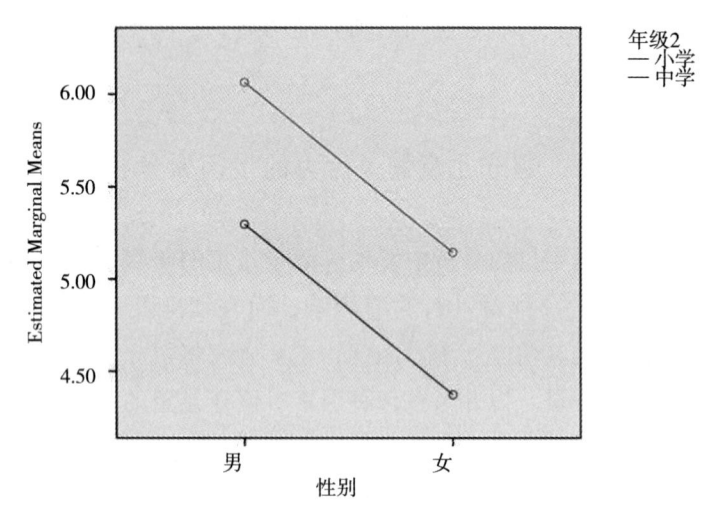

图 3-1 性别及年级在偏差行为上的均值

（二）以年级、性别、家庭阅读习惯作为自变量对偏差行为（因变量）的多因素方差分析模型

方差分析模型结果显示：方差分析模型的检验，F = 28.677，p = 0.000，所用的模型有统计学意义。年级（F = 43.794，p = 0.000）、性别（F = 69.813，p = 0.000）及父母的阅读习惯（F = 4.943，p = 0.002）对偏差行为均有显著影响。如图 3-2 所示：总体上看，父母阅读习惯好的小学及女性留守儿童的偏差行为要远远少于父母亲阅读习惯不好的中学及男性儿童偏差行为。不同自变量均值及标准差的比较在此省略。对模型进行事后两两比较（Post Hoc Tests），方差齐性检验（Levene's Test of

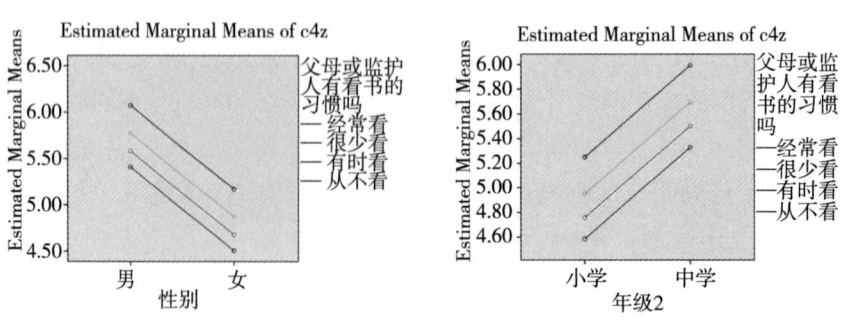

图 3-2 不同性别、年级及父母阅读习惯的偏差行为均值

Equality of Error Variances)显示,F=10.182,p=0.000,存在方差不齐的问题,模型事后两两比较(Tamhane),父母阅读习惯的两极差异对留守儿童偏差行为的影响更为显著。

(三)以年级、性别、家庭学习督促习惯作为自变量对偏差行为(因变量)的多因素方差分析模型

方差分析模型结果显示:方差分析模型的检验,F=22.053,p=0.000,所用的模型有统计学意义。年级(F=35.299,p=0.000)、性别(F=73.744,p=0.000)及父母的督促习惯(F=5.132,p=0.000)对留守儿童的偏差行为均有显著影响。如图3-3所示:总体上看,父母学习督促习惯好的小学及女性留守儿童的偏差行为要远远少于父母学习督促习惯不好的中学及男性儿童偏差行为。不同自变量的均值及标准差比较在此省略。对模型进行事后两两比较(Post Hoc Tests),方差齐性检验(Levene's Test of Equality of Error Variances)显示,F=6.784,p=0.000,存在方差不齐的问题,模型事后两两比较(Tamhane),父母的学习督促两极差异对留守儿童的偏差行为影响更为显著。

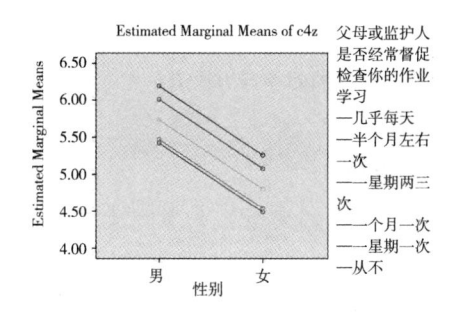

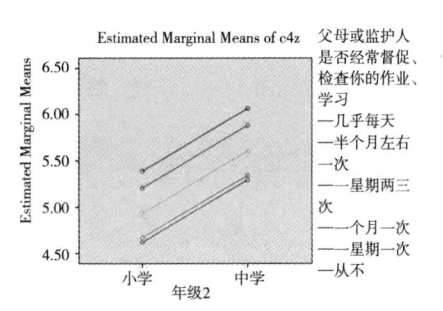

图3-3 性别、年级与父母亲学习督促的偏差行为均值

(四)以年级、性别、家庭奖励作为自变量对偏差行为(因变量)的多因素方差分析模型

方差分析模型结果显示:方差分析模型的检验,F=27.025,p=0.000,所用的模型有统计学意义。年级(F=50.594,p=0.000)、性别(F=68.534,p=0.000)对留守儿童的偏差行为有显著影响。但是家庭的奖励方式(F=2.264,p=0.080)对留守儿童的偏差行

为影响不显著。

(五) 以年级、性别、父母文明习惯作为自变量对偏差行为 (因变量) 的多因素方差分析模型

方差分析模型结果显示：方差分析模型的检验，F = 46.718，p = 0.000，所用的模型有统计学意义。年级 (F = 37.174，p = 0.000)、性别 (F = 67.917，p = 0.000) 及父母亲的文明习惯 (F = 9.718，p = 0.002) 对留守儿童的偏差行为均有显著影响。如图3-4所示：总体上看，父母文明习惯好的小学及女性留守儿童的偏差行为要远远少于父母亲文明习惯不好的中学及男性儿童偏差行为。不同自变量的均值及标准差比较在此省略。

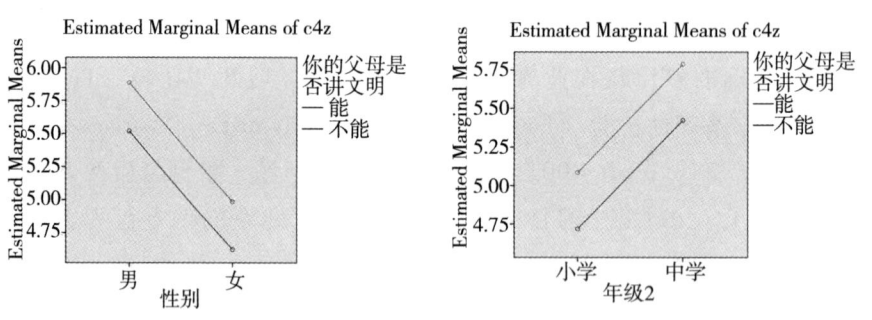

图3-4 年级、性别、父母亲文明习惯的偏差行为均值

二 留守状态对留守儿童偏差行为的影响

(一) 父母联系频率为自变量对偏差行为 (因变量) 的多因素方差分析模型

方差分析模型结果显示：方差分析模型的检验，F = 28.482，p = 0.000，所用的模型有统计学意义。年级 (F = 47.786，p = 0.000)、性别 (F = 64.715，p = 0.000) 及父母的联系频率 (F = 5.693，p = 0.001) 对留守儿童的偏差行为均有显著影响。如图3-5所示：总体上看，父母联系频率高的小学及女性留守儿童的偏差行为要远远少于父母联系频率低的中学及男性儿童偏差行为。不同自变量的均值及标准差比较在此省略。对模型进行事后两两比较 (Post Hoc Tests)，方差齐性检验 (Levene's Test of Equality of Error Variances) 显示，F = 13.601，p = 0.000，存在方差不齐的问题，模型事后两两比较 (Tamhane)，父母的联系频率差异对留守儿

童的偏差行为影响更为显著。

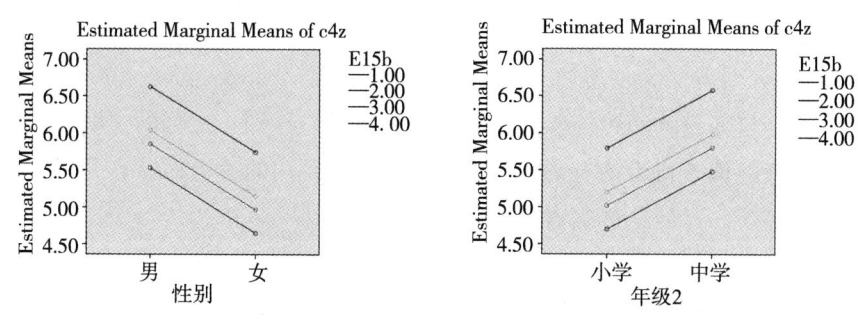

图 3-5 性别、年级、父母亲联系频率的偏差行为均值

（二）父母打工远近为自变量对偏差行为（因变量）的多因素方差分析模型

数据结果显示：在控制了留守儿童性别及年级影响后，留守儿童的偏差行为与父亲（F = 0.773，p = 0.543）母亲（F = 1.258，p = 0.285）打工的远近没有关系。

三 留守状态与家庭教育对留守儿童偏差行为的影响

数据分析显示：在控制性别、年级的情况下，家庭教育文化氛围、父母的文明行为、教育方式等较父母打工距离的远近对留守儿童的偏差行为影响更大，同时父母与孩子的联系频率对留守儿童的偏差行为也有影响。这说明，打工与否、在哪里打工并不是问题的重点，重点是父母本身的文化修养及是否经常联系和关心孩子对留守儿童的偏差行为有影响。

（一）父母的阅读习惯与父母和孩子的联系频率对偏差行为有影响

四个变量均通过检验并显著，说明父母阅读习惯及父母的联系频率对留守儿童的偏差行为均有影响。其他统计表省略。

（二）父母的奖励方式与父母和孩子的联系频率对偏差行为有影响

三个变量均通过检验并显著，说明年级、性别、父母的联系频率对留守儿童的偏差行为均有影响。但是，此时父母的奖励方式对孩子的偏差行为影响不显著，这说明，在留守儿童中，父母与孩子的联系频率对孩子的影响很大。其他统计表省略。

（三）父母的文明习惯与父母和孩子的联系频率对偏差行为有影响

四个自变量均通过检验并显著，说明年级、性别、父母亲与孩子的联系频率、父母的文明习惯对留守儿童的偏差行为均有影响。其他统计表省略。

(四) 父母的文明习惯与父母打工距离的远近对偏差行为有影响

三个自变量均通过检验并显著,说明年级、性别、父母的文明习惯对留守儿童的偏差行为均有影响。但是父母打工距离的远近对留守儿童行为影响不显著。其他统计表省略。

第四节 留守儿童多个问题的多因素分析

为了检验学术界关于亲子分离和家庭教育对留守儿童相关问题的影响,本节重点考察了亲子分离及家庭教育对留守儿童幸福感、人际交往、学业成绩、亲子沟通及学业期待的影响。

一 变量测量

(一) 自变量

本节研究的两个主要自变量是亲子分离和家庭教育,将亲子分离操作化为亲子联系频率、亲子联系方式、父母回家间隔时间及父母打工距离四个维度,其中亲子联系频率划分为九个等级:每天(=1)、每隔2—3天(=2)、1周(=3)、半个月(=4)、一个月(=5)、2—3个月(=6)、4—6个月(=7)、7—12个月(=8)、一年以上(=9);亲子联系方式的答案分类如下:电话或手机短信(=1)、互联网或信件(=2)、父母经常回家看我(=3)、通过亲属转达(=4);父母回家间隔时间划分为四个等级:一个月及以下(=1)、2—6个月(=2)、7—12个月(=3)、一年以上(=4);父母打工距离的答案分类如下:本县内(=1)、省内其他城市(=2)、国内其他省份(=3)、国外(=4)。

同时将家庭教育操作化为家庭教育的文化背景、教育方式、动机背景三个维度(参照1959年费雷泽关于家庭教育四个维度的划分标准)。家庭教育的文化背景同时又分为父母的文化程度、阅读习惯及对孩子的学习督促频率三个分析变量,其中文化的程度按以下分类:没有上过学(=1)、小学(=2)、初中(=3)、高中(=4)、大学及以上(=5);阅读习惯划分为四个等级:经常看(=1)、有时看(=2)、很少看(=3)、从不看（=4）；对孩子的学习督促频率划分为六个等级：几乎每天（=1）、一星期两三次（=2）、一星期一次（=3）、半个月左右一次（=4）、一个月一次（=5）、从不（=6）。家庭教育方式则分为奖励性与惩罚性两种方式，其中奖励方式按以下分类：简单的口头表扬（=1）、多给零花钱（=2）、给我喜欢的礼物或带我出去玩（=3）、其他（=4）；惩罚方式按以下分类：简单的口头责怪（=1）、体罚或让老师、亲属代罚（=2）、给我讲道理，下不为例（=3）。动机背景分为父母对孩子的文化期待、成就期待两个分析变量，其中父母对孩子的文化期待按以下分类：初中及以下（=1）、高中或中专（=2）、大专（=3）、本科（=4）、硕士（=5）、博士（=6）、出国深造（=7）；父母对孩子的成就期待按以下分类：平凡健康幸福的人（=1）、挣很多钱的人（=2）、有文化知识的人（=3）、有一份好工作（=4）、没有要求，自己发展（=5）。

自变量中还引入性别与年级两个变量，性别分为男（=0），女（=1）；年级变量重新编码，将小学三年级至小学六年级归为小学（=0），中学一年级至中学三年级归为中学（=1）。

（二）因变量

本节研究的因变量是留守儿童的行为及心理问题，并将其具体操作化为人际交往、亲子沟通、学习成绩、学历成就期望及幸福感五个维度（变量测量参考唐有财、符平，2011 等）。通过里克特量表的形式，将人际交往的答案分类划分为四个等级：从不会（=1）、很少会（=2）、有时会（=3）、经常会（=4）；亲子沟通的答案分类划分为五个等级：基本不会（=1）、少数情况下会（=2）、一般情况下会（=3）、多数情况下会（=4）、每次都会（=5）；学习成绩的答案分类分为下等（=1）至上等（=5）五个等级；学历成就的期望回复分为初中及以下（=1）至出国深造（=7）七个等级；幸福感的答案分为非常不符合（=1）至非常符合（=4）四个等级。

二 亲子分离、家庭教育分别对留守儿童行为的影响

通过前期相关分析发现，在社会人口学变量中，性别及年级对留守儿童行为的 5 个因变量有影响，而是否为独生子女、家庭监护人及父母的职业类型对 5 个因变量的影响不显著。因为社会人口学变量主要不是作为本

次研究的重点观测变量，而是作为控制变量，因此，限于篇幅，对于这一过程的相关分析不做汇报，下面的定序回归模型分析中，直接将性别及年级纳入模型并作为控制变量。

这个部分的分析，主要为了挑选出可能对留守儿童行为有影响的亲子分离及家庭教育的关键变量，以简化下一部分的总体定序回归模型。

以性别、年级为控制变量，以亲子分离和家庭教育为自变量，与5个因变量进行定序回归模型分析。此数据表省略，数据结果汇报如下。

（一）以人际交往为因变量的定序回归模型

在以亲子分离为主要观察自变量，性别及年级为主要控制变量的模型中，模型通过拟合优度的检验（$X^2 = 115.332$，$P = 0.087$；$X^2 = 39.672$，$P = 0.574$；$X^2 = 54.048$，$P = 0.101$），通过平行线检验，有以下自变量影响显著：亲子联系频率、父母回家间隔时间的长短，参数估计值及显著性检验 P 值分别为：-0.094（$P = 0.001$）、-0.095（$P = 0.050$）、-0.097（$P = 0.045$）。模型拟合信息（$X^2 = 10.944$，$P = 0.012$；$X^2 = 5.351$，$P = 0.148$；$X^2 = 5.211$，$P = 0.157$）。

在以家庭教育为主要观察自变量，性别及年级为主要控制变量的模型中，模型通过拟合优度的检验（$X^2 = 53.510$，$P = 0.378$；$X^2 = 70.793$，$P = 0.035$；$X^2 = 23.898$，$P = 0.734$；$X^2 = 53.601$，$P = 0.864$；$X^2 = 58.813$，$P = 0.723$），通过平行线检验。有以下自变量影响显著：父母的文化程度、惩罚方式、对孩子学习的督促、检查习惯及文化期望等，参数估计值及显著性检验 P 值分别为：0.157（$P = 0.020$）、0.150（$P = 0.025$）、0.329（$P = 0.015$）、-0.125（$P = 0.000$）、0.095（$P = 0.013$）。模型拟合信息（$X^2 = 8.018$，$P = 0.046$；$X^2 = 6.366$，$P = 0.095$；$X^2 = 10.407$，$P = 0.034$；$X^2 = 20.519$，$P = 0.000$；$X^2 = 8.436$，$P = 0.038$）。

（二）以亲子沟通（父亲）为因变量的定序回归模型

在以亲子分离为主要观察自变量，性别及年级为主要控制变量的模型中，模型通过拟合优度的检验（$X^2 = 109.366$，$P = 0.894$；$X^2 = 68.727$，$P = 0.137$；$X^2 = 95.999$，$P = 0.001$；$X^2 = 74.076$，$P = 0.044$），通过平行线检验。有以下自变量影响显著：亲子联系频率、父母回家的时间间隔、父亲的打工地点等，参数估计值及显著性检验 P 值分别为：-0.196（P =

0.000)、-0.200（P = 0.001）、-0.155（P = 0.010）、-0.423（P = 0.013）、-0.476（P = 0.010）。模型拟合信息（X^2 = 55.023，P = 0.000；X^2 = 40.127，P = 0.000；X^2 = 31.860，P = 0.000；X^2 = 37.248，P = 0.000）。

在以家庭教育为主要观察自变量，性别及年级为主要控制变量的模型中，模型通过拟合优度的检验（X^2 = 83.380，P = 0.114；X^2 = 75.479，P = 0.277；X^2 = 65.032，P = 0.217；X^2 = 123.171，P = 0.010；X^2 = 56.527，P = 0.043；X^2 = 51.287，P = 0.109；X^2 = 73.259，P = 0.252；），通过平行线检验。有以下自变量影响显著：父母的文化程度、父母（或监护人）的阅读习惯、父母（或监护人）对孩子学习的督促、检查习惯、父母的奖惩方式及对孩子的成就期待等，参数估计值及显著性检验 P 值分别为：0.321（P = 0.000）、0.165（P = 0.038）、-0.373（P = 0.000）、-0.240（P = 0.000）、0.476（P = 0.001）、0.536（P = 0.002）、-0.373（P = 0.000）、-1.602（P = 0.039）。模型拟合信息（X^2 = 46.083，P = 0.000；X^2 = 30.712，P = 0.000；X^2 = 58.936，P = 0.000；X^2 = 69.937，P = 0.000；X^2 = 39.521，P = 0.000；X^2 = 54.774，P = 0.000；X^2 = 40.236，P = 0.000）。

（三）以亲子沟通（母亲）为因变量的定序回归模型

在以亲子分离为主要观察自变量，性别及年级为主要控制变量的模型中，模型通过拟合优度的检验（X^2 = 140.246，P = 0.235；X^2 = 72.247，P = 0.084；X^2 = 70.948，P = 0.101；X^2 = 51.501，P = 0.609；X^2 = 23.008，P = 0.577），通过平行线检验。有以下自变量影响显著：亲子联系频率、父母回家的时间间隔、母亲的打工地点、亲子联系方式等，参数估计值及显著性检验 P 值分别为：-0.174（P = 0.000）、-0.171（P = 0.005）、-0.235（P = 0.000）、-0.537（P = 0.007）、-0.517（P = 0.027）。模型拟合信息（X^2 = 49.212，P = 0.000；X^2 = 37.864，P = 0.000；X^2 = 44.078，P = 0.000；X^2 = 33.807，P = 0.000；X^2 = 34.471，P = 0.000）。

在以家庭教育为主要观察自变量，性别及年级为主要控制变量的模型中，模型通过拟合优度的检验（X^2 = 56.756，P = 0.484；X^2 = 120.023，P = 0.016；X^2 = 50.130，P = 0.131；X^2 = 42.308，P =

0.372；$X^2=75.920$，$P=0.837$），通过平行线检验。有以下自变量影响显著：父母（或监护人）的阅读习惯、父母（或监护人）对孩子学习的督促、检查习惯、父母的奖惩方式及对孩子的文化期望等，参数估计值及显著性检验 P 值分别为：－0.339（$P=0.000$）、－0.255（$P=0.000$）、0.502（$P=0.001$）、0.341（$P=0.046$）、0.125（$P=0.010$）。模型拟合信息（$X^2=52.890$，$P=0.000$；$X^2=75.885$，$P=0.000$；$X^2=39.811$，$P=0.000$；$X^2=40.851$，$P=0.000$；$X^2=34.212$，$P=0.000$）。

（四）以学习成绩为因变量的定序回归模型

在以亲子分离为主要观察自变量，性别及年级为主要控制变量的模型中，模型通过拟合优度的检验（$X^2=61.154$，$P=0.265$；$X^2=48.794$，$P=0.003$），未通过平行线检验（$P=0.004$；$P=0.000$）。有以下自变量影响显著：母亲的打工地点、亲子联系方式等，参数估计值及显著性检验 P 值分别为：－1.416（$P=0.012$）、0.549（$P=0.017$）。模型拟合信息（$X^2=27.748$，$P=0.000$；$X^2=29.617$，$P=0.000$）。

在以家庭教育为主要观察自变量，性别及年级为主要控制变量的模型中，模型通过拟合优度的检验（$X^2=79.054$，$P=0.191$；$X^2=82.527$，$P=0.127$；$X^2=120.757$，$P=0.014$；$X^2=109.157$，$P=0.072$），通过平行线检验。有以下自变量影响显著：父母的文化程度、父母（或监护人）对孩子学习的督促、检查习惯及父母对孩子的文化期望等，参数估计值及显著性检验 P 值分别为：0.313（$P=0.000$）、0.160（$P=0.049$）、－0.104（$P=0.005$）、0.312（$P=0.000$）。模型拟合信息（$X^2=43.855$，$P=0.000$；$X^2=26.398$，$P=0.000$；$X^2=33.341$，$P=0.000$；$X^2=52.384$，$P=0.000$）。

（五）以学历成就期望为因变量的定序回归模型

在以亲子分离为主要观察自变量，性别及年级为主要控制变量的模型中，模型通过拟合优度的检验（$X^2=89.670$，$P=0.078$），未通过平行线检验（$P=0.000$）。有以下自变量影响显著：母亲回家的时间间隔，参数估计值及显著性检验 P 值为：－0.235（$P=0.002$）。模型拟合信息（$X^2=42.534$，$P=0.000$）。

在以家庭教育为主要观察自变量,性别及年级为主要控制变量的模型中,模型通过拟合优度的检验（$X^2 = 87.557$，$P = 0.463$；$X^2 = 97.796$，$P = 0.023$；$X^2 = 164.685$，$P = 0.001$；$X^2 = 60.272$，$P = 0.175$；$X^2 = 419.095$，$P = 0.000$）,通过平行线检验。有以下自变量影响显著:爸爸的文化程度、父母（或监护人）的阅读习惯、对孩子学习的督促、检查习惯、父母的奖励方式及父母对孩子的文化期望等,参数估计值及显著性检验 P 值分别为:0.313（$P = 0.002$）、−0.279（$P = 0.001$）、−0.090（$P = 0.039$）、0.460（$P = 0.012$）、1.057（$P = 0.000$）。模型拟合信息（$X^2 = 49.882$，$P = 0.000$；$X^2 = 45.299$，$P = 0.000$；$X^2 = 39.459$，$P = 0.000$；$X^2 = 35.281$，$P = 0.000$；$X^2 = 272.563$，$P = 0.000$）。

（六）以幸福感为因变量的定序回归模型

在以亲子分离为主要观察自变量,性别及年级为主要控制变量的模型中,模型通过拟合优度的检验（$X^2 = 102.940$，$P = 0.296$）,通过平行线检验。有以下自变量影响显著:亲子联系频率,参数估计值及显著性检验 P 值为:−0.137（$P = 0.001$）。模型拟合信息（$X^2 = 28.183$，$P = 0.000$）。

在以家庭教育为主要观察自变量,性别及年级为主要控制变量的模型中,模型通过拟合优度的检验（$X^2 = 68.574$，$P = 0.051$；$X^2 = 55.946$，$P = 0.073$；$X^2 = 88.317$，$P = 0.035$；$X^2 = 48.725$，$P = 0.012$）,通过平行线检验。有以下自变量影响显著:爸爸的文化程度、父母（或监护人）的阅读习惯、父母（或监护人）对孩子学习的督促、检查习惯、父母的奖励方式等,参数估计值及显著性检验 P 值分别为:0.241（$P = 0.006$）、−0.250（$P = 0.001$）、−0.204（$P = 0.000$）、0.410（$P = 0.011$）。模型拟合信息（$X^2 = 23.400$，$P = 0.000$；$X^2 = 28.090$，$P = 0.000$；$X^2 = 42.022$，$P = 0.000$；$X^2 = 20.283$，$P = 0.000$）。

三 家庭教育、亲子分离的影响

本研究经过上一阶段分解变量的定序回归模型分析,对有影响的亲子分离及家庭教育变量进行了筛选,以简化模型。此阶段的定序回归分析，将性别、年级、亲子分离（其中有影响的变量）、家庭教育（其中有影响的变量）等自变量同时纳入定序回归模型，分别与5个因变量进行分析，在控制性别、年级的情况下，深入比较亲子分离与家庭教育相关的哪一个操作变量对留守儿童的影响更大。此数据表与数据结果汇报如下。

表 3-1　　　　　　　　5 个因变量的总体定序回归模型

变量	人际交往	亲子沟通 父亲	亲子沟通 母亲	学习成绩	学习期望	幸福感
	估计	估计	估计	估计	估计	估计
社会人口学特征						
性别(男性=0)				.122(.556)		
年级(小学=0)		-.556*** (.004)	-.742*** (.002)	-.235 (.271)	-.560** (.024)	-.398** (.021)
亲子分离						
亲子联系频率	-.108** (.016)	-.166*** (.005)	-.089 (.179)			-.066 (.175)
亲子联系方式（直接联系方式=0）			.041 (.926)	.996** (.012)		
父母回家间隔时间						
爸爸回家时间间隔	-.035 (.724)	-.072 (.545)	.012 (.927)			
妈妈回家时间间隔	-.015 (.866)	.045 (.665)	-.035 (.808)		-.021 (.836)	
父母打工距离						

续表

变量	人际交往 估计	亲子沟通 父亲 估计	亲子沟通 母亲 估计	学习成绩 估计	学习期望 估计	幸福感 估计
爸爸打工地点（本县内=0）						
省内其他城市 VS 本县内		-.267 (.250)				
国内其他省份 VS 本县内		-.239 (.389)				
国外 VS 本县内		-1.407** (.033)				
妈妈打工地点（本县内=0）						
省内其他城市 VS 本县内			-.159 (.578)	-.322 (.170)		
国内其他省份 VS 本县内			-.308 (.373)	.058 (.834)		
国外 VS 本县内			.031 (.972)	-.506 (.590)		
家庭教育						
文化背景						
爸爸的文化程度	.068 (.540)	.196 (.128)		.282** (.038)	-.044 (.769)	.177 (.074)
妈妈的文化程度	.097 (.379)	.008 (.949)		-.096 (.466)		
父母（或监护人）的阅读习惯		-.267** (.010)	-.050 (.694)		-.277** (.043)	-.082 (.360)

续表

变量	人际交往	亲子沟通 父亲	亲子沟通 母亲	学习成绩	学习期望	幸福感
	估计	估计	估计	估计	估计	估计
父母(或监护人)对孩子作业、学习的督促、检查习惯	-.049 (.267)	-.156 *** (.004)	-.195 *** (.003)	-.037 (.518)	-.149 ** (.033)	-.170 *** (.000)
教育方式						
父母的奖励方式(简单的口头表扬=0)						
多给零花钱 VS 简单的口头表扬		-.021 (.951)	-.074 (.857)		-.325 (.463)	.012 (.969)
买礼物或带孩子出去玩 VS 简单的口头表扬		.236 (.210)	.417 (.074)		.365 (.143)	.338 (.051)
父母的惩罚方式(简单的口头责怪=0)						
体罚或让老师、亲属代罚 VS 简单的口头责怪	-.177 (.558)	-.286 (.464)	-.787 (.089)		-.683 (.158)	
讲道理 VS 简单的口头责怪	.171 (.390)	.658 *** (.003)	.288 (.292)		-.551 (.077)	
动机背景						

续表

变量	人际交往	亲子沟通		学习成绩	学习期望	幸福感
		父亲	母亲			
	估计	估计	估计	估计	估计	估计
父母对孩子文化程度的期望	.075 (.144)		-.083 (.273)	.250*** (.000)	1.110*** (.000)	
父母对孩子的成就期待(没有要求,自己发展=0)						
平凡健康幸福的人 VS 没有要求,自己发展		-.224 (.902)				
挣很多钱的人 VS 没有要求,自己发展		-.333 (.858)				
有文化知识的人 VS 没有要求,自己发展		-.453 (.803)				
有一份好工作 VS 没有要求,自己发展		-.719 (.693)				

* $p<0.05$；** $p<0.01$；*** $p<0.001$。

1. 在以人际交往为因变量的模型中,模型通过拟合优度的检验($X^2=910.916$,$P=0.984$),通过平行线检验。有以下自变量影响显著：亲子联系频率,参数估计值及显著性检验 P 值为：-0.108（$P=0.016$）。模型拟合信息（$X^2=17.944$,$P=0.036$）。

2. 在以亲子沟通（父亲）为因变量的模型中,模型通过拟合优度的检验（$X^2=1687.638$,$P=0.271$）,通过平行线检验。有以下自变量影响显著：亲子联系频率、父亲的打工地点、父母（或监护人）的阅读习惯及对孩子学习的督促、检查习惯、惩罚方式等，参数估计值及显著性检验 P 值分别为：-0.166（P=0.005）、-1.407（P=0.033）、-0.267（P=0.010）、-0.156（P=0.004）、0.658（P=0.003）。模型拟合信息（X^2=94.114，P=0.000）。

3. 在以亲子沟通（母亲）为因变量的模型中，模型通过拟合优度的检验（X^2=1123.216，P=0.230），通过平行线检验。有以下自变量影响显著：父母（或监护人）对孩子学习的督促、检查习惯，参数估计值及显著性检验 P 值为：-0.195（P=0.003）。模型拟合信息（X^2=53.689，P=0.000）。

4. 在以学习成绩为因变量的模型中，模型通过拟合优度的检验（X^2=1222.189，P=0.279），通过平行线检验。有以下自变量影响显著：亲子联系方式、爸爸的文化程度及父母对孩子的文化期望等，参数估计值及显著性检验 P 值分别为：0.996（P=0.012）、0.282（P=0.038）、0.250（P=0.000）。模型拟合信息（X^2=35.859，P=0.000）。

5. 在以学历成就期望为因变量的模型中，模型通过拟合优度的检验（X^2=1889.868，P=0.000），通过平行线检验。有以下自变量影响显著：父母（或监护人）的阅读习惯、对孩子学习的督促、检查习惯及对孩子的文化期望，参数估计值及显著性检验 P 值分别为：-0.277（P=0.043）、-0.149（P=0.033）、1.110（P=0.000）。模型拟合信息（X^2=199.660，P=0.000）。

6. 在以幸福感为因变量的模型中，模型通过拟合优度的检验（X^2=1252.278，P=0.274），通过平行线检验。有以下自变量影响显著：父母（或监护人）对孩子学习的督促、检查习惯，参数估计值及显著性检验 P 值为：-0.170（P=0.000）。模型拟合信息（X^2=43.094，P=0.000）。

四 研究结论

1. 中学阶段是留守儿童行为问题爆发的重要时间点。在留守儿童的行为取向中，性别的影响并不显著，但是年级对亲子沟通、学习成绩、学历成就期望及幸福感影响显著，小学生较之于中学生在以上四个因变量上更容易有好的行为表现。

2. 家庭教育相比于亲子分离对留守儿童的行为取向影响更大。具体为：父母或者监护人的文化背景对留守儿童的行为取向有显著影响，父亲的文化程度越高，留守儿童的学习成绩越好；父母及监护人的阅读习惯越好，留守儿童的亲子沟通越好，学历期待越高；父母及监护人的督促习惯越好，留守儿童的亲子沟通、学历期待及幸福感越好。父母的教育方式对留守儿童的亲子沟通行为有显著影响，父母的教育方式越倾向于讲道理的方式，亲子沟通越好；父母家庭教育的动机对留守儿童的学习成绩及学历期待行为有显著影响。父亲的打工距离对亲子沟通有显著影响。亲子联系的频率对留守儿童的人际交往及亲子沟通有显著影响。

第四章 留守与非留守儿童的描述性比较分析

本章重点描述了留守儿童与非留守儿童生活形态的差异性，分析取自第一套问卷调查数据及实地访谈调查资料。从整体上讲，两组儿童在生活需求上有很多共性，在行为表现上，留守儿童与非留守儿童在生活自理能力、安全常识、幸福感、人际关系等方面不存在明显差异性，但是在学习成绩的自我评价、家庭课业辅导、未来学历期望、身体健康的自我评价、需要得到的帮助等方面有差异性。

第一节 留守与非留守儿童的共性需求

一 心理辅导需求难以满足，学校需引进专业人才

乡村学校因为师资力量问题，普遍缺乏心理辅导、心理健康教育等方面的专业力量，一般课业教师在知识传授的同时，很难满足儿童心理成长引导的需求。

H：老师觉得学校社工以及志愿者对学生的帮助大不大？

S：这个当然是帮助很大啦。因为学生和学生之间的家庭环境不同，这个环境就包括家境，有的贫困有的富裕，再有一个就是有的是单亲，有的是孤儿，还有双亲都在的，（学生和学生）交流起来肯定有一些隔阂，特别是心理方面的辅导对他们帮助很大。

WJ：那您觉得学校的留守儿童或者全校的学生最需要的是什么？

JS：我觉得他们最需要的还是心理上的辅导，不光是留守儿童，初中的孩子都这样，老师要照顾的学生太多，对儿童的心理照顾得不会那么细致细微，有时候容易出问题，所以关心留守儿童也好，关心

非留守儿童也好，在心理辅导和心理健康方面应该多给予关注。

二 新型素质拓展课程较少，无法满足学生的需求

据走访调查显示，新型素质拓展课程受到儿童的普遍欢迎，满足了他们对于外部环境探求的好奇心，然而可惜的是，受到师资类型和力量的约束，新型素质拓展课程无法满足学生的需求。

S：那其他课呢？除了一般的文化课之外，学校还有没有开设其他的课程呢？

H：音体美，我们学校课程开得很齐，因为老师太多了。我们学校开了很多课程，地方课程、学校课程……但是上的话，就没有按照那个大纲来。

S：除了音体美之外，地方课程包括哪些呢？

H：就是刚才讲的那个，我们是建筑之乡，就讲建筑那方面的。比如建筑公司的历史啊，哪些老板是我们学校毕业的啊。

S：平时学生对这块感不感兴趣呢？

H：他们很喜欢，除了语文、数学、英语以外的课，起码心情是放松的。不管那个老师讲得好不好，或者准备得充不充分，他只要一上那样的课，学生的劲就来了。

S：他们就是感兴趣，但是这块硬件跟不上是吧？

H：这个硬件其实不是这些设施设备，我们学校有音乐室上面就是那个留守服务站嘛，拨了很多电子琴、二胡，搞了很多啊，一个班去上课，差不多每个人都有。但是其实很多时候他（老师）不是这方面的，怎么说呢，光有这些硬件。

S：哦，就是师资力量跟不上。

H：嗯嗯。

S：就是说很多老师教不下来。

H：嗯，就是这些设备安排下来，基本上也没什么用。音乐和美术又不一样，音乐的话你买一台钢琴，每节课都可以用，但美术的话，每节课都要求不同的纸，这些都不可能配备，要求学生自己

采购。

S：就是在物质配备上，音乐还有琴，美术就没有什么配备。

H：没有，基本上就没有。他（留守儿童服务站）配备下来的那些石膏，初中学生又不是美术专业的学生，这些东西太……没用。

三 家庭及社区的文化环境难以满足日益多元化主体的心理及行为需求

最近这些年，乡村文化"空心化"趋势明显，这一点从儿童对于父母的日常休闲活动观察中可以得到体现，文化"空心化"不仅仅会带来成人世界精神空虚的问题，更会影响到儿童的心理和精神世界。

LJ：那你平时会不会跟父母谈心啊？父母平时会不会跟你有时间就聊一下啊？

XX：没有聊，父母忙到很晚才回来。

LJ：那你爸爸妈妈平时像农闲的时候一般喜欢干什么呢？

XX：喜欢打牌。

LJ：打牌？你爸爸妈妈都喜欢打牌吗？

XX：我爸不喜欢打牌，我妈喜欢打牌。

J：闲暇时家长都干什么？

Y：闲暇时，他们都会打麻将或纸牌，局限于乡村这个环境，没有其他的地方可以活动，没有其他的文化活动。

第二节 两组儿童行为的差异性描述

一 留守儿童比非留守儿童的学习适应力低、学习期望低

（一）在学习成绩的自我评估中，非留守儿童比留守儿童的成绩更好

列联分析显示：Pearson 的卡方值为 9.748，近似概率为 0.046，卡方结果拒绝零假设，"留守与非留守"与"你现在在班里的成绩排名"两变量有显著相关性。留守儿童比非留守儿童的成绩自我评估要低。

（二）在对未来的学历预期上，非留守儿童显得更高

列联分析显示：Pearson 的卡方值为 13.147，近似概率为 0.041，因此可以得出，卡方结果拒绝零假设，"留守与非留守"和"你希望自己实现的文化程度"两变量有显著相关性。数据显示，非留守儿童对高学历的期望程度要高于留守儿童。

二 中学阶段留守儿童比非留守儿童对身体健康的自我评价低

列联分析显示：Pearson 的卡方值为 16.184，近似概率为 0.003，卡方结果拒绝零假设，"留守与非留守"与"与同龄人相比，你的身体好不好"两变量有显著相关性。数据显示，留守儿童对自己的身体健康状况的评价要低于非留守儿童。

而小学的样本数据显示，留守儿童与非留守儿童对自己的身体健康评价没有差异。在控制了小学样本后，中学阶段的留守儿童比非留守儿童对自己的身体健康状况的评价度要低。

三 定性研究分析

（一）与非留守儿童相比，留守儿童需要更多的课业辅导

访谈调查发现，留守儿童与非留守儿童在课业辅导方面有差别，主要原因在于：（1）在亲情方面，留守儿童很多是由祖父母抚养，属于隔代照顾，父母和孩子不经常见面，不能对他们进行学习和生活方面的照顾和辅导；（2）学习方面，留守儿童大部分属于隔代抚养，祖父母没有能力辅导他们的功课；（3）生活照顾方面，祖父母只能关心他们是否吃饱穿暖，一般不会关心其他方面。

WJ：妇联让我们在 WH 市的十个留守儿童服务站调查留守儿童的情况，那您觉得您班上的留守儿童在行为或学习上和非留守有什么差异？

JS：从行为上看，老师感觉不出有什么差异，但是从学习综合能力上看，还是能感觉得出差异的。比如在作业的完成情况上，那些由爷爷奶奶照顾的留守儿童在个体表现上有一定的差异，但是绝大多数留守儿童的完成情况都不是太理想，初二的孩子都比较叛逆，听话的

不多,爷爷奶奶很难管教。处于这个年龄段的孩子,在家里面做完作业的不多,有的甚至干脆没有完成,然后星期一早早来到教室抄袭别人的作业,但是也有极少数的孩子,由于爷爷奶奶管教比较严或者有一些比较好的方法,情况还比较好,但是其他监护人因为不是自己的孩子,也不太好管,怕引起误会。再仔细看,可能敏感心理、自卑心理表现得更突出一些。但是有时候又会觉得是不是我们带着这种眼光去看,所以觉得更明显一些。

(二) 与非留守儿童相比,留守儿童与监护人的沟通交流更少

随着父母外出,留守儿童普遍与父母直接沟通的机会变少,选择与监护人直接沟通,并不符合这个年龄段儿童的行为特点。

JXH:留守儿童与非留守儿童平时行为有什么不一样?

ZZB:从大方面来看,平时基本没有什么不一样,但是由于处于青春期,心理处于敏感期,对于自己被划分到留守儿童这个范围,心里会不舒服。

WJ:那您觉得您班上留守儿童和非留守儿童有没有什么差异?

JS:有啊,特别是过年过节的时候,留守儿童的爸爸妈妈长期在外面工作,心细的家长就会打电话和孩子联系,粗心的家长好像就好长时间不和孩子交流。这学期我们班上来了一个新的留守儿童,他是南水北调工程移民,丹江口那边的,他今年才到我们学校,他原来所在的实验小学还是一个比较有名的小学,这个孩子在他们班上六十个孩子中可以排前十名。但是在来我们学校之后呢,这个孩子是个男生,性格特别内向,他爸爸妈妈都在外面打工,他和他的妹妹都由他的外公外婆带着,老年人嘛,孩子吃饱了穿暖了就行了,不会说跟你交流,谈谈孩子有什么心事啊,他也不会和外公外婆说,特别是星期天的时候,孩子的作业那是一个都不动。

(三) 与非留守儿童相比,留守儿童在思想品德上更容易出问题

走访调查发现,留守儿童在行为上偏怪异、性格偏内向暴躁,容易出

现打架、上网等偏差行为。

S：那在其他科目上，留守儿童和非留守儿童有什么区别？

H：我就觉得每次搞活动，留守的孩子相对来说显得腼腆一些，自我表现方面可能底气有点不足，他们需要更多的鼓励。

S：哦，他们就是很害羞很缺乏自信的那种？

H：要和他们说很多话才能开始，我印象很深的就是有一个孩子不知道因为什么原因，让他回答一个问题就要调节很久，一学期都没有站起来过一次，让他回答一个简单的问题，要跟他做很多工作才敢发言。

S：他是害怕说错，还是怕什么？

H：好像是怕人，怕同学们笑话他，好像有点恐惧的样子。

S：李校长在平时工作过程中，有没有发现留守儿童和非留守儿童在行为表现或思想品德上存在差异呢？

L：那有。平时在德育、政教管理过程中，学生当中出现的问题，绝大多数都是父母双方在外，只有爷爷奶奶在家里面监护的，他们最容易出现问题。尤其是心理方面，再就是家里面的爷爷奶奶管不住，在学校还有老师管，在家里面基本上就失控了。

S：那具体表现是哪些呢？

L：具体表现就是性格比较内向，再就是行为比较怪癖，性格也比较暴躁，再就是打架、上网，语言不文明等。我们学校在教育学生的过程中发现绝大多数都是与留守有关。

S：也就是说很大程度上都是和他们的家庭环境有关？

L：对对。

（四）与非留守儿童相比，留守儿童在学习、活动和交流方面的能力较差

因为部分留守儿童性格比较偏内向，容易出现自卑感，形成自我封闭，在参加活动时，留守儿童自我表现也往往底气不足。

S：老师您接触孩子的时间也比较长，那么了解到，特别是留守的孩子有一些什么现实的需求吗？各个方面的。

H：我觉得最主要是给留守孩子树立一些信心，他们好像潜意识里都觉得自己低人一等，课堂上也好，生活上也好，总是让人感觉好像没有非留守孩子大方。整体来说，都很内向。甚至有些学习成绩特别好的留守儿童，在气场上也不如其他孩子。

FY：你哪门课最好，成绩在班里怎么样？有没有当班干部？

LDN：英语挺好的，不过数学更好一点，我在班里是第五名，没有当班干部，我不敢去竞选。

FY：你这么喜欢运动，应该去参加运动会啊！

LDN：可是我不敢，尤其是在这么多人面前。

（五）与非留守儿童相比，留守儿童受到其父母的关爱程度偏低

走访调查发现，留守儿童渴望父母的陪伴，往往与日常生活中直接感受到的关爱缺失相伴随，日常生活是琐碎的，亲子关系却往往构筑于这些看起来不起眼，但是对于一个儿童而言，却是他们生活中很重要的组成部分。

S：平时在班里，留守儿童和非留守儿童会分成两个群体吗？

H：反正非留守儿童他们好像有一种优越感吧，平时老师布置个什么任务，他们能很快就完成。比如说，要把户口本交过来啊，打个电话他妈就送过来了。那留守的孩子，家里也没人送来，必须下星期才能拿来。

S：那他们会不会存在一种潜意识的观念，就是说会不会瞧不起留守儿童？

H：有。但私底下关系还行，因为大多数都是留守孩子。

S：也就是说他们的差异也只是表现在思想观念上还没有表现在行为上？

H：嗯，潜意识上。布置任务非留守的儿童很快就能完成，留守的儿童就不太容易，比如季节变换、替换衣服。父母在外地，不可能有人给他送。老师也爱莫能助。

第三节 两组儿童相关需求的差异性描述

一 亲子陪伴需求的差异

留守儿童与非留守儿童相比更多地住在学校，但更希望与父母住在一起。

列联分析显示：Pearson 的卡方值为 19.580，近似概率为 0.001，卡方结果拒绝零假设，"留守与非留守"与"你周一至周五上学期间晚上住在哪里"两变量有显著相关性。上面的数据显示，留守儿童住在学校和住在亲戚家里的比例要高于非留守儿童的住宿情况。

控制了中学儿童样本后，调查的小学样本中也存在差异，在小学中，留守儿童的住校比例也高于非留守儿童。

列联分析显示：Pearson 的卡方值为 16.150，近似概率为 0.003，卡方结果拒绝零假设，小学的调查样本中，"留守与非留守"与"你周一至周五上学期间晚上住在哪里"两变量有显著相关性。

列联分析显示：Pearson 的卡方值为 18.377，近似概率为 0.001，卡方结果拒绝零假设，在调查样本中，"留守与非留守"与"你最希望和谁住在一起"两变量有显著相关性。数据显示，留守儿童比非留守儿童更倾向于与父母和爷爷奶奶生活在一起。

同样地，在控制了中学样本后，小学阶段的留守儿童比非留守儿童更愿意与自己的父母住在一起，但是中学阶段的留守儿童与非留守儿童在这个问题上没有差异。小学阶段样本数据如下所示。

列联分析显示：Pearson 的卡方值为 26.495，近似概率为 0.000，卡方结果拒绝零假设，在小学的调查样本中，"留守与非留守"与"你最希望和谁住在一起"有显著相关性。

列联分析显示：Pearson 的卡方值为 31.873，近似概率为 0.000，卡方结果拒绝零假设，"留守与非留守"与"父母外出打工赚钱改善家庭生活与父母在家种田家庭生活困难，你更愿意"两个变量有关联。调查样本显示，留守儿童似乎更愿意父母外出打工改善家庭的经济环境。

但是在小学的男性及女性的调查样本中,本研究却发现,过去有过留守经历的儿童,相比现在的留守儿童,更希望父母在身边而不是出去打工,数据显示如下。

列联分析显示：Pearson 的卡方值为 30.867,近似概率为 0.000,卡方结果拒绝零假设,小学男性儿童的调查样本中,"是否为现在留守、过去留守与完全非留守的儿童"与"父母外出打工赚钱改善家庭生活与父母在家种田家庭生活困难,你更愿意"两变量有显著相关性。

列联分析显示：Pearson 的卡方值为 18.456,近似概率为 0.005,卡方结果拒绝零假设,在小学女性儿童的调查样本中,"是否为现在留守、过去留守与完全非留守的儿童"与"父母外出打工赚钱改善家庭生活与父母在家种田家庭生活困难,你更愿意"两变量有显著相关性。

二　希望获得帮助的差异性

数据显示：在小学的女性儿童样本中,大部分人对开通社会关爱"手拉手"等活动的需求较大。在小学女性留守儿童中,位列前三项的需求为：社会关爱"手拉手"等、亲子互动活动、开通家长热线；在小学女性非留守儿童中,位列前三项的需求为：社会关爱"手拉手"等、兴趣小组、开展定期谈心日。由此可知,在小学的女性儿童样本中,留守儿童与非留守儿童在需要社会、学校、家庭提供的帮助上有一定的差异性。

数据显示：中学的绝大部分男性儿童对开展娱乐健身活动存在较大需求。在中学男性留守儿童中,位列前三项的需求为：娱乐健身活动、电脑培训、经济支持；在中学男性非留守儿童中,位列前三项的需求为：娱乐健身活动、电脑培训、兴趣小组。可见,在中学的男性儿童样本中,留守与非留守儿童在需要社会、学校、家庭提供的帮助上有一定的差异性。

数据显示：中学的绝大部分女性儿童对开展兴趣小组活动存在较大需求,在中学女性留守儿童中,位列前三项的需求为：兴趣小组、娱乐健身活动、学习辅导或讲座；在中学女性非留守儿童中,位列前三项的需求为：学习辅导或讲座、兴趣小组、课外活动多样化和娱乐健身活动。可见，在中学的女性儿童样本中，留守儿童与非留守儿童在需要社会、学校、家庭提供的帮助上有一定的差异性。

第五章 两组儿童生理、心理和行为问题成因的比较研究：基于生态系统理论的视角

前面三章主要是从探索性取向呈现了留守儿童在乡村生活的一般状态，很多结论是基于描述性分析，对于留守儿童内部的差异性及与非留守儿童在一系列问题上的差异性，还需要推论性统计的检验和分析。本章试图基于生态系统理论视角，厘清影响生理、心理和行为结果的因素方面，留守儿童内部差异性及留守儿童与非留守儿童之间的共性及差异性。

第一节 生态系统理论的适用性

一 生态系统理论

心理学家布朗芬·布伦纳于 1979 年提出了生态系统理论（Ecological Systems Theory），该理论把人类成长于其中的社会环境看作一种社会性的生态系统，强调生态环境（人的生存系统）对于分析和理解人类行为的重要性，注重人与环境间各系统的相互作用及其对人类行为的重大影响。他主张这一稳定的生态系统具有结构性，即他所指称的生态环境是有层级的，由小到大分别为微观系统、中间系统、外层系统和宏观系统。

微观系统是指个人在面对情境时，所经历的一种关于活动、角色及人际关系的模式。微观系统是个体进行活动、直接接触的环境，对儿童的成长发展影响最大。对于留守儿童而言，他们自身的身体状况，父母、兄弟姐妹都属于该系统。中间系统是指个体所处的两个或两个以上的情境间发生的连接历程，由各个微系统之间的相互联系或关系形成。留守儿童成长

过程中对其产生影响的家庭背景、就读学校、同伴关系等属于中间系统。外层系统是指个体未直接参与的系统，对家庭的稳定性影响很大。虽然儿童未亲身处于该系统中，但是该系统却间接地会对他们产生影响，如所在社区、父母的工作性质、大众传播、社会支持系统等。宏观系统是指生态系统理论的最外面一层，它是处于微观系统、中间系统、外层系统以上的文化、亚文化和社会环境。

二 实证研究的适用性

根据生态系统理论模型，可以看出影响留守儿童成长的因素是多角度、多层次、多元的。在目前的相关研究中，有学者采用生态系统理论对留守儿童群的教育、心理等方面进行了描述性研究，比如有研究者试图运用生态系统中的环境—生产者—消费者—分解者这一生物链作为教育模式中的维度构建理论，找到了留守儿童教育生态系统七大指标即自然环境、社会环境、学校、家庭、社区、留守儿童、政府，有研究从微观系统——个体心理特征、性别、年龄，中间系统——家庭环境、学校教育环境、同伴关系，宏观系统——社区、文化环境，三个系统对留守儿童的心理健康进行分析（周立林、杨英琪，2012）。

很多现有实证研究证实了家庭关系对儿童及留守儿童的影响（Wen，2008），同辈群体的关系对儿童的心理和行为的发展有影响（Allen, Porter, McFarland, McElhaney & Marsh, 2007），很多研究表明朋辈支持能对儿童的行为发展产生肯定性的影响（Allen, Moore, Kuperminc & Bell, 1998；Fournier, 2009），与此同时儿童参与社区及学校活动对其学业和行为的影响越来越受到关注（Jia et al., 2009；Roeser, Eccles & Sameroff, 2000），另外学生对学习环境及氛围的感知也会影响他们的心理和学业适应，而且这种影响越来越受到学术界的重视（Jia et al., 2009）。

第二节 两组儿童相关问题的研究现状

一 关于身体状况的比较研究

本研究所关注的两组儿童（留守儿童与非留守儿童）身体状况研究

表明：

1. 比较研究发现留守儿童的营养状况显著较低（崔嵩、周振、孔祥智，2015）；同时也有研究表明，留守儿童和非留守儿童在生长发育、营养状况及常见病患病方面差异不大。

2. 影响因素研究发现：几乎没有研究分析影响两组儿童身体状况因素的差异性。

3. 现有研究发现影响留守儿童身体状况的相关因素如下：留守儿童的健康状况有性别差异（Li, Liu & Zang, 2015），同时也有研究表明留守儿童的健康状况无性别差异（Huang et al., 2015）。有研究表明，二者身体状况有年级差异，年龄越小的留守儿童越容易产生身体健康问题（Huang et al., 2015; Li, Liu & Zang, 2015; Tong, Luo & Piotrowski, 2015）。家庭情况方面，多数研究分析亲子状况对留守儿童身体状况的影响，父母双亲外出务工，对留守儿童健康有负面影响（Gao et al., 2010; Huang et al., 2015; Li, Liu & Zang, 2015; Lu, Lin, Vikse & Huang, 2016; Robson et al., 2008; Wen & Lin, 2012; Wen, & Li, 2015; Zhang, Becares & Chandola, 2015）；同时有研究表明，父母外出务工对留守儿童健康有负面影响，但是影响随着时间而消失（Tong, Luo & Piotrowski, 2015）；少量研究结果表明，父母外出务工对留守儿童身体健康没有影响（Jia, Shi, Cao, Delancey & Tian, 2010）。

二 关于幸福感的比较研究

1. 比较研究发现：留守儿童的幸福感水平低于非留守儿童，二者之间存在显著差异（Huang et al., 2015; Jordan & Graham, 2012; 陈亮、张丽锦、沈杰，2009；李晓魏、刘艳，2013；侯珂、刘艳、屈智勇、蒋索，2014）。同时也有研究表明，留守儿童与非留守儿童的幸福感没有显著差异（Su, Li, Lin, Xu & Zhu, 2012; Xu & Xie, 2015；张丽芳、唐日新、胡燕、徐德淼，2006；胡心怡、刘霞、申继亮，2008；张莉、申继亮，2011）。

2. 影响因素研究发现：目前还没有对两组儿童幸福感影响因素的比较研究。

3. 多数研究只是分析了留守儿童幸福感的影响因素，如有研究表明，留守儿童的幸福感有性别差异，女生比男生幸福感水平更低（Gao et al.，2010；张莉、申继亮，2011），也有研究表明，留守儿童的幸福感不存在性别差异（Huang et al.，2015；张琴、宋凤宁、黄渭，2010）。同时有研究表明，留守儿童的幸福感有年级差异（邵景进、张莉、张庆华、范李姣、张大均，2015），在积极情感上，高年级的得分显著高于低年级（喻永婷、张富昌，2010）。家庭情况方面，有研究表明，家庭经济地位与留守儿童的幸福感相关（Su et al.，2012）；兄弟姐妹个数、父母关系、与外出父母交流频次（亲子沟通）、家庭气氛等因素影响留守儿童的幸福感（唐有财、符平，2011；金小红、王静美，2015）；监护人的心理健康、母亲的文化程度、母亲在外工作时长对留守儿童的幸福感有影响（Jordan & Graham，2012）；同样也有研究发现，学习成绩、师生关系、同伴关系能够影响留守儿童的幸福感（喻永婷、张富昌，2010；唐有财、符平，2011；金小红、王静美，2015）。

三 关于学习成绩的比较研究

1. 比较研究发现：留守儿童与非留守儿童的学习成绩存在显著差异，即留守儿童的学习成绩显著低于非留守儿童（薛海平、王东、巫锡炜，2014）。也有研究表明留守儿童与非留守儿童的学习成绩不存在显著差异（Huang et al.，2015）。

2. 影响因素研究发现：几乎没有研究分析两组儿童学习成绩影响因素的差异性。

3. 很多研究分析了留守儿童学习成绩的影响因素，如有研究表明，在性别上，女生的学习成绩优于男生（Huang et al.，2015；Liang, Hou & Chen，2008；Lu，2012；Zhou, Murphy & Tao，2014），而也有研究者表明男生的学习成绩优于女生（Zhao, Yu, Wang & Glauben，2014）；在年级上，低年级学习成绩显著低于高年级成绩（Huang et al.，2015）。家庭情况方面，相关研究表明，有些因素对留守儿童的学习成绩产生显著影响：父母的文化程度、父亲外出时间、父母的离开时间、父母照顾与家庭收入、父母家庭教育的动机（Huang et al.，2015；Zhou, Murphy & Tao，2014；Zhao, Yu, Wang & Glauben，2014；Zhou et al.，2015；金小红、王静美，2015）；另外一些研究却发现，有些因素对留守儿童的学习成绩没有产生显著影响：母亲的文化程度、父母回家时间间隔、母亲外出时间长短、家庭经济状况、孩子数量（Chen，Huang，Rozelle，Shi & Zhang，2009；Huang et al.，2015）。在学校方面，有研究表明学校环境对留守儿童的学习成绩有影响（Zhao，Yu，Wang & Glauben，2014）。

四 关于自理能力的比较研究

关于留守儿童自理能力方面的相关研究较少，有研究结果表明，留守儿童生活自理能力强，且优于非留守儿童；在影响因素研究方面，有研究指出，隔代抚养比非隔代抚养儿童在家务能力上要强（任润，2013）。

通过以上文献的梳理发现，其一，大部分文献在分析留守儿童生理、心理及行为的影响因素时，较多纳入了家庭层面及人口特征的变量，同伴及社区层面的变量考虑较少；其二，在做留守儿童与非留守儿童的比较研究时，多数研究只是进行了简单的行为结果比较，并未对影响不同儿童身体状况、幸福感、学习成绩及自理能力因素的差异性进行研究。

第三节 模型建立和研究发现

本节研究采用第一套问卷调查数据，其中男性705人、女性545人；小学821人，中学429人；留守儿童765人，非留守儿童468人。本节基于生态系统理论，采用实证研究的方法，致力于解决以下三个问题：

1. 留守儿童和非留守儿童的身体状况、幸福感、学习成绩和自理能力是否存在显著差异？

2. 留守儿童的身体状况、幸福感、学习成绩和自理能力在留守儿童内部是否存在差异？

3. 对留守儿童身体状况、幸福感、学习成绩和自理能力产生影响的因素有哪些？这些因素对留守儿童与非留守儿童产生的影响是否存在差异？

一 模型建立

(一) 因变量

儿童的身体健康状况可以分为主观（自我评价健康）和客观（身高、体重、是否患病等）两个方面，本书选取的是主观健康指标，陈宁等人曾采用这个指标来分析留守儿童亲社会行为倾向的关系（陈宁、亚坤、施建农，2016）。主观幸福感是测量心理健康的重要指标，包括积极情感、消极情感和生活满意度三方面（Diner，1984），本书选取其中的积极情感作为测量儿童的幸福感指标，同样也有学者采用这个指标对留守儿童主观幸福感进行差异性研究（喻永婷、张富昌，2010）。选取学习成绩和自理能力作为考察儿童社会适应行为的指标，也有学者采用这一指标来考察留守儿童的学业适应和社会适应能力（张炼，2014）。通过问题"与同龄人相比，你的身体好不好？（1=身体很好、2=好一些、3=一样的、4=差一些、5=比别人差很多）"来描述儿童的身体状况。"与同龄人相比，我觉得自己更快乐？（1=非常符合、2=比较符合、3=不太符合、4=非常不符合）"来描述儿童的幸福感，"你现在在班里的成绩排名如何？（1=上等、2=中上等、3=中等、4=中下等、5=下等）"来描述儿童的学习成绩，"我照顾自己生活的能力很强（1=非常不符合、2=不太符合、3=比较符合、4=非常符合）"来描述儿童的自理能力。

(二) 自变量

本研究自变量分为以下几个部分，个人背景：性别（1=男，0=女）、年级（1=中学，0=小学）、留守与否（1=留守，0=非留守）、做家务频率、偏差行为；家庭环境因素：父亲文化程度、亲子沟通、家庭氛围、父母（监护人）检查作业、父母期望及父母文明习惯；学校社区及同辈群体方面：参与社区文化活动、同辈交往及学校满意度。除了性别、年级、留守与否采用虚拟变量编码外，其他变量均采用李克特量表进行测量，根据变量意义，取值由低到高，详细参见描述性统计表5-1。

(三) 模型选择

建立有序回归模型是研究定序变量相关关系方向和强度最理想的分析方法，然而，在对自变量进行平行线检验时，发现其违背了平行线假设

(Long & Freese, 2006),最后我们选择二元逻辑回归模型作为分析上述变量的统计模型。模型通过综合检验,显示在 0.001 的显著性水平下,拟合优度较好。

二 结果分析

表 5-1 显示的是两组儿童各变量描述统计及均值比较的结果,两组儿童在幸福感和自理能力方面没有显著差异,在身体状况和学习成绩上存在显著差异,相比非留守儿童,留守儿童在这两方面处于劣势。其他变量的比较发现,两组儿童在学校满意度、父母(监护人)检查作业、父母期望、偏差行为方面存在显著差异,且在这些方面,相比非留守儿童,留守儿童均处于劣势。

表 5-2 显示的是总样本身体状况、幸福感、学习成绩和自理能力二元逻辑回归分析的结果。在总样本身体状况回归模型中,当控制其他变量时,非留守儿童的身体状况要优于留守儿童,同时社区参与、同辈交往、家庭氛围和父母期望对儿童的身体状况产生显著的正向影响;在总样本幸福感回归模型中,当控制其他变量时,两组儿童的幸福感没有显著差异,同时同辈交往、学校满意度、亲子沟通、家庭氛围和父母(监护人)检查作业对儿童的幸福感产生显著的正向影响;在总样本学习成绩回归模型中,当控制其他变量时,两组儿童的学习成绩没有显著差异,社区参与、父母期望和父亲文化程度对儿童的学习成绩产生显著的正向影响,而父母文明习惯和偏差行为对儿童的学习成绩产生显著的负向影响;在总样本自理能力模型中,当控制其他变量时,两组儿童的自理能力没有显著差异,社区参与、亲子沟通、父母文明习惯和做家务频率对儿童的自理能力产生正向的影响,偏差行为对儿童的自理能力产生负向影响。

表 5-3 显示在两组样本分开的身体状况回归模型中,同辈交往对两组儿童的身体状况都产生显著的正向影响,相比非留守儿童,社区参与和家庭氛围是影响留守儿童身体状况的独特因素,其中社区参与对留守儿童的身体状况产生的影响最大。表 5-3 同时显示,在两组样本分开的幸福感回归模型中,同辈交往、家庭氛围、父母(监护人)检查作业对两组儿童的幸福感都产生显著的正向影响,亲子沟通对留守儿童

的幸福感产生显著的正向影响,但对非留守儿童的幸福感没有产生显著影响,相比非留守儿童,亲子沟通是影响留守儿童幸福感的独特因素,同时家庭氛围对留守儿童的幸福感产生的影响最大。

表5-4显示,在两组样本分开的学习成绩回归模型中,父母期望和父亲文化程度对两组儿童的学习成绩都产生显著的正向影响,偏差行为对二者的学习成绩产生显著的负向影响,相比非留守儿童,社区参与是影响留守儿童学习成绩独特且产生最大影响的因素,值得注意的是在留守儿童内部,越是高年级的学生,学习成绩越不好。表5-4同时显示在两组样本分开的自理能力回归模型中,父母文明习惯、做家务频率对留守儿童与非留守儿童的自理能力都产生了显著的正向影响,相比非留守儿童,社区参与是影响留守儿童自理能力独特且产生最大影响的因素。

三 主要结论

1. 家庭因素、同辈交往、学校生活满意度、社区参与及偏差行为分别影响乡村儿童各类生存现状,但是家庭因素是影响的核心与共性。

本研究发现:社区参与、同辈交往、家庭氛围和父母期望对儿童的身体状况产生显著的正向影响;同辈交往、学校满意度、亲子沟通、家庭氛围和父母(监护人)检查作业对儿童的幸福感产生显著的正向影响;社区参与、父母期望和父亲文化程度对儿童的学习成绩产生显著的正向影响;社区参与、亲子沟通、父母文明习惯和做家务频率对儿童的自理能力产生正向影响;偏差行为对儿童的学习成绩和自理能力均产生负向影响。

2. 两组儿童有相似性:二者在幸福感、学习成绩及自理能力上无差异,同时同辈交往、家庭教育与偏差行为因素对两组儿童行为有一致影响。

其中两组儿童在幸福感上的比较结论与一些研究结果一致(张丽芳、唐日新、胡燕、徐德淼,2016)。同辈交往对两组儿童的身体状况都产生了显著影响,这对以往只纳入人口学变量和家庭经济变量来探讨两组儿童身体状况影响因素的研究做了很好的补充;同辈交往、家庭氛围、父母(监护人)检查作业对两组儿童的幸福感都产生了显著影响;父母期望、父亲文化程度和偏差行为对两组儿童的学习成绩都产生了显著影响，这说明加强家庭教育、降低偏差行为有助于提高留守儿童与非留守儿童的学习成绩；父母文明习惯和做家务频率对两组儿童的自理能力都产生了显著影响，这说明父母良好的文明习惯和孩子勤做家务的习惯，有助于提高儿童的自理能力。

3. 两组儿童的差异性：两组儿童在身体状况上差异显著，家庭氛围、亲子沟通与社区参与是影响留守儿童身体状况的独特因素。

研究发现：留守儿童身体状况比非留守儿童身体状况要差，这与一些研究结果一致（Lu，Lin，Vikse & Huang，2016；崔嵩、周振、孔祥智，2015）。相比于非留守儿童，亲子沟通是影响留守儿童幸福感的独特因素，社区参与和家庭氛围是影响留守儿童身体状况的独特因素，社区参与又是同时影响留守儿童学习成绩及自理能力的独特因素。这说明家庭流动性不仅带来家庭氛围与亲子沟通的问题，与留守儿童的社区参与程度也有内在关联性，父母的缺场直接影响儿童的社区生活参与；有研究表明，面对乡村社区日益"空心化"的人际关系现象，留守儿童的心理氛围发生严重异化（谭深，2011）。

4. 留守儿童内部的差异性，中学阶段可能是留守儿童行为问题激发的高峰期。

表5-4显示，年级与偏差行为共同作用于留守儿童的学习成绩，表明中学阶段留守儿童的偏差行为可能直接影响学习成绩，因此，中学阶段留守儿童的偏差行为问题要引起重视。

四 讨论

（一）注重家庭教育，重视家庭责任

家庭是影响留守儿童生理、心理及行为的重要因素，是满足留守儿童需要的重要载体，对于留守儿童而言，由于家庭离散，父母长期外出，造成家庭教育功能的弱化和家庭情感的缺失，留守儿童的身体状况、幸福感、学习成绩和自理能力都受到了影响，因此父母不应该因为不在孩子身边而推诿责任、放弃行动，而应积极采取更多的行动来弥补家庭拆分给子女带来的伤害（段成荣、吕利丹、王宗萍，2014）。作为父母，应改变传统的教育方式，加强对孩子饮食习惯和营养状况的关注；利用互联网，加

第五章 两组儿童生理、心理和行为问题成因的……的视角　　107

表 5-1

描述统计分析

		因变量			自变量和控制变量											
						学校/社区/同辈群体			家庭情况				个人背景			
		身体状况	幸福感	学习成绩	自理能力	社区参与	同辈交往	学校满意度	亲子沟通	家庭氛围	检查作业	父母期望	父母文明习惯化程度	父亲文化程度	性别	年级	做家务频率	偏差行为	留守与否
总样本	均值	.78	.80	.80	.82	1.66	3.36	3.94	6.00	4.04	4.40	4.77	.66	3.10	.56	.43	3.10	1.12	.62
	标准差	.42	.40	.40	.38	.63	.78	1.06	2.61	.88	1.77	1.58	.47	.81	.50	.48	.71	1.50	.49
	范围	0—1	0—1	0—1	0—1	1—3	1—4	1—5	2—10	1—5	1—6	1—6	0—1	1—5	0—1	0—1	1—4	0—12	0—1
留守儿童	均值	.74	.80	.77	.82	1.68	3.36	3.89	5.96	3.97	4.26	4.73	.65	3.10	.59	.36	3.11	1.17	
	标准差	.44	.40	.42	.38	.62	.78	1.09	2.61	.88	1.84	1.61	.47	.81	.49	.48	.71	1.59	
	范围	0—1	0—1	0—1	0—1	1—3	1—4	1—5	2—10	1—5	1—6	1—6	0—1	1—5	0—1	0—1	1—4	0—12	
非留守儿童	均值	.83	.80	.83	.83	1.64	3.37	4.03	6.04	4.15	4.61	4.83	.65	3.12	.53	.32	3.09	1.03	
	标准差	.37	.40	.38	.38	.64	.78	1.01	2.61	.85	1.64	1.54	.48	.82	.50	.47	.73	1.33	
	范围	0—1	0—1	0—1	0—1	1—3	1—4	1—5	2—10	1—5	1—6	1—6	0—1	1—5	0—1	0—1	1—4	0—12	
	T值	-3.88***	-.36	-2.48***	-.34	1.05	-.38	-2.19*	-.51	-3.40	-3.47***	-1.11*	.23	-.41	2.15**	1.63**	.63	1.71*	

注：T代表留守儿童与非留守儿童两组样本的独立T检验值；* p<0.05；** p<0.01；*** p<0.001

表 5 - 2　总样本二元逻辑回归分析

		学校/社区/同辈群体				家庭情况						个人背景				拟合优度
		留守与否	社区参与	同辈交往	学校满意度	亲子沟通	家庭氛围	检查作业	父母期望	父母文明习惯	父亲文化程度	性别	年级	做家务频率	偏差行为	
身体状况	B	-.54***	.31*	.29**	.02	.05	.26**	.05	.13**	-.08	.05	.06	.26	.02	-.05	.11
	SE	.17	.13	.10	.08	.03	.10	.05	.05	.17	.10	.17	.18	.11	.05	
	OR	.58	1.37	1.34	1.02	1.06	1.29	1.05	1.14	.93	1.05	1.06	1.29	1.02	.95	
幸福感	B	.09	.20	.40***	.17*	.09*	.55***	.17***	-.04	.16	-.02	.17	-.03	-.14	-.03	.21
	SE	.17	.15	.10	.08	.04	.10	.05	.05	.18	.11	.18	.18	.12	.06	
	OR	1.10	1.22	1.49	1.18	1.10	1.73	1.19	.96	1.17	.98	1.19	.97	.87	.97	
学习成绩	B	-.25	.44**	.16	.05	.02	.02	.05	.29***	-.44*	.35**	-.38*	-.57**	.10	-.22***	.21
	SE	.18	.15	.11	.08	.04	.11	.05	.05	.19	.11	.19	.19	.12	.06	
	OR	.78	1.56	1.17	1.05	1.02	1.02	1.05	1.34	.64	1.41	.69	.57	1.11	.81	
自理能力	B	-.06	.50**	.17	.11	.08*	.18	-.02	.08	.59**	.01	.41*	.11	.81***	-.14*	.20
	SE	.18	.15	.11	.09	.04	.11	.05	.05	.18	.11	.19	.20	.12	.06	
	OR	.94	1.65	1.19	1.11	1.09	1.20	.98	1.08	1.81	1.01	1.51	1.11	2.24	.87	

* $p<0.05$；** $p<0.01$；*** $p<0.001$

表5-3 身体状况、幸福感二元逻辑回归分析

			学校/社区/同辈群体			家庭情况						个人背景				拟合优度
			社区参与	同辈交往	学校满意度	亲子沟通	家庭氛围	检查作业	父母期望	父母文明习惯	父亲文化程度	性别	年级	做家务频率	偏差行为	
身体状况	留守儿童	B	.36*	.24*	-.00	.07	.24*	.04	.09	.01	.02	-.01	.14	-.06	-.06	.09
		SE	.16	.12	.09	.04	.12	.05	.06	.20	.12	.20	.21	.14	.06	
		OR	1.43	1.27	1.00	1.07	1.27	1.04	1.09	1.01	1.02	.99	1.16	.95	.94	
	非留守儿童	B	.18	.44*	.06	.01	.30	.10	-.22*	-.23	-.12	.16	.63	.18	.03	.13
		SE	.24	.17	.15	.06	.18	.09	.09	.31	.19	.31	.34	.20	.12	
		OR	1.20	1.55	1.07	1.01	1.35	1.10	1.25	.80	1.13	1.18	1.88	1.19	1.03	
幸福感	留守儿童	B	.13	.41**	.18	.11*	.62***	.15**	-.03	.18	.00	.38	-.07	-.21	-.02	.24
		SE	.19	.13	.10	.05	.14	.06	.07	.22	.14	.23	.24	.16	.07	
		OR	1.14	1.50	1.20	1.11	1.85	1.16	.97	1.20	1.00	1.46	.93	.81	.98	
	非留守儿童	B	.33	.42*	.13	.07	.45**	.21*	-.06	-.12	-.09	-.19	.03	-.02	-.04	.19
		SE	.24	.16	.14	.06	.17	.08	.09	.29	.18	.30	.30	.19	.11	
		OR	1.39	1.52	1.14	1.07	1.56	1.23	.94	1.12	.92	.83	1.03	.98	.96	

* p<0.05；** p<0.01；*** p<0.001

表 5-4 学习成绩、自理能力二元逻辑回归分析

<table>
<tr><th rowspan="2"></th><th rowspan="2"></th><th rowspan="2"></th><th colspan="3">学校/社区/同辈群体</th><th colspan="5">家庭情况</th><th colspan="4">个人背景</th></tr>
<tr><th>社区参与</th><th>同辈交往</th><th>学校满意度</th><th>亲子沟通</th><th>家庭氛围</th><th>检查作业</th><th>父母期望</th><th>父母文明习惯</th><th>父亲文化程度</th><th>性别</th><th>年级</th><th>做家务频率</th><th>偏差行为</th></tr>
<tr><td rowspan="6">学习成绩</td><td rowspan="3">留守儿童</td><td>B</td><td>.50**</td><td>.16</td><td>.12</td><td>.02</td><td>-.06</td><td>.06</td><td>.30***</td><td>-.38</td><td>.31*</td><td>-.42</td><td>-.60*</td><td>.15</td><td>-.17*</td></tr>
<tr><td>SE</td><td>.19</td><td>.14</td><td>.10</td><td>.05</td><td>.13</td><td>.06</td><td>.06</td><td>.23</td><td>.14</td><td>.23</td><td>.23</td><td>.16</td><td>.07</td></tr>
<tr><td>OR</td><td>1.66</td><td>1.17</td><td>1.13</td><td>1.02</td><td>.94</td><td>1.06</td><td>1.35</td><td>.68</td><td>1.36</td><td>.66</td><td>.55</td><td>1.17</td><td>.84</td></tr>
<tr><td rowspan="3">非留守儿童</td><td>B</td><td>.38</td><td>.17</td><td>-.07</td><td>.03</td><td>.16</td><td>.02</td><td>.29**</td><td>-.63</td><td>.40*</td><td>-.27</td><td>-.56</td><td>-.02</td><td>-.32**</td></tr>
<tr><td>SE</td><td>.25</td><td>.18</td><td>.16</td><td>.06</td><td>.18</td><td>.09</td><td>.09</td><td>.33</td><td>.20</td><td>.32</td><td>.32</td><td>.21</td><td>.11</td></tr>
<tr><td>OR</td><td>1.45</td><td>1.19</td><td>.93</td><td>1.03</td><td>1.18</td><td>1.02</td><td>1.33</td><td>.53</td><td>1.50</td><td>.77</td><td>.57</td><td>.98</td><td>.73</td></tr>
<tr><td rowspan="6">自理能力</td><td rowspan="3">留守儿童</td><td>B</td><td>.80***</td><td>.20</td><td>.04</td><td>.06</td><td>.26</td><td>-.09</td><td>.10</td><td>.66**</td><td>-.15</td><td>.45</td><td>.14</td><td>.63***</td><td>-.12</td></tr>
<tr><td>SE</td><td>.20</td><td>.14</td><td>.11</td><td>.05</td><td>.13</td><td>.06</td><td>.07</td><td>.23</td><td>.14</td><td>.23</td><td>.25</td><td>.16</td><td>.07</td></tr>
<tr><td>OR</td><td>2.22</td><td>1.22</td><td>1.04</td><td>1.07</td><td>1.30</td><td>.91</td><td>1.10</td><td>1.93</td><td>.86</td><td>1.56</td><td>1.15</td><td>1.88</td><td>.89</td></tr>
<tr><td rowspan="3">非留守儿童</td><td>B</td><td>.01</td><td>.17</td><td>.33*</td><td>.10</td><td>.09</td><td>.12</td><td>.00</td><td>.62*</td><td>.25</td><td>.38</td><td>.11</td><td>1.10***</td><td>-.19</td></tr>
<tr><td>SE</td><td>.26</td><td>.19</td><td>.15</td><td>.07</td><td>.19</td><td>.09</td><td>.10</td><td>.31</td><td>.20</td><td>.33</td><td>.33</td><td>.22</td><td>.12</td></tr>
<tr><td>OR</td><td>1.01</td><td>1.19</td><td>1.39</td><td>1.10</td><td>1.10</td><td>1.13</td><td>1.00</td><td>1.86</td><td>1.29</td><td>1.46</td><td>1.12</td><td>2.99</td><td>.83</td></tr>
</table>

* $p<0.05$；** $p<0.01$；*** $p<0.001$

强与孩子的沟通与日常互动，营造良好的家庭氛围，提升儿童的主观幸福感。留守儿童自身应注重自理能力的形成与培养，发挥自身主观能动性，独立地完成学习和生活中的事务。

（二）改变传统管理观念，提升学校教学质量

学校是除家庭以外，留守儿童最重要的社会化载体，为弥补留守儿童家庭教育的缺失，学校应承担起相应的责任。首先，应加强教学基础设施建设，进一步完善教师资源均衡配置机制，保证留守儿童得到足够的呵护和引导；其次，重视留守儿童的学习行为习惯，培养他们的自主学习能力，开展多样化的课外活动，成立互帮互助小组，同时为保证留守儿童的身心健康，学校应办好食堂，注重营养搭配，同时有针对性地对留守儿童开展心理咨询与辅导（范先佐、郭清扬，2015）；最后，积极倡导寄宿制的管理模式，解决留守儿童面临的学习、生活和安全等问题，减少留守儿童父母及家庭监护人的负担，同时综合整治留守儿童校园周边环境，改善留守儿童社会化的相关社会环境，为留守儿童享有优质服务提供条件（梅纳新，2014）。

（三）发挥社区功能，构建社会关爱服务机制

乡村社区日益"空心化"使得人际关系疏远、集体观念淡化，留守儿童的心理氛围发生严重异化（王秋香，2015）。2008年，国家提出构建"政府主导、社会参与"的乡村留守儿童教育关爱服务体系，指出各级政府是关爱留守儿童的主体，在留守儿童工作中处于主导地位，对各级政府主导留守儿童教育的合理性予以赋权（郑航、李俊奎，2014），此举确立了以政府为主、社会多元主体共同参与的留守儿童关爱服务体系的思路，因此应进一步整合社区资源，加强社区文化建设，为留守儿童搭建文明、安全、和谐的社区环境；借助专项资金或者专项项目引进多样化的社会组织，开展以儿童为主体的社区活动，丰富儿童社区生活，发挥社区在生态系统中对父母教育缺场的互补作用。

第六章 两组儿童偏差行为、受欺凌问题的比较研究：基于社会联结关系的考察

有研究发现，留守儿童校园欺凌发生率高于非留守儿童（吴方文、宋映泉、黄晓婷，2017；刘雪可、闫巧，2017），留守儿童遭受欺凌的比例显著高于非留守儿童（唐冬纯、蔡伟聪、李丽萍，2018），且这些问题行为在留守儿童内部存在分化，不同的因素对其影响也不尽相同。

鉴于这些研究内容及结论相对单一性，本章试图从一个经典的理论视角出发，在与非留守儿童的比较中，将"社会联结"因素与"偏差行为"及"受欺凌"问题整合起来，以便发现它们在留守儿童群体中是否有明显的关联性。

第一节 留守儿童偏差行为研究现状

一 偏差行为

偏差行为又被称为越轨行为或偏离行为，对于偏差行为，不同的研究者有不同理解。但是大多数学者都认为偏差行为是消极行为、反常行为，这种行为是对规范行为、规范状态的偏离，是适应不良的表现。郑杭生将其定义为："社会成员偏离或违反社会规范的行为。"（郑杭生，2008）沙莲香认为："偏差行为是人们在遵守社会规范的过程中出现的一种社会现象，是指背离、违反社会规范的行为。"（沙莲香，2007）偏差行为分为一般偏差行为和严重偏差行为，前者通常指轻微地偏离社会规范的行为，包括不道德行为和轻微违法行为；而后者则指犯罪行为。本研究主要探讨留守儿童的一般偏差行为。

针对留守儿童偏差行为的分类，本研究主要参考澳门大学教育学院的

李小鹏博士在他的青少年偏差行为研究中对青少年行为问题的分类,他将青少年一般偏差行为的类型大致分为:第一类是与学校有关的不良学习偏差行为,如考试作弊、上课迟到、不守校规等;第二类是个人品德、社会公德及生活方式的偏差行为,如讲粗话、饮酒、沉迷游戏机等;第三类是违反社会法规的行为,如打劫、吸食毒品或滥用药物、偷盗等。

笔者根据以往学者对偏差行为的定义和分类及结合研究对象的实际情况,将偏差行为定义为:偏差行为即偏离行为或越轨行为,通常是指那些超出常规,偏离或违背社会道德、纪律规范和法律规范的行为,主要关注留守儿童在学习、生活、人际交往等方面表现出的违背社会道德和学校纪律规范的行为,本书所指的偏差行为包括上课迟到旷课、说粗话打架、长时间使用手机电脑等。

二 留守儿童偏差行为研究

围绕研究主题,笔者主要对留守儿童偏差行为的"问题化"取向研究、对比性研究、影响因素研究等进行重点梳理,通过回顾以往文献发现:第一,部分研究有某种夸大留守儿童行为问题的倾向,且把留守儿童问题简单归咎于父母的外出;第二,针对留守儿童偏差行为的对比性研究,得出的结论并不一致,留守儿童的偏差行为与其他儿童相比,是否存在差异及存在哪些差异还有待深入研究;第三,针对留守儿童偏差行为影响因素的研究,家庭因素考虑得最多,师生、同伴因素次之,且多为负面因素,保护性因素纳入得较少,具体综述情况如下。

(一)留守儿童偏差行为"问题化"取向研究

留守儿童问题从一开始就是作为"社会问题"提出来的,如有研究指出,由于父母长期不在身边,不能得到父母的亲情关照和教育,留守儿童在行为习惯上易发生偏差行为,主要包括放任自由、违反校规、小偷小摸、抽烟、酗酒等,还指出有些孩子由于失去父母的监管,甚至走上违法犯罪的道路(林宏,2003;范先佐,2005;周林,2007),然而,亲子分离不一定导致留守儿童的问题行为,有研究指出,父母外出务工带来的经济效益能够使留守儿童获得更多受教育的机会、降低辍学率(Lu, Treiman & Ucla, 2007),说明留守状态的影响是多元与复杂的。也有研究指出,留守儿童问题不仅仅是由于亲子分离和家庭系统缺失造成的,儿童还会受到社区、学校和同伴的影响，要解决留守儿童的一系列问题，也应从家庭、社区和学校教育三个方面入手（范方、桑标，2005），这说明留守状态对留守儿童的影响会与多种条件产生互动效应，在分析留守儿童问题时，应以其所处的整个生态系统为背景，分析哪些问题是由于父母外出导致的，哪些问题又与其他因素有联系。

（二）留守儿童偏差行为对比性研究

为分析表现在留守儿童身上的问题是乡村儿童共同存在的问题，还是留守儿童独有的问题，部分研究引入了"比较"的研究视角，然而不同研究者的结论不尽相同，一部分研究认为，留守儿童与非留守儿童的偏差行为具有显著区别。有研究表明，与非留守儿童相比，留守儿童发生偏差行为及社会行为功能失调的风险更大（Wen & Lin，2012）；陈曦通过实地调研，发现由于留守儿童得到的社会支持少于非留守儿童，表现为两类儿童在偏差行为的性质和数量上存在显著差异，所以留守儿童更容易出现偏差行为（陈曦，2012）；范兴华、方晓义发现留守儿童在吸烟、饮酒、逃学或离家出走等偏差行为上的发生率显著高于一般儿童（范兴华、方晓义，2010）；凌辉等人采用青少年行为自评量表对 268 名留守儿童和 228 名非留守儿童进行调查，发现留守儿童行为问题总分显著高于非留守儿童（凌辉等，2012）。而另一部分研究认为，在控制相关变量后，留守儿童的偏差行为与非留守儿童没有显著区别，如有研究证明，在控制了性别、年龄和社会经济地位变量后，留守儿童与非留守儿童的问题行为没有显著差异（Liu, Li, Chen & Qu，2015）；陈京军等人认为，在控制一些变量后，留守儿童的问题行为并没有显著高于非留守儿童（陈京军等，2014）；范方等人在湖南省的一项乡村调查中发现，留守儿童存在许多不良行为，但是一旦引入社会经济地位和其他控制变量后，这些影响则消失了；同样有一项研究表明，留守儿童比当地儿童有更多的问题行为，当控制了家庭和学校相关变量后，两者的问题行为差异就消失了（Hu, Lu & Huang，2014）。关于留守儿童的内部差异，多数研究认为，男生出现行为问题的几率明显大于女生（Sun, Tian, Zhang, Xie, Heath & Zhou，2015；赵景欣、刘霞、李悦，2013），高年级学生更容易表现出偏差行为（金小红、徐晓华、太小杰，2017）。

以往研究只对不同人口学特征的偏差行为进行比较，很少分析不同儿童之间行为问题影响因素之间的差异。

(三) 留守儿童偏差行为影响因素研究

有研究从宏观角度提出,我国长期实行的城乡二元经济体制和二元户籍制度是导致留守儿童问题的根本原因,同时指出家庭、学校和社区这三大作用场域存在的问题是导致留守儿童社会化发展不充分从而出现偏差现象直接的、具体的原因(赵富才,2009)。在影响因素方面,大多研究从家庭因素入手,认为父母外出务工造成的家庭结构变化是引起留守儿童偏差行为最重要的因素,如有研究指出,留守儿童在与父母情感表达方面显著较少而与父母的矛盾却显著较多,亲子教育的缺失成为留守儿童出现行为问题的重要因素;杨青松等人发现亲子沟通对留守儿童行为问题有显著影响,亲子沟通较多的留守儿童出现行为问题的可能性就更小,亲子沟通在一定程度上弥补留守儿童亲子情感缺失,因而减弱了"留守"对儿童的负性影响(杨青松、周玲、胡义秋、朱翠英、孙焕良,2014);类似的研究指出,和睦的家庭环境、较为民主的管教孩子的方式和良好的亲子关系能够有效抑制和降低问题行为的发生(Ackerman, Kogos, Youngstrom, Schoff & Izard, 1999);朱倩云采用Achenbach儿童行为量表(CBCL)和自编的影响留守儿童偏差行为调查表对350名留守儿童进行调查,结果显示儿童偏差行为检出率为10.4%,父母文化程度、父母关系、亲子沟通、亲子关系、父母教养方式及家庭经济水平对留守儿童偏差行为均有显著性影响(朱倩云,2014)。少部分研究指出,师生关系对留守儿童的偏差行为有显著影响,正面的师生关系成为留守儿童偏差行为的保护性因素,留守儿童与老师的关系越密切,越不可能发生偏差行为(Hu et al., 2014)。其他因素方面,有研究指出,留守儿童的行为表现与其日常生活中的经历存在直接关联,留守儿童经历的日常烦恼越多,其偏差行为水平越高,外出父母与其留守子女的亲合水平越高,留守儿童发生偏差行为的概率就越低(赵景欣等,2013);类似研究注意到人际安全感对于初中留守儿童的违纪行为具有显著的负向预测作用,人际安全感越低,初中留守儿童的违纪行为越严重(黄月胜、郑希付、万晓红,2010);傅王倩等人通过对360名留守儿童的调查发现,留守儿童的歧视知觉与问题行为呈显著正相关,社会支持和问题行为呈显著负相关(傅王倩、张磊、王达,2016);还有研究从社会资本的角度入手,认为留守儿童的偏差行为不仅仅是由留守本身造成的，还因为留守儿童拥有比其他儿童更少的社会支持（陈曦，2012）。

从以上有关留守儿童偏差行为影响因素的纳入情况，笔者发现家庭因素成为大多学者的重点关注的因素，而对于学校、社区等因素考虑得较少，虽然有部分研究引入了对留守儿童偏差行为起保护作用的因素，但这类研究大多缺乏相关理论的指导，研究的科学性有待增强。

第二节　留守儿童受欺凌问题研究现状

一　校园欺凌及其研究

欺凌具有跨文化的普遍性，但不同地区、群体的欺凌现象又有其特殊性。1978 年，挪威学者 Olweus 发表《学校里的侵略行为：欺凌者和受害者》一文，引起了学术界对校园欺凌现象的关注，Olweus（1993）认为："欺凌是指当某个人反复地暴露在一个或更多其他学生的负面行为中，即为遭受到欺凌。负面行为是指有意对他人造成伤害或不适的行为，主要通过身体、语言或其他方式来实施。"Roland（1989）指出欺凌是个人或团体针对个人以及个人在无法自卫情况下的长期暴力行为，包括身体和精神方面。我国在《加强中小学生欺凌综合治理方案》中首次明确了校园欺凌的界定，即指发生在校园（包括中小学校和中等职业学校）内外、学生之间，一方（个体或群体）单次或多次蓄意或恶意通过肢体、语言及网络等手段实施侮辱，造成另一方（个体或群体）身体伤害、财产损失或精神损害等的事件。

通过以上定义也可以看出伤害性、非均衡性、持续性是欺凌行为的特征（Olweus，1999）。校园欺凌与暴力行为和攻击行为密切相关，是一种特殊类型的攻击行为，可被归属为攻击行为的一个子集，发生在学生与学生不良互动之间，必然使不良互动中的一方或双方受到伤害，尤其是遭受校园欺凌者，受到来自其他学生身体或言语等攻击后，其心理或行为等方面受到不同程度的负面影响（Koo，2007；纪林芹、陈亮、徐夫真等，2011；李海垒、张文新、于凤杰，2012；胡阳、范翠英、张凤娟等，2014），严重者还会产生自残、自杀等后果（刘小群，2015；黎亚军，2016），这些负面影响可能长期伴随儿童，甚至持续到成年时期（Smith，

2000；刘俊升，2013）。鉴于行为的普遍性和有害后果，了解谁更有可能成为欺凌受害者很重要，因此，本章将以校园欺凌主体之一的受欺凌者作为研究对象。

二 留守儿童受欺凌问题研究

家庭和学校是儿童成长过程的重要环境，由于父母外出而被留在家中的留守儿童，虽然可以通过电话、微信、QQ等通讯工具与父母保持联系，但亲子之间非面对面、远距离的沟通方式，使儿童缺失了来自父母的关爱，很容易出现焦虑、抑郁、自信心下降等心理问题或行为问题，如果此时，留守儿童在学校中又受到来自同伴的挤压，就会产生更为严重的现实危害。

（一）留守儿童校园欺凌现状

高文斌等人（2007）发现，相比于非留守儿童，留守学生在不和谐师生关系、不和谐同学关系和校园暴力维度的得分较高，而且外出父母联系频次对留守儿童校园人际关系问题存在显著影响；国家卫计委发布的《中国流动人口发展报告2017》显示，接近50%的在校留守儿童遭受过欺凌，经常遭受欺凌的比例为8.4%，显著高于非留守儿童；常进锋等人（2018）对甘肃省乡村留守儿童（450名留守儿童）进行的调查显示，留守儿童对他人实施过校园欺凌的比例为37.7%，遭受过不同程度校园欺凌的占54.0%。唐冬纯等人（2018）对广州市留守儿童校园欺凌情况进行的调查（5158名中小学生）显示，留守儿童的报告率为23.05%，高于非留守儿童的13.02%，这与以往受欺凌问题研究结果相似（Wang, Lannotti & Nansel, 2009；张文新，2002；乔毅娟、星一、季成叶等，2009；陈道湧、姚玉华、俞爱青等，2013）。

同时在校园受欺凌问题上，留守儿童内部也存在差异（唐冬纯、蔡伟聪、李丽萍，2018；常进锋、刘烁梅、虎军，2018），男生校园受欺凌发生率高于女生，小学生相对于高年级学生（初中、高中）更容易暴露于校园受欺凌行为之中。

（三）留守儿童受欺凌问题影响因素研究

受欺凌的诱因是多重复杂的，既包括外界欺凌者的挑衅和攻击，也包括个体生理与心理特征、同辈、家庭和校园环境等因素。家庭是个体直接接触最频繁的微观环境之一，作为儿童成长的重要场域对其早期行为的形成发挥着关键作用，家庭氛围、父母教养方式、亲子关系等是个体遭受欺凌不可忽视的重要因素。早期儿童与父母的亲密依附可以帮助他们建立良好的人际关系（Kennedy & Kennedy, 2004），而那些没有感受到来自家人安全依恋的儿童，很可能会形成较差的社交能力，这会导致他们在与同伴相处过程中受到排斥或产生冲突矛盾；此外，单亲或重组家庭的孩子，由于家庭结构的不完整或者家庭结构的残缺性，缺乏来自家庭的情感支持和安全保障，容易成为弱势人群，导致受欺凌的概率增加（乔毅娟、星一、季成叶等，2009）。

留守儿童虽然不同于单亲或重组家庭儿童，但他们在成长过程中有相似体验，因父母外出务工，自己所遭遇的一切远在外地的父母无从知道，也无法及时提供来自家庭的完整情感与安全保障；再加上父母不良的教养方式导致儿童容易形成不利于社会交往和人际沟通的内向、低自尊、缄默以及懦弱等性格特点，在人际交往和同伴关系中很容易成为人际关系中的受攻击者，部分个体即使受到欺凌和侮辱也不会采取有效的反抗行为（Ahmed & Braithwaite, 2004；Georgiou & Stavrinide, 2013）。

学校是除家庭外儿童接触最频繁的场所，是儿童学习、生活、与人相处的场所，也是校园欺凌行为发生的主要场所，研究证实，青少年与学校联结感可以减少其被同伴侵略、接触暴力事件等情景（Brookmeyer, Fanti & Henrich, 2006），与学校的联结性较低的青少年更容易卷入受欺凌行为（Glew, Fan, Katon, Rivara & Kernic, 2005；Skues, Cunningham & Pokharel, 2005），Loukas 和 Gage 等人认为（Gage, Prykanowski & Larson, 2014；Louka, Cance & Batanova, 2013），校园氛围是学生的重要社会支持源，校园氛围越消极，就越会增加学生同伴欺凌的经历，青少年对师生关系、同学关系等感知的校园氛围越消极，其遭受同伴欺凌的可能性越大。此外，同伴关系对欺凌受害行为发挥着重要作用（Bollmer, Milich, Harris & Maras, 2005），消极的同伴关系和缺乏同伴支持是欺凌受害行为的重要危险因素（Demaray & Malecki, 2003）。

王玉香（2017）对乡村留守青少年校园欺凌问题进行质性研究，分析了乡村留守青少年校园欺凌类型，以及父母缺位、同伴依恋和自我存在感等对这些类型的影响作用；唐冬纯等人（2018）也发现家庭矛盾是留守儿童和非留守儿童遭受校园欺凌的共同原因。

通过对以往文献的回顾发现，关于留守儿童校园欺凌的研究相对薄弱，对留守儿童这一特殊群体的校园欺凌问题研究，存在很大的空白，这些问题包含：一是留守儿童与非留守儿童在校园欺凌受害问题上是否存在差异；二是影响留守儿童受欺凌问题的因素有哪些，亲子分离的独特性是否会引起更多的受害问题，家庭和学校环境中哪些因素是保护性因素和负面性因素。

第三节 社会控制理论对越轨行为和受欺凌的解释

一 社会控制理论对越轨行为的解释

（一）社会控制理论

社会控制理论是社会学和犯罪学的基础理论之一，该理论从社会变迁与社会环境方面分析了青少年犯罪的成因，成为早期预防与矫正青少年犯罪策略的理论基础，"社会控制"这一术语，最早由美国社会学家E. A. 罗斯在1901年出版的《社会控制》一书中首次提出。广义的社会控制是指社会组织体系运用社会规范以及与之相应的手段和方式，对社会成员（包括社会个体、社会群体及组织）的社会行为及价值观念进行指导和约束，对各类社会关系进行调节和制约的过程；狭义的社会控制是指对社会越轨者施以社会惩罚和重新教育的过程（曾培芳，2007）。

社会控制理论的集大成者特拉维斯·赫希在1969年出版的著作《违法的成因》（*Causes of Delinquency*）一书中系统阐述了社会控制理论，赫希认为每个人都有潜在犯罪的可能，个人与社会的联结可以减少个人进行违反社会规范的越轨和犯罪，当这种联结或者约束薄弱时，个人就会随意地进行犯罪活动，而大多数人之所以不会犯罪，是因为受到了四大关键社会联结因子的约束和控制作用（江山河，2008），这些社会联结因子包括：依附（attachment），指与父母、朋辈及学校的联系，青少年对家庭、学校及同伴越是依附，就越会首先考虑自己的行为是否会伤及他人，如果他们能与亲密群体建立良好的依附关系，他们便能够接受和遵从社会规范的约束，从而减少越轨行为的发生；奉献（commitment），指个人把时间和精力投入对学习目标的追求当中，如果青少年希望在学业上取得突出的成绩，便会投入更多的时间和精力去学习，而没有更多的时间和精力考虑和从事其他违规的行为，他们的偏差行为便会减少；参与（involvement），指个人对社会传统活动（如劳动）的参加，青少年如果能较深入地参与家庭和学校的诸多事务，便会减少个人对偏差行为的投入时间；信念（belief），通常指社会公民共同分享的价值观及道德标准，青少年在成长过程中，如果形成了正确的价值观，就会内化和遵守传统的社会价值观念和规则，健全信念，强化个人的自我控制力，减少偏差行为发生的机会。所以，从社会控制理论出发，如果青少年与传统的家庭、父母、同伴、学校以及其他社会机构或活动等能建立相应的社会联结，则可以减少或避免越轨和犯罪行为的发生（Hirschi，1969）。

（二）实证研究的适用性

在社会控制理论的指导下，越来越多的研究者关注社会联结因素与青少年越轨行为的关系，并进行了一系列的经验研究。国际上基于社会控制理论视角对一般儿童行为的研究比较成熟，且定量研究偏多，如有研究基于对社会控制理论有效性的考察，发现依附因素对就读中学的女生发挥的保护作用要大于参与因素发挥的作用，而参与因素对就读中学的男生发挥的保护作用要大于依附因素发挥的作用，说明不同联结因素所发挥的保护性作用存在性别差异（Huebner & Betts，2002）；还有研究指出，父母加强对孩子的监管会减少其子女的偏差行为（Peterson，Lee，Henninger & Cubellis，2014）；师生依恋会对青少年的问题行为起到一定的抑制作用（Han，Kim & Lee，2016），同时道德信念和长时间参加课外活动对青少年越轨行为也具有约束作用（Huebner et al.，2002）。

国内部分学者运用该理论研究青少年预防犯罪或问题行为，但多为质性研究，如有研究根据社会控制理论的核心思想，深入分析转型期我国青少年犯罪的具体社会环境，并得出结论：当前我国青少年犯罪主要是由于个体身心失衡、政府防控缺位和社会环境失序等因素造成的（钟其，2007；金小红、李家兴、杨建，2012）；还有研究从社会控制理论的角度分析青少年社区服刑人员再社会化效果，认为该群体的再社会化效果主要受到家庭、同伴、学校、社会环境及其自我心理认知等因素的影响（徐徐，2014）。而应用该理论进行的实证研究较少，赵军、祝平燕通过对不良交往与未成年人犯罪关系的经验研究，发现社会控制理论在未成年人同辈交往问题上的解释力要弱于差异交往理论的解释力（赵军、祝平燕，2011）；丘海雄通过对香港青少年群体的调查，发现社会控制理论对越轨行为的解释力是中度偏低的，其对非违法越轨行为的解释力大于违法越轨行为的解释力，对低年级学生的越轨行为解释力略高于对高年级学生的越轨行为的解释力（丘海雄，1987）。沈吟徽、钟华在检验"赫希社会控制理论是否适用于解释中国城市青少年越轨行为"的研究中，将青少年与传统社会的四种联系分别操作化为"青少年对父母的依恋、对学校的依恋，对教育的奉献，对课外活动的参与以及对社会规范的信念"，其研究结果表明，可能因为相较于欧美国家，中国青少年每天在学校的时间较长而较少有机会参加课外活动，因此课外活动对青少年观念和行为方式的影响微乎其微（沈吟徽、钟华，2015）。

从以上的分析可以看出，对于社会控制理论的应用，国外侧重于定量研究，国内偏向于定性研究，且研究对象多集中于青少年犯罪或越轨群体上，针对中国留守儿童的实证研究几乎是空白，所以社会控制理论是否适用于解释该群体的偏差行为还有待检验。

二 发展中的社会控制理论对偏差行为及受欺凌问题的解释作用

（一）偏差行为与受欺凌内在关系的理论假设

很多学者进一步发展了赫希的社会控制理论在解释越轨与受害之间的联系。首先是发现越轨者与受害者具有相似的特征（Broidy, Daday, Crandall, Sklar & Jost, 2006），日常活动理论指出越轨行为与被害行为有关，可能的施害人也是潜在的被害人，是被攻击的高危人群，经常从事违法或越轨行为的人，即是一种越轨生活模式如喝酒习惯，也越容易暴露于越轨情景，成为潜在的被害目标（曹立群、任昕，2008）；Higgins 在研究中指出，赫希的社会控制理论可以用来解释越轨与被害的关系，社会控制理论认为人之所以没有从事越轨是因为社会纽带的约束作用，一旦社会约束被打破或减弱，就很容易发生违法或越轨行为，也可以说，依恋、参与、投入和信仰等社会约束的减弱，很容易将人们置于危险环境中，成为犯罪的目标人群；反之如果人们维持较强的社会纽带的约束作用，则可以发挥保护作用使人们远离越轨与受害情景（Higgins, Khey, Dawson‐Edwards & Marcum, 2012）。

(二) 实证研究的实用性

国内外对于越轨行为与被害问题的实证研究进一步证实了二者之间的内在关联。青少年越轨的生活方式可以显著预测受害发生（Nofziger, 2009；Sampson, Robert, Janet & Lauritsen, 1990），焦虑、抑郁、低自尊等内化问题行为可能是受欺负的触发因素，外化问题行为如攻击、反抗、偷窃等越轨行为则更可能是对受欺负的回应（刘俊升、赵燕，2013）。

另外一些实证研究验证了引发越轨及被害因素之间的相似性。Jennings 等人通过纵向数据发现，暴力行为的受害者和罪犯之间有相当程度的重叠，那些具有较低自我控制力和低水平的学业期待和父母监督的男性学生更可能是欺凌者和受害者（Jennings, Higgins, Tewksbury, Gover & Piquero, 2010）；凡可以解释个人越轨的因素也可以用来解释个人受害行为（Jensen & David, 1986），如学校联结、亲社会行为和信仰是预防越轨和受害的重要因素（Cunningham, 2007）；亲社会联系、社会支持会减少校园欺凌与被害的发生概率（Catalano, Oesterle, Fleming & Hawkins, 2010；Payne, Gottfredson & Gottfredson, 2010）。

还有研究表明不同的社会联结关系会产生不同的欺凌与被欺凌结果。有人将学校欺凌者、受欺凌者和没有参与者进行比较，发现三者在依恋之间存在显著差异，欺凌者与父\母和学校联结程度低，相比没有参与的学生，被欺负的学生仅在学校和教师的依恋程度上显著偏低（Mohebbi, Mirnasab & Wiener, 2016），而且不同依恋因素的影响也不同，母亲依恋而非父亲依恋对欺凌被害方有显著影响，并且在控制父母依恋后，对教师的依恋模式与受害群体没有显著相关，他们认为这也许是因为受欺凌的学生并没有把他们的老师视为安全保护的因素，因为他们觉得他们的老师在防止受害方面没有效率（Klomek, Kopelman - Rubin, Al - Yagon, Berkowitz, Apter & Mikulincer, 2016）。除了对学校和父母的依附外，同辈关系在增加或防止欺凌和受害的可能性方面也发挥了重要作用，Demaray 等人指出，同伴接纳和社会支持水平低的青年更容易受到欺凌（Demaray & Malecki, 2003），积极的友谊可以起到有效的缓冲作用，防止欺凌受害（Bollmer, Milich, Harris & Maras, 2005）；关于社会纽带的参与和承诺因素与欺凌被害的关系也被证实，如学习上学业表现越好，经常遭受校园欺凌的可能性就越低（黄亮，2017；雷雳、王燕、郭伯良等，2004），学业表现好的学生会注重学业并且投入更多时间和精力，从而较少地与同学发生冲突，得到更多的外部支持（Bollmer，Milich，Harris & Maras，2005），Peugeot 对参与活动类型进行分类后，结果显示对于校际体育活动的参与可以减少暴力欺负的受害行为，参加与课堂相关的课外活动、社团活动的学生与校园受欺凌增加有关（Peguero，2009），Cecen - Celik 等人发现，参加活动会增加其受害的可能性（Cecen - Celik & Keith，2016；Popp，2012），但无论何种类型活动，都应该从社会关系的角度来分析对欺凌受害的影响（Peguero，2009）。

第四节　模型建立和研究发现

一　数据收集及变量测量

（一）数据收集

本研究采用第二套调查数据，共发放问卷1100份，剔除无效问卷后，有效应答的问卷为1043份，问卷回收率为94.8%。具体抽样情况如表6-1所示，其中留守儿童612人，非留守儿童427人，缺失值4个。

表6-1　　　　　　　　　样本基本情况　　　　　　　（单位:%）

变量	具体指标	频次	百分比
性别	男	540	51.8
	女	503	48.2
年级	五年级	287	27.5
	六年级	278	26.7
	初一	219	21.0
	初二	259	24.8
留守与否	留守	612	58.9
	非留守	427	41.1
现监护人	爸爸妈妈	427	40.9
	爸爸	62	5.9
	妈妈	166	15.9
	其他亲戚	380	36.4

（二）因变量

本研究主要将偏差行为和受欺凌作为因变量，偏差行为具体操作为，调查对象在过去6个月内是否有过说粗话或打架的行为，受欺凌主要是指过去6个月内遭受过欺凌行为。为科学合理检验自变量和因变量之间的关系，纳入了常见的性别、年级等人口学变量作为控制变量，主要自变量为依恋、投入、参与及信念等，分别操作化为亲子关系、师生关系、同学关系、课外学习时间、做家务、参加团体活动以及积极认知。相关变量的测量情况参见表6-2。

表6-2　　　　　　　　变量测量一览表

变量	变量名称	问题设置	赋值情况
因变量	受欺凌	在学校有被他人欺负吗？	0＝从不，1＝偶尔，2＝经常，3＝总是
自变量	亲子关系	你认为自己与父母的关系如何？	1＝比较差，2＝一般好，3＝比较好，4＝非常好
自变量	同学关系	你觉得你和你的同学之间的关系怎么样？	1＝比较差，2＝一般好，3＝比较好，4＝非常好
自变量	师生关系	在当前就读的学校，你觉得有多少老师比较亲切？	1＝没有，2＝很少，3＝大部分，4＝全部
自变量	课外学习时间	你每天除了上课时间会花多少时间在学习上？	1＝少于半小时，2＝半小时到一小时，3＝1—2小时，4＝2小时以上
自变量	日常家务	你在家经常打扫卫生、做家务吗？	1＝从不，2＝偶尔，3＝经常，4＝总是
自变量	团体活动	对于团体组织活动，你一般是	1＝从不参加，2＝偶尔参加，3＝经常参加，4＝主动参加并积极活动

续表

变量	变量名称	问题设置	赋值情况
	积极认知	我觉得任何事情都有其积极的一面	1=完全不符合,2=比较不符合,3=比较符合,4=完全符合
	偏差行为	这半学期以来你有过说粗话或者打架的现象吗?	0=从不,1=偶尔,2=经常,3=总是
控制变量	性别	你的性别是?	0=女,1=男
	年级	你正在读几年级?	0=小学,1=中学
	是否留守	现在主要是和谁生活在一起?	0=爸爸妈妈两个人,1=妈妈,1=爸爸,1=爷爷奶奶或是外公外婆,1=其他

二 本次研究假设

留守儿童的偏差行为和校园欺凌被害行为存在何种联系，社会控制理论是否适用于解释留守儿童偏差行为和欺凌被害行为都有待检验。本章的研究假设是：

1. 依恋程度越高，留守儿童与非留守儿童校园受欺凌和偏差行为越少；
2. 承诺程度越高，留守儿童与非留守儿童校园受欺凌和偏差行为越少；
3. 参与程度越高，留守儿童与非留守儿童校园受欺凌和偏差行为越少；
4. 信念程度越高，留守儿童与非留守儿童校园受欺凌和偏差行为越少；
5. 留守儿童与非留守儿童校园受欺凌与偏差行为存在显著的差异；
6. 受欺凌与偏差行为存在相关关系。

三 研究结果

由于受欺凌行为数据分布呈现明显的偏态性，不符合 OLS（Ordinary

Least Squares)要求的正态分布条件,如果使用 OLS 回归可能导致不一致甚至是有偏差的估计值(Cao, Cao & Zhao, 2004; King, 1988),所以本研究使用二项逻辑回归(Binary Logistic Regression)模型进行分析,将存在偏差行为或受欺凌行为赋值为 1,没有赋值为 0。

(一)描述性分析

表 6-3 描述统计分析显示,留守儿童的偏差行为略多于非留守儿童,但此种差异并不显著(P>0.05),而且双方在受欺凌经历上也没有显著差异,假设 5 不成立;其次,社会联结各要素中,留守儿童在父母关系、同学关系、师生关系以及从事日常家务频度和参加组织活动等变量上的平均水平均低于总体和非留守儿童的平均水平,但都不具有统计意义;但是在积极认知(t = -2.31,P<0.05)方面,留守儿童的平均水平显著低于非留守儿童,并具有统计意义。

(二)各变量的相关分析

表 6-3　　　　　　　　样本描述性统计分析

变量	总样本 (n=1043) 范围	均值	标准差	留守儿童 (n=612) 范围	均值	标准差	非留守儿童 (n=427) 范围	均值	标准差	组间差异 t 检验
受欺凌经历	0—1	.59	.49	0—1	.59	.49	0—1	.59	.49	-.04
偏差行为	0—1	.44	.50	0—1	.45	.50	0—1	.42	.50	.94
亲子关系	1—4	3.24	.95	1—4	3.21	.96	1—4	3.28	.93	-1.15
同学关系	1—4	3.30	.83	1—4	3.26	.81	1—4	3.33	.86	-1.22
师生关系	1—4	2.60	.78	1—4	2.57	.77	1—4	2.63	.79	-1.30
课外学习时间	1—4	2.40	.89	1—4	2.42	.89	1—4	2.36	.89	1.09
日常家务	1—4	2.77	.75	1—4	2.75	.75	1—4	2.79	.74	-.85
参加组织活动	1—4	2.70	.85	1—4	2.69	.84	1—4	2.73	.87	-.80
积极认知	1—4	3.00	.82	1—4	2.95	.84	1—4	3.07	.77	-2.31*

续表

变量	总样本（n=1043）			留守儿童（n=612）			非留守儿童（n=427）			组间差异 t 检验
	范围	均值	标准差	范围	均值	标准差	范围	均值	标准差	
性别（percent=1）	0—1	.52	.50	0—1	.51	.50	0—1	.52	.50	-.42
年级（percent=1）	0—1	.46	.50	0—1	.50	.50	0—1	.41	.49	2.78**
留守（percent=1）	0—1	.59	.49	0—1	—	—	0—1	—	—	—

* $p<0.05$；** $p<0.01$；*** $p<0.001$

表6-4　　　　　　　　　　相关系数矩阵

	1	2	3	4	5	6	7	8	9
1 受欺凌									
2 偏差行为	.166**								
3 亲子关系	-.041	-.183**							
4 同学关系	-.112**	-.147**	.220**						
5 师生关系	-.132**	-.224**	.270**	.257**					
6 课外学习	-.016	-.100**	.076*	.085**	.159**				
7 日常家务	.048	-.062*	.100**	.055	.083**	.139**			
8 参加活动	-.081**	-.100**	.180**	.211**	.271**	.104**	.166**		
9 积极认知	-.044	-.149**	.181**	.184**	.206**	.147**	.141**	.151**	
10 性别	.055	.225**	-.024	.029	-.014	-.034	-.078*	-.056	-.028
11 年级	.002	.128**	-.205**	-.076*	-.200**	.047	-.026	-.139**	-.028
12 是否留守	-.005	.029	-.036	-.038	-.041	.034	-.026	-.025	-.070*

	10	11	12
10 性别			
11 年级	.000		
12 是否留守	-.013	.086**	

* $p<0.05$；** $p<0.01$；*** $p<0.001$

从表6-4各变量相关关系矩阵表可以看出,受欺凌与偏差行为之间存在显著正相关关系,经常发生偏差行为的学生,遭受欺负的可能性越大;受欺凌与同学关系、师生关系和参加活动变量呈现显著负相关关系,相关系数从-.081到-.132,其他社会联结变量亲子关系、课外学习、日常家务和积极认知与受欺凌之间并不存在显著相关关系;另外,偏差行为与依恋、投入、参与及信念因素都存在显著负相关关系,相关系数从-.062到-.224;人口学变量性别、年级与偏差行为相关,相比女生,男生产生偏差行为更多,相比于中学生,小学阶段学生与父母、同学和师生之间关系保持良好,并且积极参加组织活动,较少从事偏差行为。

(三)社会联结因素与受欺凌、偏差行为的关系

1. 受欺凌模型

数据结果显示,本书研究假设6得到支持,而假设1、2和4仅得到部分支持,假设3参与因素作用与数据显示的影响方向相反。

表6-5以受欺凌为因变量,偏差行为和社会控制变量为自变量的二项逻辑回归模型,总样本模型中偏差行为、同学关系、师生关系和参加日常家务对儿童受欺凌经历存在显著性影响,偏差行为和参加日常家务对儿童受欺凌产生正向影响,另外儿童与同学和老师之间关系越好,遭受欺凌可能性越小。

留守儿童模型中偏差行为、同学关系和参与日常家务变量对留守儿童受欺凌经历具有显著作用,具体而言,偏差行为对留守儿童受欺凌产生显著正向影响,存在偏差行为的学生受欺凌行为发生比是没有偏差行为的学生的1.737倍;同学关系对留守儿童受欺凌呈现显著负向影响,同学之间亲密程度每提高一个单位,青少年受欺凌发生几率将下降21.9%;而参与元素影响作用与原研究假设相反,参加日常家务活动频率对受欺凌并不呈现显著负向影响,而是显著正向影响,即做家务频率上升时,儿童遭受校园欺凌的相对风险也会增加,做家务的频率每提高一个单位,受欺凌的发生比随之增加31.2%。

与留守儿童不同,非留守儿童中仅偏差行为和师生关系能够显著预测非留守儿童受欺凌发生,其发生比随偏差行为发生的增高而增加,师生之间亲切感对受欺凌发生具有反向影响。

表6-5　　　　　　　　　　受欺凌的二项逻辑回归

变量	总样本（n=1043） B	Exp（B）	留守儿童（n=612） B	Exp（B）	非留守儿童（n=427） B	Exp（B）
截距	.934	2.546	.730	2.076	1.517	20.474
偏差行为	.594***	1.810	.552**	1.737	.661**	1.936
亲子关系	.037	1.038	.012	1.012	.052	1.054
同学关系	-.187*	.829	-.247*	.781	-.115	.891
师生关系	-.242*	.785	-.099	.906	-.452**	.636
课外学习	.035	1.036	.005	1.005	.045	1.046
日常家务	.209*	1.233	.272*	1.312	.105	1.111
参加活动	-.122	.885	-.123	.884	-.105	.900
积极认知	.001	1.001	.003	1.003	-.010	.990
性别	.122	1.130	.187	1.205	.029	1.030
年级	-.188	.829	-.227	.797	-.175	.840
Nagelkerke R^2	.068		.062		.092	

* $p<0.05$；** $p<0.01$；*** $p<0.001$

2. 偏差行为模型

表6-6是以偏差行为为因变量的二项逻辑回归模型，总样本模型和留守儿童、非留守儿童模型的 Nagelkerke R^2 伪决定系数值分别是.199、.247与.153。可以看出，无论是总样本还是留守儿童和非留守儿童样本，受欺凌行为对偏差行为呈现显著正向影响，即相比没有遭受欺凌的儿童，遭受过欺凌行为的儿童发生偏差行为的可能性较高，假设6得到证实。总样本模型中亲子关系、同学关系、师生关系以及积极认知对儿童偏差行为发生具有显著反向影响；留守儿童模型中，社会联结因素中仅亲子及师生依恋因素可以显著预测偏差行为，亲子和师生之间亲密关系对越轨行为发生具有反向影响，譬如亲子亲密关系每上升一个测量单位，留守儿童发生偏差行为的风险降低29.1%；非留守儿童模型中社会联结因素均不能显著预测儿童的偏差行为。

表 6-6　　　　　　　　　偏差行为的二项逻辑回归

变量	总样本 (n=1043) B	Exp (B)	留守儿童 (n=612) B	Exp (B)	非留守儿童 (n=427) B	Exp (B)
截距	2.005***	7.426	.730***	11.934	1.354	3.874
受欺凌	.605***	1.831	.578**	1.782	.662**	1.938
亲子关系	-.219**	.803	-.344**	.709	-.043	.957
同学关系	-.183*	.833	-.159	.853	-.218	.804
师生关系	-.398***	.672	-.492***	.612	-.277	.758
课外学习	-.131	.877	-.182	.833	-.089	.915
日常家务	-.049	.952	-.065	.937	-.011	.989
参加活动	.031	1.031	.038	1.039	-.013	.987
积极认知	-.208*	.812	-.180	.835	-.235	.790
性别	.980***	2.664	1.163***	3.200	.827***	2.286
年级	.384**	1.468	.549**	1.732	.164	1.179
Nagelkerke R^2	.199		.247		.153	

* $p<0.05$;　** $p<0.01$;　*** $p<0.001$

四　结论与讨论

（一）留守儿童的受欺凌行为和偏差行为并没有显著高于非留守儿童，仅在积极认知方面存在显著差异，要从对外在影响关注转向内在隐秘的长期影响关注上

描述性统计结果显示，与流动人口发展报告结果不同，留守儿童受欺凌行为并没有显著高于非留守儿童，两者在偏差行为上也并不存在显著性差异，以往研究显示，在控制年龄、性别、社会经济地位等人口学变量后，留守儿童的上网时长与非留守儿童没有显著区别（Liu, Li, Chen & Qu, 2015）；另外，留守儿童的积极认知程度显著低于非留守儿童，相比非留守儿童，留守儿童一部分是由其父亲或母亲单方照顾（37.2%），其中母亲单亲照顾的留守家庭较多（27.2%），她们对留守儿童的生活照顾比其他监护方式更好，但相比于正常的家庭结构，单亲家庭仍会影响到儿童身心的健康发展（叶敬忠、王伊欢，2006）；除此之外，隔代监护是留

守家庭中最常见也是最普遍的一种形式，样本中55.7%的留守儿童是由其爷爷奶奶或外祖父母隔代照顾，隔代监护人的文化素质水平较低、精力有限，无法胜任相应的监护职责，对儿童实施的教育质量较差（段成荣、吕利丹、郭静、王宗萍，2013；范先佐、郭清扬，2015），会影响孩子树立正确的人生观、价值观，而这种内在隐秘的长期影响是现有研究缺乏的。

（二）留守儿童内部存在分化，不同因素对其影响不同，依恋因素是影响留守儿童偏差行为和受欺凌的共同因素，但同辈关系和参与日常家务对留守儿童受欺凌经历具有独特影响

首先，通过数据结果可以发现，留守儿童群体内部存在明显的差异，留守儿童中只是一部分典型的群体因特殊的原因会产生偏差行为及受欺凌。在两个回归模型中，社会联结四个因素中依恋因素对留守儿童偏差行为和受欺凌存在显著影响作用，但双方又存在差别，三种依恋关系中，留守儿童受欺凌经历仅与同学关系较为敏感，而亲子关系和师生关系会影响留守儿童偏差行为的发生，这也与赫希社会控制理论中有关父母依附可减少受害和犯罪行为发生的观点相呼应；留守儿童群体最本质的特征——亲子分离（唐有财、符平，2011），即使血缘性、亲缘性的社会性抚育在一定程度上可以缓解因亲子分离而造成的情感缺失，但父母角色的长期缺位，导致的关心不足、沟通匮乏和教育缺失等问题造成的留守儿童与父母之间情感联结纽带的断裂，是影响儿童身心健康、行为问题的重要因素；另一些研究指出，师生关系对留守儿童的偏差行为有显著影响（Hu, Lu & Huang, 2014），师生依恋会对青少年的越轨行为起到一定的抑制作用（Han, Heejoo & Lee, 2016）；而且同学关系对留守儿童受欺凌有着显著负向影响，留守儿童受欺凌几率随着同学之间亲密关系程度的增高而减低（李梦娜、史慧静、张喆、郭锦萍、徐心儿，2015），儿童进入学校生活后，同伴成为学生时代的重要他人，同伴对儿童行为的影响有时甚至超过父母的影响，在亲密、安全和互助关系中的青少年可以很容易地学会必要的社交技巧来解决冲突而不使用攻击行为，减少个体成为受欺负者的可能性；被排斥及不良同伴关系则易使其成为受欺负者（周佳、马巧玲，2017），良好的同学关系是避免留守儿童受欺凌的保护因素。

其次，参与因素（做家务）对留守儿童的受欺凌呈现独特的正向影响，

参与家务活动越频繁，留守儿童受欺凌的可能性就越大，Clark 发现课外活动参与为学生提供了发展社会技能和建立支持和积极关系的机会，参与活动可以促进相互支持的关系，增强依恋关系的力量（Clark，2011），本研究参与变量呈现的不同作用方向可能和参与的活动类型有关，儿童参与家务活动可能无法为其建立积极和睦的同学关系提供更多机会。

最后，社会联结因素中的投入和信念因素未对留守儿童偏差行为和受欺凌产生显著影响，这与以往研究结果有所不同，具体原因还有待深入研究。

（三）偏差行为与受欺凌行为之间存在正向相关关系

本研究使用的是横向数据，对于偏差行为与受欺凌之间关系的讨论缺乏纵向排序，对某一时期，受欺凌导致偏差行为还是偏差行为导致受欺凌的问题无法解答，因此，本书主要探讨两者之间的相关关系，根据变量相关关系分析可以看出，偏差行为和受欺凌行为呈现显著正向相关关系，相关系数为 .166，后来为进一步厘清两者的关系，笔者分别建立受欺凌和偏差行为作为因变量的二项逻辑回归模型，通过回归模型证实，两者之间的确是正向影响的，假设6得到证实。

小结

赫希的社会控制理论中的"依恋—参与—投入—信念"分析框架是解释青少年越轨行为的重要理论，后来的研究者在此基础上进一步发展了越轨行为与受害问题之间的联系，即用于解释个人越轨问题的因素也可以解释个人受害问题。本研究借用此一不断发展的理论视角解释留守儿童受欺凌和偏差行为问题，研究发现：偏差行为与受欺凌问题之间呈现正向相关关系；在控制社会联结因素后，留守儿童与非留守儿童在偏差行为与受欺凌上不存在显著差异，但是留守儿童在积极认知方面弱于非留守儿童，表明要从对外在影响的关注转向对内在隐秘的长期影响上，而这种内在隐秘的长期影响是现有研究缺乏的；依恋因素是影响留守儿童偏差行为和受欺凌的共同因素，同辈关系对留守儿童受欺凌呈现显著负向影响，从事家务劳动与留守儿童受欺凌存在显著正向影响。本研究对社会联结纽带作用的实证研究为认识和预防留守儿童偏差行为和受欺凌问题提供了切实的参考依据。

第七章　两组儿童偏差行为问题的作用机制比较研究：基于一般压力的考察

本章从生态系统环境的负向作用——压力源的角度，在与非留守儿童的比较中，呈现环境压力对留守儿童偏差行为的作用机理，从中介及调节效应两个角度，呈现生态系统环境对儿童心理及行为的作用机制，本章的分析基于第二套数据。

第一节　一般压力及实证研究的适用性

一　一般压力理论

（一）一般压力

默顿的传统紧张理论假设了一致的经济成功文化压力及缺失合法化手段对人们行动的影响（Merton，1938），但是阿格纽指出对于不同类型的人，目标和手段是不一样的（Agnew，1985），针对默顿理论的局限，阿格纽于1992年提出了一般压力理论（General Strain Theory，简称GST），GST理论修正了默顿的结构—压力理论，将微观层面的生活事件视作压力源之一。根据阿格纽的观点，压力泛指人们不喜欢的事情或情形（Agnew，1992），压力主要包括三种类型：一是因不能实现目标而产生的压力，如期望与实际结果出现巨大反差；二是因珍惜或喜爱的东西被剥夺而产生的压力，如个人生活中所喜爱的人或事物消失或遭到破坏；三是因直接面对负面冲突而产生的压力，如父母虐待或责骂、同学歧视或嘲笑等（Agnew，2001）。持续不断的不公平不合理的压力事件容易引起失范甚至犯罪。该理论与传统压力理论相比，进一步引入了"负面情绪"（negative emotion）这个重要中介变量，着眼于社会—心理层面，在综合考虑宏观及微观社会环境因素之外，更顾及个体心理对偏差行为造成的直接影响，以期较为完整地解释压力与偏差行为间的关系。一般压力理论从微观的视角，能进一步有效解释生态系统因素的作用机理，从负向角度解释各种环境因素、心理反应及行为问题的作用逻辑。

一般压力理论主要阐述了压力、负面情绪和偏差行为三者之间的关系：在负面情绪（如愤怒、沮丧、抑郁等）的中介作用下，压力会导致偏差行为的发生。阿格纽（1992）指出，各个阶层的个体在经历压力事件时，都可能感觉愤怒、生气、受挫、失望或恐惧，此类负面情绪会迫使个体采取应对策略（coping strategy）降低其带来的冲击，此时，如果合法的应对策略失效或不可得，个体有可能采取非法的策略（Agnew, 1992; Broidy & Agnew, 1997; Broidy, 2001）。

（二）应对策略

个体在遭受压力时是否出现偏差行为，还取决于个体是否具备合法的应对策略。GST 理论（Agnew, 1992）区分了认知、行为和情绪三种应对策略。当采用认知应对策略时，个体积极发挥主观能动性，通过忽视或减少负面事件的冲击、主观放大积极影响、减小负面后果、承担个人责任等方法应对压力。相对地，采用行为应对策略的个体有可能通过暴力的报复性行为以释放压力，也可能通过正常的行为方式（如提高自己的社会技能、寻求社会支持及协商谈判等）去减少负面后果或争取正面结果。最后，采用情绪应对策略的个体既可能通过沉浸于药物、酒精、烟草等偏差方式，也可能通过锻炼身体、艺术欣赏、阅读等非偏差途径去消解负面情绪。

那么，在何种情况下，人们更易采用偏差或犯罪行为来应对压力呢？按照阿格纽（2006）的观点，采用何种应对方式取决于个体所面临的选择性约束。其中三个因素的影响最为明显：（1）缺乏以合法手段缓解压力的机会或能力，包括认知水平低下，生活经验或解决问题的技巧不足或传统社会支持和资源有限等；（2）偏差或犯罪的成本低。例如，被发现和制裁的可能性小，社会控制弱等；（3）较强的偏差倾向，比如较低的自我控制水平、认为偏差和犯罪是合理的、较多机会接触偏差行为者和偏差应对方式等诸多因素都可能导致个体采用偏差方式应对压力。

二 经验研究中的中介及调节效应

（一）中介效应

根据该理论的内在逻辑，主要形成了两种经验验证研究逻辑，一是压力对越轨行为的直接作用，如部分研究考察了受欺凌伤害与越轨行为之间的关系，欺凌受害者会采取越轨行为应对欺凌带来的伤害（Baker & Pelfrey, 2016; Lee, Kim, Hong & Marsack-Topolewski, 2019; Moon, Morash & Mccluskey, 2012; Steele, 2016; Walters & Espelage, 2017）。Lee 等人（2019）运用来源于学龄儿童健康行为调查（HBSC）的数据检验了欺凌受害者和攻击行为之间的联系，Baker 等人（2016）的研究指出，经历过的压力也与预期的压力显著相关，这表明欺凌受害可能会加剧对未来结果的恐惧和担忧，放大压力对越轨行为的总体影响。其他研究亦指出，家庭关系压力（Baek, Roberts & Higgins, 2018）、经济压力（Choi, Kruis & Kim, 2019; Demanet & Houtte, 2019）、学校压力（Kuptsevych-Timmer, Antonaccio, Botchkova & Smith, 2018; Moon et al., 2011; Song, 2020）、朋辈压力（Choi et al., 2019）对偏差行为均有显著正向预测作用。类似的研究指出，接触有不良行为的朋辈群体对青少年的偏差行为也有显著的正向作用（Church, Wharton & Taylor, 2008; Paternoster et al., 1994），偏差朋辈需要用偏差行为的方式缓解遭遇到的压力（Moon & Morash, 2013; Moon et al., 2009）。

二是负面情绪在压力与越轨行为之间的中介作用（Baek et al., 2018; Chio et al., 2019; Yildiz et al., 2017），因为情绪愤怒和/或抑郁的个体更有可能进行攻击性的、自我毁灭的或其他异常行为来缓解负面情绪（Moon et al., 2012），但不同负面情绪所扮演的中介角色不尽相同（Broidy, 2001; Piquero et al., 2000），阿格纽（1992）曾指出，愤怒是最激进的情绪，所以愤怒更容易导致外在的直接攻击性行为，如暴力和财产犯罪，近来研究也表明愤怒是盗窃包括使用暴力、入室盗窃和故意破坏行为的一个重要预测因素（Baron, 2019）；而抑郁可能更多地导致内在的、自我毁灭式的行为，如自杀、非法吸毒（Lope, Kopak & Pasko, 2018; Strohacker, Wright & Watts, 2019）。Barrera 等人（2016）的一项研究也证实，消极的生活事件（如暴力经历、歧视、性骚扰、受害）会鼓励不适应环境的行为，这种联系在某种程度上是通过抑郁来调节或减弱的。同时也有研究指出愤怒和抑郁对犯罪没有直接影响，在青少年常见的主客观压力与犯罪之间也没有起到任何中介作用（Moon & Morash，2017），言语欺凌的受害者会通过恐惧而不是抑郁的中介作用间接影响大麻和酒精的使用（Steele，2016）。这些不同的研究发现启发我们要对不同压力和偏差行为之间的关系及其潜在机制做进一步的研究。

（二）调节效应

GST认为社会控制等因素在压力与偏差行为之间，具有调节作用（Agnew，2006），条件因素包括但不限于解决问题的社会技能、社会控制变量和/或社会学习变量，如与其他罪犯的联系，条件影响可能放大或缓冲压力的影响（Agnew，2013）。阿格纽强调了一些重要的生活领域（如家庭和学校）中的事件和情况是如何影响应激性犯罪（Agnew，2006）。本研究重点探讨社会控制变量如亲子依附和学校联结在留守儿童压力与偏差行为之间的调节作用。特拉维斯·赫希认为每个人都有潜在犯罪的可能，个人与社会的联结可以减少个人进行违反社会规范的越轨和犯罪，当这种联结或者约束薄弱时，个人就会随意地进行犯罪活动，而大多数人之所以不会犯罪，是因为受到了社会联结因子的约束和控制作用，所以，从社会控制理论出发，如果青少年与传统的家庭、父母、同伴、学校以及其他社会机构或活动等能建立相应的社会联结，则可以减少或避免越轨和犯罪（Hirschi，1969）。阿格纽将上述观点纳入一般压力理论当中，也即有了压力并不意味着就一定会产生越轨行为，关键看压力应对方式是否合理有效，如果不能有效应对压力则会导致越轨行为发生。

有关社会控制因素的调节作用，研究结果也并不完全支持GST。有研究指出，综合条件因素（与父母的负向关系、父母的低控制、与青少年犯罪同伴的关系）对应激—青少年犯罪和消极情绪—青少年犯罪关系有显著的调节作用（Moon et al.，2017）。条件因素，如父母的关心和监督、社会支持和参与体育活动，可以缓和负面生活事件和抑郁对适应不良行为的影响（Nivette，Eisner & Ribeaud，2017）。然而，与理论相反，一些条件因素强化了压力对逃课的影响（Barrera，Gaga-A & Pabayos，2016），或者只有父母的监控被发现是压力—青少年犯罪联系的调节者（Kuptsevych-Timmer et al.，2018）。阿格纽（2013）指出，有关条件作用的混合结果可能是由于不同类型的压力与不同的条件作用因子有不同的关联。

三 相关实证研究及对中国情景的适用性

自阿格纽提出一般压力理论后,相关实证研究逐年增多,且大多支持该理论的核心论点,多数研究认为压力对偏差行为有直接的作用(Agnew & White, 1992; Byongook, Hye - Won & John, 2011; Byongook & Merry, 2017; Byongook, David & John, 2008; Byongook, Merry & John, 2012; Hanne, Lieven & Johan, 2012; Justin & Sameer, 2011; Mazerolle & Maahs, 2000; Moon & Morash, 2012; Muhammed & Ozgür, 2017; Raymond & Paul, 1994; Wan - Ning & Ain Haas, 2004)。

近年来,应用一般压力理论分析中国青少年群体(包括流动儿童群体)所面临的压力与偏差行为之间关联性的文献逐渐增多(Bao, Haas & Pi, 2004, 2007; Bao, Haas, Chen & Pi, 2014; Cui & To, 2020; Gao, Wong & Dennis, 2015; Gao, Wong, Dennis & Yu, 2016; Lin & Yi, 2013; Lo, Cheng, Bohm & Zhong, 2018; Zhang, Liu, Wang & Zou, 2017)。如有研究认为,家庭经济贫困、学业失败、被同学歧视、与家庭成员发生冲突等压力事件与该群体的攻击行为高度相关,高水平的负面生活压力事件总分直接增加偏差行为发生的可能性(Zhang et al., 2017)。另一项研究指出,受害经历(如受欺凌经历)、教育压力对流动儿童和本地城市儿童的一般违纪行为均具有显著正向预测作用,且流动状态在一定程度上能够降低流动儿童违纪行为的发生率(Lo et al., 2018)。还有研究认为,父母虐待如谩骂、威胁等言语虐待和体罚等身体虐待能够显著正向预测中学生的暴力攻击行为(Gao et al., 2016)。对于亚洲(如中国)的青少年来说,对家庭的依恋和对学校依恋的减少以及与越轨同伴的交往,增加了越轨/违法行为发生的风险(Bao et al., 2014; Lu, Yu, Ren & Marshall, 2012; Moon & Morash, 2013)。其他证据表明,抑郁与中国青少年在校违法/偏差行为显著关联(Bao et al., 2004; Lin et al., 2013)。但亦有研究指出,抑郁对偏差行为并没有显著影响(Cui et al., 2020),可能的原因是该研究采用的负面情绪为特质(trait - based)负面情绪而非情境(situational - based)负面情绪(Mazerolle et al., 2003),有研究指出,基于情境的消极情绪比基于特质的消极情绪与偏差行为的关联性更强(Moon et al., 2012)。有几项研究集中在社会联系的调节作用上，很少有研究调查它们与应变犯罪过程的相互作用，只有一项研究——对社会联系采取了有限的措施——试图调查这两种可能性，研究指出家庭、学校、同伴三个主要领域的社会支持对青少年犯罪与人际问题之间的关系具有跨领域和领域内的缓冲作用（Bao et al.，2007）。除此之外，以往针对中国青年群体的研究更倾向于采用社会控制变量作为中介而非调节因素来检验 GST 的以下命题：压力直接增加了与犯罪同伴的关系，降低了社会控制水平，后者导致了犯罪行为的大幅增加（Bao et al.，2014；Cui et al.，2020；Gao et al.，2015；Gao et al.，2016；Lin et al.，2013；Wang Zhang，Wang & Liu，2019），如对学校的依恋是压力—欺负关系的中介，压力程度高的孩子分数低，在同龄人中不受欢迎，他们对学校的依恋程度更低，进而更有可能发生欺负行为（Cui et al.，2020）。此外，对青少年的虐待大大增加了犯罪的水平，它还直接降低了社会控制水平，增加了对犯罪同伴的接触，这反过来又增加了犯罪的风险（Gao et al.，2016），同样，学校和家庭的压力也与异常行为有关，这些压力通过降低学校的参与度和增加不良的同伴关系而增加了学生的异常行为。

第二节　中介模型建立与研究发现

一　研究假设及研究思路

上述研究结论表明，一般压力理论可以用来解释中国青少年群体包括流动儿童的犯罪与偏差行为，然而，关于中国留守儿童的生活境遇及其所面临的主要压力事件如何影响其偏差行为，这一点鲜为人知。因此，本研究旨在探讨一般压力理论与中国留守儿童偏差行为的适用性，为现有研究提供两大贡献：首先，本研究全面考察各种留守儿童常见压力（包括来自家庭、学校、朋辈相关的压力）以及抑郁情绪在与学校相关的偏差行为（包括迟到旷课、说脏话打架斗殴等）之间的关联性；第二，本研究是少数将一般压力理论应用于中国留守儿童的研究（Chen，2017），并进行留守与非留守组的系统对比，中国经济社会正处于大转型时期，留守儿童的日常压力与其他群体可能存在差异，一般压力理论是否适用于留守儿童偏差行为的研究还有待考证。因此，借鉴上述观点和本研究实际，我们提出以下假设：

假设1：压力事件（受欺凌经历、父母责骂、学业压力、家庭经济贫困、偏差朋辈）对留守儿童偏差行为具有显著的正向预测作用；

假设2：负面情绪（抑郁）在压力和留守儿童偏差行为之间起到中介作用，压力通过负面情绪增加留守儿童偏差行为。

假设3：压力对留守儿童偏差行为的直接作用和抑郁的中介作用与非留守儿童相比存在差异。

本章的研究思路如图7-1：

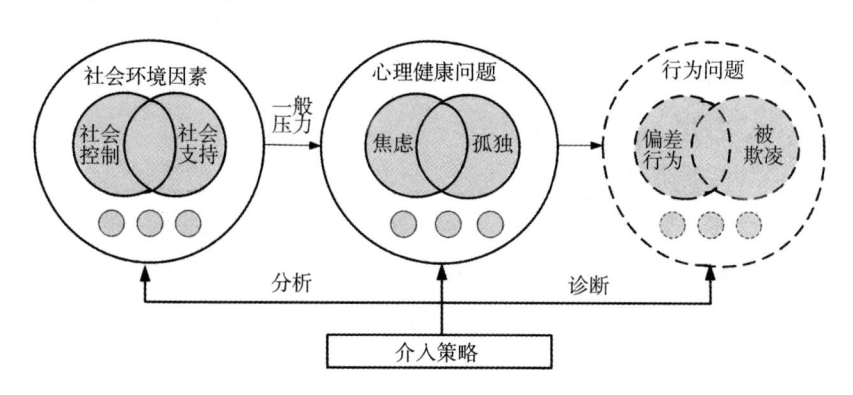

图7-1 研究思路图

二 数据来源及变量测量

（一）数据来源

湖北省位于中国中部地区，2015年中国留守儿童的区域分布显示，中部所占比例最多（35.53%），且近年来湖北省的留守儿童在全国所占比重也并未减少（段成荣等，2017），以往类似研究多选取中国沿海发达城市如广州、深圳作为抽样框（Gao et al., 2016; Lo et al., 2018），缺乏中国中部城市样本的代表性，本研究在这方面进行补充。本研究于2015年10月在湖北省三个市（武汉市、天门市、潜江市）的两个区和两个镇分别选取5所小学和4所中学，并在取得知情同意后进行匿名问卷调查，部分问卷因为调查员进入现场的限制，委托所在班级的班主任完成调查并邮寄给我们，在所到学校小学5—6年级及中学7—8年级中，以方便抽样的方式选择班级进行调查。以往研究显示父母双方都在外打工的情形对留守儿童影响最大（Jia, Shi, Cao, Delancey & Tian, 2010; Sun et al., 2015），所以本研究涉及的留守儿童指父母双方均外出务工，否则为非留守儿童。本次调查共发放问卷1100份，回收有效问卷1039份，有效回收率为94.5%，其中留守儿童383人（男188、女195），非留守儿童656人（男347、女309）。

（二）变量测量

因变量。"湖北省农村儿童发展调查问卷"是在参照前人相关研究的基础上整合而成的自编问卷[①]。测量多采用学生自陈式报告的形式，这种方式虽然有一定局限性，但已有研究证实这种方法有一定可靠的信度和效度（Coleman & Moynihan, 1996）。偏差行为由三个条目来测量：迟到旷课、说粗话打架、长时间玩手机电脑（1 = 从不，2 = 很少，3 = 有时，4 = 经常），需要指出的是长时间玩手机及电脑已经被相关研究证实对儿童的偏差行为有影响（Chi, Hong & Chen, 2020; Zhen, Li, Liu & Zhou, 2020）。因为偏差行为的分布呈现偏态，所以被虚拟赋值而采用二元 logistic 模型（King, 1988; Long, 1997），因为平行线检验也被打破了（Long & Freese, 2006）。"1"表示经常及有时进行其中一项的偏差行为，本研究的因变量为这三项常见偏差行为项的加总。

自变量。自变量被分成三组：压力变量、情绪变量和控制变量。压力变量包括受欺凌经历（Cui et al., 2020; Lin et al., 2014; Moon, Blurton & Mccluskey, 2008; Moon et al., 2012; Walters et al., 2017）、父母/监护人责骂（Bao et al., 2004; Bao et al., 2012; Lo et al., 2018; Moon et al., 2008; Moon et al., 2012）、学业压力（Lo et al., 2018; Moon et al., 2008; Moon et al., 2011）、家庭经济贫困（Moon et al., 2008 Lo et al., 2018; 陈曦等, 2012）、偏差朋辈（Agnew et al., 1992; Lee et al., 2019）。抑郁是是由消极生活事件引起的一种常见的消极情绪，对个体的心理和生理健康有着不利影响（Bouma, Ormel, Verhulst & Oldehinkel, 2008）。尽管一般压力理论在其分析框架中提出了几种负面情绪（如愤怒、沮丧和抑郁），但本研究仅使用抑郁作为压力—偏差行为的中介，在亚洲国家的研究也表

[①] 偏差行为的测量改编自国际偏差行为自陈量表（International Self-report Delinquency Study），负面情绪的测量参照全国中学生心理健康量表。

明，亚洲人表达的抑郁比愤怒多，可能是因为集体主义文化的影响（Agnew，2015），与愤怒相对，抑郁变量由六个条目组成，其内部信度系数 Alpha = 0.70，说明测量指标的内部一致性较高，KMO 为 0.79（大于 0.6），以及数据通过 Bartlett 球形度检验（P < 0.05），说明研究数据适合进行因子分析，各项目的因素负荷范围在 0.56—0.73 之间，提取出的公因子解释总方差为 40.42%。我们也考察了 VIFs，其容忍度能接受（Neter, Kutner, Nachtsheim & Wasserman, 1986）。

控制变量。控制变量主要是性别与年龄，这被很多研究证明在影响儿童偏差行为方面有作用（Moon et al., 2017；Piquero et al., 2000；Strohacker et al., 2019），"1"代表男性、中学、留守儿童（vs. 女性 & 小学 & 非留守儿童），非留守儿童在总模型中，也被视为控制变量。变量的测量及赋值情况详见表 7 – 1。

三 数据分析

1. 模型选择。首先，对整个样本以及留守儿童和非留守儿童子样本包含的所有变量进行描述统计，并采用独立样本 t 检验分析两组儿童在上述不同变量之间的差异，然后对整个样本的所有变量进行相关分析。总体模型和分组模型之后采用二元 Logistic 回归和最小二乘法（OLS）线性回归检验压力对偏差行为的直接效应以及负面情绪的中介效应。建立中介模型必须满足以下条件：（1）压力与负面情绪直接相关；（2）压力与偏差行为直接相关；（3）负面情绪与偏差行为相关，当控制负面情绪时，压力系数应变小或变得不显著（Baron & Kenny, 1986）。

2. 分析结果。表 7 – 2 是描述性统计数据。在整个样本中，我们得到相对较低的偏差行为均值（.31），表明这些中国农村儿童偏差行为总体水平较低。与预期相反，留守儿童的偏差行为均值（.30 VS .31）和受欺凌经历均值（1.67 VS 1.74）略低于非留守儿童，但差异没有达到统计学意义。与预期相符的是，留守儿童在父母/监护人责骂、学业压力、偏差朋辈以及抑郁水平上均处于劣势，其中两组儿童学业压力的均值（2.70 VS. 2.60）差异具有统计学意义（t = 2.05，p < 0.05），可能是因为留守儿童承受着更多压力，而需要在学业上表现突出（Wen et al., 2012）。

二元相关矩阵如表 7 – 3 所示。正如预期的那样，所有主要变量在预期方向上都是相关的。受欺凌经历、父母/监护人责骂、学业压力、家庭经济贫困以及偏差朋辈与抑郁成正相关，它们同时和偏差行为成正相关，抑郁与偏差行为也成正相关。在人口统计学变量中，男性和高年级与偏差行为显著正相关。最高的相关系数是.27（在学业压力和抑郁之间），这可以被接受。

表7-4显示了总样本的中介模型结果。模型1报告了压力与抑郁之间的直接关系。在模型1中，5个压力变量均与抑郁显著正相关，样本儿童遭遇的受欺凌经历表明，父母/监护人责骂越多、学业压力越大、家庭经济越贫困以及与偏差朋辈的互动越多，越容易产生抑郁情绪。背景特征中，女孩比男孩更容易患有抑郁情绪，高年级学生比低年级学生抑郁水平高。所有解释变量共解释了抑郁19%的变异量。

在模型2中，受欺凌经历、父母/监护人责骂以及偏差朋辈，均对偏差行为产生显著正向影响，受欺凌经历、父母/监护人责骂以及偏差朋辈每增加一个单位，样本儿童的偏差行为发生几率将分别提高32%、37%和82%。学业压力与家庭经济贫困变量对偏差行为不存在显著影响。人口学变量显示，高年级男生比低年级女生更容易发生偏差行为，其中男生发生偏差行为的可能是女生的2.18倍，高年级学生发生偏差行为的可能是低年级学生的1.94倍。该模型共解释了因变量14%的变化量。

模型3是完整的模型，当纳入抑郁中介变量时，在模型3中，三个显著的压力变量的回归系数均变小或显著性减弱，抑郁与偏差行为也显著正相关，这与我们的预期一致，即抑郁在压力与偏差行为之间起到部分中介作用。将两个中介变量加入模型，解释能力提高2%，R^2从.14提高到.16。

为进一步明晰留守儿童与非留守儿童的中介效应是否存在差异，我们将两组儿童进行对比分析，表7-5和表7-6分别显示了两组儿童中介模型的分析结果。

从模型1来看，受欺凌经历、父母/监护人责骂、学业压力和偏差朋辈仍对留守儿童和非留守儿童的抑郁产生显著正向影响，但家庭经济贫困对两组儿童抑郁的影响作用存在差异，家庭经济贫困与留守儿童抑郁无显著关联。背景特征显示，当对总体样本进行拆分时，两个子样本的抑郁水平无性别差异。

模型2数据结果显示,仅有偏差朋辈这一压力变量对留守儿童偏差行为产生显著影响,偏差朋辈每增加一个单位,留守儿童的偏差行为发生几率提高129%,而其余压力变量对留守儿童偏差行为的预测作用均不显著。研究结果仅部分支持假设1。对于非留守儿童,不仅偏差朋辈,受欺凌经历和父母责骂也与其偏差行为有显著关联,这些压力变量每增加一个单位,非留守儿童的偏差行为发生几率分别提高40%、39%和57%。从两组数据的对比结果来看,受欺凌经历和父母/监护人责骂这两个压力变量与非留守儿童偏差行为的关联性更强。

模型3数据报告了一些有趣的结果,当在回归模型中加入抑郁变量时,抑郁与留守儿童偏差行为显著相关,压力变量的回归系数也变小,表明抑郁在压力与留守儿童偏差行为之间起到微弱中介作用,结果支持假设2。R^2从.15提高到.18,说明留守儿童模型抑郁的中介作用显著。对于非留守儿童,当在回归模型中加入抑郁变量时,压力变量的回归系数和显著性均变小,但抑郁与非留守儿童偏差行为并无显著关联,说明压力对非留守儿童偏差行为只有显著的直接影响,没有间接影响。通过对比分析,压力对留守儿童偏差行为的直接作用和间接作用与非留守儿童相比存在差异,结果支持假设3。

三 结果与讨论

正确把握留守儿童偏差行为的具体潜在机制对于有效预防留守儿童的偏差行为具有重要的现实意义。以往很少有学者用一般压力理论来解释中国城乡变迁背景下留守儿童的偏差行为问题,一般压力理论提供了负面情绪在连接压力与偏差行为中作用的综合检验,通过此项研究发现压力直接与偏差行为相关,抑郁起着中介作用。这说明一般压力理论对中国留守儿童偏差行为问题研究具有适用性,这与近期在非西方国家进行的青少年偏差行为或犯罪研究结果一致(Choi et al., 2019; Gao et al., 2016; Lin et al., 2013)。此外,在与非留守儿童数据的对比中,我们发现各项压力与抑郁情绪作用于两者偏差行为时表现出一定的相似性和差异性。

留守儿童与非留守儿童的偏差行为水平无显著差异,相比非留守儿童，留守儿童并没有更多地卷入偏差行动当中。该结论与以往研究相呼应（Hu et al., 2014; Liu et al., 2015）。偏差行为与留守儿童并没有必然关联，这反映了留守问题本身的辩证性：由于缺乏父母的照顾和监督，留守儿童经历了更多的压力事件，同时父母外出务工改善了留守家庭的经济条件，一定程度上弥补了留守儿童所面临的负性压力带来的影响（留守儿童在父母/监护人责骂、学业压力、偏差朋辈以及抑郁水平上均处于劣势，但家庭经济水平要高于其他同龄人），对于这一结果的另一种可能的解释是，留守儿童更能适应压力环境，同时采取非正规行为来应对压力的可能性较小，未来可研究留守儿童的适应力或抗逆力，以及这样的能力如何有助于减轻压力对偏差行为的影响。

总模型证明了压力对儿童的偏差行为具有正向预测作用，儿童遭遇的受欺凌经历和父母/监护人责骂越多以及与偏差同伴走得越近，越容易产生偏差行为。研究结果与以往相关研究一致，受欺凌的受害者也会产生欺凌行为（Lee et al., 2019; Moon et al., 2012），父母对其子女的言语谩骂或责备能够正向预测其子女的攻击行为（Gao et al., 2016; Moon et al., 2012; Zhang et al., 2017），在偏差朋辈、欺凌与偏差行为之间有着显著的关联性（Bao et al., 2014; Moon et al., 2013）。令人惊讶的是，在中国文化过分强调教育成就的情况下，教育相关的压力对偏差行为没有显著影响，该结果与以往一项研究结论一致（Lin et al., 2013），但与大部分研究结果不一致（Moon et al., 2011; Song, 2020），以往研究指出，与西方国家的教育环境相比，亚洲教育文化更强调通过知识改变命运（如高考），父母通常给予子女过高的学业期望，这个高期待在子女身上产生压力而引发偏差行为，对于这一结果有两种可能的解释，一方面，我们对学业压力的测量可能不准确，不是直接测量儿童的来自于学习本身的压力，而是对儿童由于学习成绩不好产生的压力反应的测量；另一种可能，阿格纽（2006）曾指出，一些压力或目标障碍与偏差行为的相关性较弱，或导致偏差的可能性最小。本研究也未证实家庭经济贫困对儿童偏差行为的直接作用。前人的相关研究发现，家庭经济压力和贫穷的青少年更可能从事与财产相关的犯罪，以获得经济利益，而非从事暴力或一般的偏差行为（Gao et al., 2015; Moon et al., 2009），本研究未发现家庭经济贫困与偏差行为的显著关系可能与所测量偏差行为的属性有关，其既不属于严重的暴力也不属于财物犯罪行为。

研究证实抑郁在压力事件和偏差行为之间的中介作用，与一般压力理论的预测一致。结果显示，有过受欺凌经历、遭遇父母/监护人责骂以及与偏差朋辈交往的孩子更有可能产生抑郁情绪，进而产生偏差行为。这为一般压力理论的命题提供了经验证据（Bao et al., 2004; Lin et al., 2013; Wright et al., 2019; Yildiz et al., 2017）。

当我们对样本进行拆分之后发现，压力与子样本偏差行为的直接作用和间接作用存在差异。受欺凌经历和父母/监护人责骂与非留守儿童偏差行为显著关联，但并未对留守儿童偏差行为产生显著影响。可能的解释是，对于同样遭受欺凌的留守儿童，由于父母的长期不在场，他们更可能形成非攻击性、胆小的个性，因此不太能够通过做出反击行为来应对欺凌，研究数据显示的留守儿童受欺凌经历与偏差行为水平均低于非留守儿童（虽然没有达到显著差异）证实了这一点。同样因为父母缺席产生的疏离感，留守儿童可能更服从于家长权威，父母或监护人的"教育"对其偏差行为可能更具约束性。Moon等人（2008）的一项基于韩国的研究表明，父母惩罚与一般偏差行为呈负向关系，父母长期的责骂或惩罚可能是对青少年行为不端的一贯惩罚，因此会对越轨行为产生负面影响。更多基于不同文化背景的教育方式与偏差行为关系的相关研究需要推进。

值得注意的是，偏差朋辈对留守儿童和非留守儿童的偏差行为均有显著影响，但对留守儿童的影响更大。这一发现表明，在与偏差朋辈有交往的留守儿童和非留守儿童之间，留守儿童更有可能参与偏差行为。对于留守儿童，他们经常会经历与父母的长期分离，并可能会求助于同龄人来满足他们对情感联结的需求（Wen et al., 2012），同伴关系可能存在"双重调节"，一方面有助于增强或补偿父母关系在缓解适应不良功能方面的影响；另一方面，暴露于偏差朋辈增强偏差行为的学习而增加偏差行为的几率（Moon et al., 2009; Moon et al., 2013）。

抑郁在偏差朋辈与留守儿童偏差行为之间存在微弱的中介作用，与偏差朋辈的频繁接触会增加留守儿童的抑郁情绪，反过来导致偏差行为的发生。然而，抑郁在压力与非留守儿童偏差行为之间并无中介作用。相比非留守儿童，抑郁与留守儿童的关联性更高，本研究发现留守儿童有更高的抑郁水平（虽然差异不显著），这与一些研究结论相一致（Liu et al., 2015; Sun et al., 2015）。由于亲子长期分离，留守儿童得到的情感支持与工具性支持较少，面对压力时容易产生抑郁情绪（范兴华等, 2018）; 另一项研究也指出，沉迷网络与抑郁在留守儿童群体中有着显著关联性（Guo et al., 2012）。对于抑郁的微弱中介作用，一种可能的解释是，本研究测量的是基于特质（性格）的负面情绪，而不是基于情境的负面情绪。以往研究已经表明，基于情境和基于特质的负面情绪状态对压力异常关联的影响是不同的（Mazerolle et al., 2003），基于情境的负面情绪比基于特质的负面情绪对偏差行为的影响更强（Moon et al., 2009; Moon et al., 2012）。另外，抑郁只是调节压力和偏差行为之间联系的负面情绪状态中的一种（Agnew, 1992），其他的压力中介可能是愤怒、沮丧、恐惧等，未来的研究需要测量和检验更多基于情境的负面情绪类型对压力—偏差行为关联所产生的中介作用。

表7-1　　　　　　　　　变量测量一览表

变量	变量名称	问题设置	赋值情况
因变量	偏差行为	在过去12个月里，你是否有过偏差行为（迟到、旷课；说粗话、打架；长时间玩手机、电脑）？	1=从不, 2=很少, 3=有时, 4=经常
自变量	受欺凌经历	在过去12个月里，你是否有过受欺凌的经历？	1=从不, 2=很少, 3=有时, 4=经常
	父母/监护人责骂	在过去12个月里，父母或监护人会在他人面前责骂你吗？	1=从不会, 2=偶尔会, 3=经常会
	学习压力	在过去12个月里，我会为自己跟不上学习而苦恼和焦虑	1=不赞同, 2=不太赞同, 3=比较赞同, 4=非常赞同
	家庭经济贫困	和我的同学相比，我们家的经济水平属于？	1=上等, 2=中等偏上, 3=中等, 4=中等偏下, 5=比较差

续表

变量	变量名称	问题设置	赋值情况
	偏差朋辈	在过去12个月里，我的朋友经常有迟到、旷课；说粗话、打架；长时间玩手机、电脑的行为	1=不赞同，2=不太赞同，3=比较赞同，4=非常赞同
中介变量	抑郁	我对现在的学校感到不适应 我感到前途没有希望 有事情总是闷心里不愿意说出来 有想伤害人的冲动 感觉大多数人不可信任 我害怕别人会不喜欢我	1=从不，2=很少，3=有时，4=经常
控制变量	性别	你的性别是？	0=女，1=男
	年级	你正在读几年级？	0=小学，1=中学
分组	留守状态	现在主要是谁在照顾你的生活？	1=爸爸和妈妈，2=爸爸，3=妈妈，4=爷爷奶奶或外公外婆，5=哥哥姐姐，6=亲戚，7=其他

表7-2　　　　　　　　样本描述性统计分析

变量	总体 (n=1039)				留守儿童 (n=383)				非留守儿童 (n=656)				t-value for mean diff.
	Mean	SD	Range	α	Mean	SD	Range	α	Mean	SD	Range	α	
因变量													
偏差行为	.31	.46	0—1	—	.30	.46	0—1	—	.31	.46	0—1	—	-.23
自变量													
受欺凌经历	1.71	.71	1—4	—	1.67	.70	1—4	—	1.74	.72	1—4	—	-1.51

续表

变量	总体 (n=1039) Mean	SD	Range	α	留守儿童 (n=383) Mean	SD	Range	α	非留守儿童 (n=656) Mean	SD	Range	α	t-value for mean diff.
父母/监护人责骂	1.62	.61	1—3	—	1.65	.62	1—3	—	1.60	.61	1—3	—	1.03
学业压力	2.64	.78	1—4	—	2.70	.77	1—4	—	2.60	.78	1—4	—	2.05*
家庭经济贫困	3.00	.79	1—5	—	2.98	.86	1—5	—	3.01	.75	1—5	—	-.71
偏差朋辈	.31	.46	0—1	—	.34	.47	0—1	—	.29	.45	0—1	—	1.75
中介变量													
抑郁	0	1	-1.50—3.48	.70	.04	1.00	-1.50—3.48	.72	-.02	.99	-1.50—3.48	.68	.91
控制变量													
男性 vs 女性	.52	.50	0—1	—	.49	.50	0—1	—	.53	.50	0—1	—	-1.10
中学 vs 小学	.46	.50	0—1	—	.46	.50	0—1	—	.46	.50	0—1	—	-.21
分组													
留守 vs 非留守	.37	.48	0—1	—	—	—	—	—	—	—	—	—	—

*p<0.05; **p<0.01; ***p<0.001; = Cronbach's alpha.

表 3　　　　　　　　　　　相关系数矩阵

变量	1	2	3	4	5	6	7	8	9	10
1. 偏差行为	1									
2. 受欺凌经历	.10**	1								
3. 父母/监护人责骂	.13**	.11**	1							
4. 学业压力	.09**	-.02	.13**	1						
5. 家庭经济贫困	.04*	.15**	.14**	.05	1					
6. 偏差朋辈	.21**	.13**	.16**	.16**	.03	1				
7. 抑郁	.19**	.23**	.24**	.27	.18**	.23**	1			
8. 性别	.19**	.06	-.01	-.08*	0.03	.19**	-.03	1		
9. 年级	.16**	-.04	.08*	.10*	.13**	.05	.16**	.00	1	
10. 留守状态	-.01	-.05	.03	.06*	-.02	.06	.03	-.03	-.01	1

* $p<0.05$；** $p<0.01$；*** $p<0.001$

表 7-4　　　　　　　　　　压力对抑郁的逻辑回归

变量	模型 1 (抑郁) B	SE	模型 2 (偏差行为) B	OR	SE	模型 3 (偏差行为) B	OR	SE
压力事件								
受欺凌经历	.24***	.04	.28**	1.32	.11	.22*	1.25	.11
父母/监护人责骂	.24***	.05	.31*	1.37	.12	.25*	1.28	.12
学业压力	.24***	.04	.19	1.20	.10	.12	1.13	.10
家庭经济贫困	.13***	.04	-.03	.97	.10	-.07	.93	.10

续表

变量	模型 1 (抑郁)		模型 2 (偏差行为)			模型 3 (偏差行为)		
	B	SE	B	OR	SE	B	OR	SE
偏差朋辈	.33***	.07	.60***	1.82	.16	.52**	1.68	.16
中介变量								
抑郁	—	—	—	—	—	.28**	1.32	.08
控制变量								
男性	-.12*	.06	.78***	2.18	.15	.82***	2.27	.15
中学	.24***	.06	.67***	1.96	.15	.61***	1.85	.15
分组								
留守	.03	.06	-.02	.98	.15	-.03	.97	.15
R^2	.19		.14			.16		

* $p<0.05$；** $p<0.01$；*** $p<0.001$

表 7-5　　　　　　　　　留守组的中介效应模型

变量	模型 1 (抑郁)		模型 2 (偏差行为)			模型 3 (偏差行为)		
	B	SE	B	OR	SE	B	OR	SE
压力事件								
受欺凌经历	.22**	.08	.17	1.18	.18	.09	1.09	.19
父母/监护人责骂	.21*	.08	.29	1.33	.20	.20	1.23	.20
学业压力	.17*	.06	.10	1.11	.16	.04	1.04	.17
家庭经济贫困	.01	.06	.01	1.01	.14	.01	1.01	.15
偏差朋辈	.33**	.11	.83**	2.29	.25	.73**	2.07	.26
中介变量								
抑郁	—	—	—	—	—	.38**	1.46	.13
控制变量								
男性	-.19	.11	.53*	1.69	.25	.61*	1.84	.26
中学	.40***	.10	.91***	2.49	.25	.78***	2.18	.26
R^2	.15		.15			.18		

* $p<0.05$；** $p<0.01$；*** $p<0.001$

表7-6　　　　　　　　非留守组的中介效应模型

变量	模型1 (抑郁) B	SE	模型2 (偏差行为) B	OR	SE	模型3 (偏差行为) B	OR	SE
压力事件								
受欺凌经历	.26***	.05	.34*	1.40	.13	.30*	1.34	.13
父母/监护人责骂	.25***	.06	.33*	1.39	.16	.28	1.32	.16
学业压力	.28***	.05	.23	1.26	.12	.17	1.19	.12
家庭经济贫困	.23***	.05	-.06	.94	.13	-.12	.89	.13
偏差朋辈	.32***	.08	.45*	1.57	.20	.39	1.48	.21
中介变量								
抑郁	—	—	—	—	—	.21	1.23	.11
控制变量								
男性	-.08	.07	.93***	2.54	.19	.95***	2.60	.20
中学	.16*	.07	.51**	1.67	.19	.49**	1.63	.19
R^2	.23		.14			.15		

* $p<0.05$；** $p<0.01$；*** $p<0.001$

第三节　调节模型建立与研究发现

一　研究假设

尽管对 GST 进行测试的研究很多，但我们需要更多的研究来探索中国留守儿童的压力和变量之间的关系，特别是社会控制理论，在压力和偏差行为之间的条件作用。本节研究试图通过检查其他研究中显示的一些因素来扩大这项研究的范围，比如受欺凌经历、父母/监护人责骂、学业压力、家庭经济贫困、偏差朋辈、抑郁、亲子依附以及学校联结。以往研究指出，留守儿童负性生活事件的发生频率明显高于非留守儿童，留守儿童与非留守儿童在人际关系、学习压力、受惩罚的得分差异有统计学意义（Wang & Guo, 2010），留守儿童因为经历负面事件因而有更多的负面情绪症状（Guang et al., 2017），留守儿童比非留守儿童更容易遭遇校园欺凌（Yan, Chen & Huang, 2019）。另外留守儿童在学校生活中也面临更多不利因素（Liu et al., 2015）。然而偏差朋辈对留守儿童的影响还很少被研究。以往研究注重在 GST 和社会学习理论的视角下检验偏差朋辈的中介与调节作用（Agnew et al., 1992; Bao et al., 2014; Mazerolle et al., 2000），但是这些因素对留守儿童是否有影响还不太清楚（Wen et al., 2012）。事实上，现在还没有直接的研究显示偏差朋辈对儿童偏差行为的影响（Chen, 2017）。在阿格纽（1992）看来，暴露于偏差朋辈会增加偏差与犯罪的可能性。所以本研究将偏差朋辈作为留守儿童压力变量之一，考察其与偏差行为的直接关系。另外，也将分组比较各种压力变量和偏差行为的关系。主要的假设如下。

假设 1：压力事件（受欺凌经历、父母责骂、学业压力、家庭经济贫困、偏差朋辈）对留守儿童偏差行为具有显著的正向预测作用；

假设 2：社会控制变量（亲子依附和学校联结）在压力和留守儿童偏差行为之间起到显著调节作用，社会控制变量能够显著减缓压力对偏差行为的影响；

假设 3：社会控制变量在留守儿童压力和偏差行为之间的调节作用与非留守儿童相比存在差异。

二 研究变量及模型建立

（一）研究变量

因变量及控制变量。其操作化与上节相同。

自变量。压力变量与上节相同，新增社会控制因素的调节变量。阿格纽非常关注家庭和学校的控制因素对压力和偏差行为的调节影响（Agnew, 2006）。本研究重点关注亲子依附和学校联结对留守儿童压力与偏差行为关系的影响。有 6 个项目衡量父母依恋（Bao et al., 2007; Barrera et al., 2016）（Cronbach alpha = .65），有 7 个项目测量学校依恋（Bao et al., 2007; Lin et al., 2013）（Cronbach alpha = .61）。VIFs 得到检验，在容忍范围（Neter, Kutner, Nachtsheim & Wasserman, 1986）。变量的测量及赋值情况详见表 7-7。

（二）模型建立

首先，对整个样本以及留守儿童和非留守儿童子样本包含的所有变量

第七章　两组儿童偏差行为问题的作用机制……的考察　　153

进行描述统计,并采用独立样本 t 检验分析两组儿童在上述不同变量之间的差异,然后对整个样本的所有变量进行相关分析。之后采用二元 Logistic 回归分别检验总体模型和分组模型中交互项对压力、负面情绪与偏差行为之间的调节作用,两步回归:(1)未纳入交互项时,压力变量、负面情绪与偏差行为的关系;(2)放入交互项后,交互项对压力、负面情绪和偏差行为之间关系的调节作用。

三　数据结果

表7-8是所有变量的描述性统计结果。在整个样本中,我们得到相对较低的偏差行为均值(.31),表明这些中国农村儿童偏差行为总体水平较低。与预期相反,留守儿童的偏差行为均值(.30 v..31)略低于非留守儿童的均值,但留守儿童的抑郁水平略高于非留守儿童(虽然都没达到显著差异),可以看出留守儿童虽然没有表现出更多的偏差行为,但出现了比非留守儿童更多的心理问题。除此之外,留守儿童的受欺凌经历均值(1.67 v. 1.74)和家庭经济贫困(2.98 v. 3.01)水平也略低于非留守儿童。与预期一致,留守儿童在父母/监护人责骂、学业压力、偏差朋辈变量上均处于劣势,其中两组儿童学业压力的均值(2.70 v. 2.60)差异具有统计学意义($t = 2.05$,$p < 0.05$),可能的原因是留守儿童经历过更多的压力事件,因而希望在学业上得到补偿(Wen et al., 2012)。同时留守儿童亲子依附(-.02 v..01)和学校联结(-.02 v..02)均低于非留守儿童(虽然没达到显著差异),表明留守儿童与父母的长期分离导致亲子关系的疏离,同时也影响了留守儿童与学校师生的联结关系。

二元相关矩阵如表7-8所示。正如预期的那样,所有主要变量在预期方向上都是相关的。受欺凌经历、父母/监护人责骂、学业压力、家庭经济贫困、偏差朋辈以及抑郁情绪与偏差行为均成正相关。亲子依附、学校联结与各项压力存在负向联系,与偏差行为也成负相关。在人口统计学变量中,男性、高年级及非留守儿童组与偏差行为显著正相关。最高的相关系数是-.51(抑郁和学校联结),可以被接受。

表7-10给出了总样本调节效应结果。在模型1中,受欺凌经历以及偏差朋辈对偏差行为有显著正向预测作用,儿童遭遇欺凌经历以及与偏差朋辈的互动越频繁,越容易产生偏差行为。具体来说,随着受欺凌经历与

偏差朋辈增加一个单位，儿童的偏差行为发生几率将分别提高33%和59%。父母/监护人责骂、学业压力与家庭经济贫困对儿童偏差行为没有产生显著影响。学校联结能够显著负向预测儿童偏差行为，学校联结每增加一个单位，偏差行为发生几率将降低19%。与预期相反，在回归模型中，亲子依附对偏差行为没有产生显著影响。同样地，抑郁与偏差行为也没有显著关系。人口学变量显示，男生发生偏差行为的概率是女生的2.25倍，高年级学生发生偏差行为的概率是低年级学生的1.52倍。该模型共解释了因变量16%的变化量。

在模型2中，我们检验了GST的条件假设，即社会控制变量对压力与越轨行为之间关系的调节作用（Agnew, 2006），在进行调节效应分析之前，我们对压力变量以及社会控制变量进行中心化处理（减去各自的均值），以避免多重共线性的影响（Jaccard & Wan, 1995）。由于样本量相对较小，我们剔除了模型1中未能达到统计显著性的压力变量（父母/监护人责骂、学习压力和家庭经济贫困）和负面情绪变量（抑郁），以提高模型的显著影响力（Matsueda & Bielby, 1986）。交互项是由受欺凌经历及偏差朋辈与亲子依附以及学校联结变量所创造的。在创建的4个交互项中有2个对结果变量有显著影响，模型显示了一些有趣的结果：亲子依附对偏差行为没有产生显著影响，但却显著调节压力与偏差行为之间的关系，而学校联结在模型中的作用却与此相反，学校联结虽能够负向预测偏差行为，但并不调节压力与偏差行为之间的关系。具体来说，亲子依附能够显著减缓偏差朋辈对儿童偏差行为的影响，亲子依附越强，偏差朋辈对儿童偏差行为的影响越弱；与预期相反，亲子依附会增强受欺凌经历对偏差行为的影响，这一交互项的正系数似乎违反直觉，表明那些亲子依附强的受欺凌儿童更容易发生偏差行为。交互项的调查结果与过去研究发现相似，并不是所有的调节变量都会对压力产生调节效应（Paternoster et al., 1994; Piquero et al., 2000）。对于压力变量的主要影响，加入交互项之后，数据结果与模型1的结果一致：频繁的受欺凌经历和偏差朋辈互动仍与偏差行为的发生率有关，高年级及男生偏差行为发生几率仍比低年级及女生高。模型R^2从.16提高到.18，表明该模型中的亲子依附的调节效应显著。

为进一步明晰交互项在留守儿童与非留守儿童群体中的调节作用是否

存在差异，我们将两组儿童进行对比分析，表7-11和表7-12分别显示了两组儿童调节效应的分析结果。

对比表7-11和表7-12的模型1，未纳入交互项时，压力对偏差行为的影响在两组儿童中存在差异，仅偏差朋辈对留守儿童偏差行为产生显著正向影响，偏差朋辈每增加一个单位，留守儿童偏差行为的发生几率将提高1倍。研究结果部分支持假设1。而对于非留守儿童，仅受欺凌经历正向预测其偏差行为，随着受欺凌经历增加一个单位，非留守儿童偏差行为发生几率提高42%。学校联结仅负向预测留守儿童偏差行为，而与非留守儿童偏差行为无显著关联，学校联结每增加一个单位，留守儿童的偏差行为发生几率将降低32%。控制变量中，高年级留守儿童比低年级留守儿童更容易发生偏差行为，留守男生比留守女生更容易发生偏差行为，非留守男生比非留守女生更容易发生偏差行为。模型2中，当加入交互项之后，亲子依附显著调节偏差朋辈与留守儿童、受欺凌经历与非留守儿童偏差行为的关系，亲子依附越强，偏差朋辈对留守儿童偏差行为的影响越小，受欺凌经历对非留守儿童偏差行为的影响越大。留守儿童模型R^2从.20提高到.22，非留守儿童模型R^2从.16提高到.17，表明亲子依附的调节效应均显著。研究结果部分支持假设2。综上，社会控制变量中的亲子依附在留守儿童不同压力与偏差行为关系中的调节作用与非留守儿童相比存在差异。研究结果支持假设3。

四 讨论

本研究考察了留守儿童的压力、调节因素及偏差行为之间的关系。这一研究支撑了一般压力理论对于亚洲国家的解释力（Choi et al., 2019; Gao et al., 2016; Lin, 2014）。更为重要的是，本次研究检验了一般压力理论很少考察的越轨行为。

本次研究考察了5种被留守儿童经历的压力因素（受欺凌经历、父母/监护人责骂、学业压力、家庭经济贫困和偏差朋辈），还包括抑郁、亲子依附和学校联结水平。除受欺凌经历和家庭经济贫困变量，在其余压力事件上留守儿童均处于劣势，揭示了父母流动对留守儿童生活的显著影响。令人惊讶的是，两组之间的偏差行为水平似乎显示了NLBC比LBC做了更多的偏差行为，这与很多研究结果不一致（Chen, 2017; Duan et al., 2005; Fan et al., 2010)。以往类似研究指出，与父母或老师关系消极的青少年，当他们有更多的不良朋友时，更有可能转向不良行为（Guang et al., 2017）。同时，这也对大众媒体关于留守儿童的报道提出了挑战。从研究结果来看，留守儿童也并没有表现出更高的压力水平，然而虽然没有表现出更多的行为问题，但却出现了更多的心理问题（留守儿童抑郁水平更高），在面对压力时，留守儿童可能会借助其他方式或者其他的偏差行为来缓解压力，未来可对留守儿童压力应对机制做进一步的研究。

总体模型显示压力对偏差行为具有正向预测作用，儿童遭遇的受欺凌经历越多以及与偏差同伴走得越近，越容易产生偏差行为，以往类似研究也证实，受欺凌与欺凌行为是相互关联的（Moon et al., 2012; Lee et al., 2019），偏差朋辈很显然与欺凌及其他偏差行为有关联（Bao et al., 2014; Moon et al., 2013）。但在分组模型中，偏差朋辈仅对留守儿童偏差行为产生显著正向影响，而受欺凌经历与其无显著关联。可能的解释是，一部分留守儿童可能会求助于同龄人来满足他们对情感联结的需求（Wen et al., 2012），而当暴露于偏差朋辈时，这部分留守儿童发生偏差行为的风险也会提高（Moon et al., 2009; Moon et al., 2013）。另外，本研究证实了受欺凌与非留守儿童偏差行为的关联性。留守儿童偏差行为低于非留守儿童，受欺凌经历也相对较低，表明他们暴露在危险环境中的几率相比非留守儿童要低，而留守带给他们的负面影响可能会更多反映在内在方面（留守儿童的抑郁水平更高）。由此推论，我们更应该关注留守儿童的内在世界。

与预期相反，父母或监护人的责骂、学业压力和家庭经济贫困没有对偏差行为产生显著影响。这与以往研究结论不一致，对于父母责骂或惩罚对儿童偏差行为的影响，一部分研究认为，父母对其子女的言语谩骂或责备能够正向预测其子女的攻击行为（Gao et al., 2016; Moon et al., 2012; Zhang et al., 2017），另一项来自韩国的研究表明父母长期的责骂或惩罚可能是对青少年行为不端的一贯惩罚，儿童可能更服从于家长权威，父母或监护人的"教育"对其偏差行为可能更具约束性，因此会对偏差行为产生负面影响，这表明家庭教育是有文化解释差异性的，这一点，值得未来进行更深入的研究。

令人惊讶的是，在中国文化过分强调教育成就的情况下，教育相关的压力对偏差行为没有显著影响，以往研究指出，与西方国家教育环境相比，亚洲教育文化更强调通过知识改变命运（如高考），父母通常给予子女过高的学业期望，那些有较高教育压力的少年会有更明显的攻击性行为（Moon et al.，2011；Song，2020）。对于这一结果有两种可能的解释：一方面，我们对学业压力的测量可能不准确，我们不是直接测量儿童的学习压力，而是对儿童由于学习成绩不好产生的压力反应的测量；另一种可能，阿格纽（2006）曾指出，一些压力或目标障碍与偏差行为的相关性较弱，或导致偏差的可能性最小。

本研究也未证实家庭经济贫困对儿童偏差行为的直接作用。以往相关研究发现，家庭经济压力和贫穷的青少年更可能从事与财产相关的犯罪，以获得经济利益，而非从事暴力或一般的偏差行为（Gao et al.，2015；Moon et al.，2009），本研究未发现家庭经济贫困与偏差行为的显著关系可能与所测量偏差行为的属性有关，其既不属于严重的暴力也不属于财物犯罪行为。

另外，本研究也未证实抑郁与偏差行为的显著关系，这与一般压力理论的预测不一致。有研究证明抑郁与偏差行为之间存在关联（自我毁灭行为或者与学校相关的偏差行为），而且在压力与一般偏差行为或犯罪之间存在中介作用（Bao et al.，2004；Lin et al.，2013；Yildiz et al.，2017）。一种可能的解释是，本研究测量的是基于特质（性格）的负面情绪，而不是基于情境的负面情绪。以往研究已经表明，基于情境和基于特质的负面情绪状态对压力异常关联的影响是不同的（Mazerolle et al.，2003），基于情境的负面情绪比基于特质的负面情绪对偏差行为的影响更强（Moon et al.，2009；Moon et al.，2012），另外，抑郁只是负面情绪状态中的一种（Agnew，1992），其他的负面情绪，比如愤怒、沮丧、恐惧与本研究的偏差行为可能也存在一定关联，未来的研究需要测量和检验更多基于情境的负面情绪类型对偏差行为所产生的影响。

条件作用因素的结果使 GST 的条件作用假说复杂化，因为一些常见的调节因子（Agnew，2006；Bao et al.，2007；Paternoster et al.，1994）只影响了压力类型和异常行为之间的一小部分关系。这项研究数据显示，学校联结并不调节压力和偏差行为，然而学校联结有直接的效应，这与一些研究结论相似（Hoffmann & Ireland，2004），他们认为这种调节效应不显著是被其他变量的影响所覆盖所致。而与 GST 一致（Agnew，2006），本研究证实了亲子依附的调节作用，亲子依附能够显著调节儿童受欺凌经历、偏差朋辈与偏差行为的关系。但亲子依附的调节方向与预期并不完全一致（Agnew，2006）。具体来说，一方面，良好的亲子关系能够减少偏差朋辈对留守儿童偏差行为带来的影响，然而其却加剧了受欺凌经历对非留守儿童偏差行为的作用，这与一些研究结果与理论相反，比如有研究发现一些条件因素强化了压力对逃课的影响（Barrera，Gaga - A & Pabayos，2016），对此阿格纽（2013）认为，有关条件作用的混合结果可能是由于大多数研究都是孤立地测量不同的条件作用因素。进一步的研究需要采用"总风险"的方法，使用所有条件因素的综合指标作为压力—偏差行为关系的调节因子。

尽管此项研究对现有文献做出了贡献，但还是有一些局限性需要说明以推进未来的研究。第一，横向的数据无法说明压力—偏差行为之间的因果关系，留守儿童可能因其偏差行为而与偏差朋辈互动更多，这些需要纵贯数据的支持。第二，由于研究样本仅采自中部省份湖北省，因此其结果推广到中国其他地区，特别是一些发达地区或欠发达地区时需谨慎。第三，由于研究数据的限制，本研究只测量了少量的偏差行为，未来的研究应纳入更多常见的偏差行为类型，包括严重的偏差行为及轻微的犯罪行为。第四，只纳入了部分调节变量，本研究只考察了亲子依附和学校联结的调节作用，未来的研究应采取更多的措施来调查条件因素的影响，低传统社会支持和低社会控制是最可能调节紧张关系和青少年犯罪之间的条件因素（Agnew，2006）。

表 7 - 7 　　　　　　　　变量测量一览表

变量	变量名称	问题设置	赋值情况
因变量	偏差行为	在过去 12 个月里，你是否有过偏差行为（迟到、旷课；说粗话、打架；长时间玩手机、电脑）？	1 = 从不，2 = 很少，3 = 有时，4 = 经常
自变量	受欺凌经历	在过去 12 个月里，你是否有过受欺凌的经历？	1 = 从不，2 = 很少，3 = 有时，4 = 经常

续表

变量	变量名称	问题设置	赋值情况
	父母/监护人责骂	在过去12个月里,父母或监护人会在他人面前责骂你吗?	1=从不会,2=偶尔会,3=经常会
	学习压力	在过去12个月里,我会为自己跟不上学习而苦恼和焦虑	1=不赞同,2=不太赞同,3=比较赞同,4=非常赞同
	家庭经济贫困	和我的同学相比,我们家的经济水平属于?	1=上等,2=中等偏上,3=中等,4=中等偏下,5=比较差
	偏差朋辈	在过去12个月里,我的朋友经常有迟到、旷课;说粗话、打架;长时间玩手机、电脑的行为	1=不赞同,2=不太赞同,3=比较赞同,4=非常赞同
负面情绪	抑郁	我对现在的生活感到不适应 我感到前途没有希望 有事情总是闷心里不愿意说出来 有想伤害人的冲动 感觉大多数人不可信任 我害怕别人会不喜欢我	1=从不,2=很少,3=有时,4=经常
调节变量	亲子依附	如果有心事或遇到困难你会告诉父母或监护人;父母或监护人会倾听我的心里话;与父母或监护人感觉非常亲近;我对父母很依赖;家庭氛围很好;父母或监护人经常督促我完成作业	1=不赞同,2=不太赞同,3=比较赞同,4=非常赞同

续表

变量	变量名称	问题设置	赋值情况
	学校联结	我希望和老师能有更多的互动和交流；在课堂上我希望老师靠近我；我很在乎老师如何评价我；感觉和学校老师很亲近；学习好不好对我来说很重要；我一般都会和同学主动交往；我很积极参加学校团体活动	1=不赞同，2=不太赞同，3=比较赞同，4=非常赞同
控制变量	性别	你的性别是？	0=女，1=男
	年级	你正在读几年级？	0=小学，1=中学
分组	留守状态	现在主要是谁在照顾你的生活？	1=爸爸和妈妈，2=爸爸，3=妈妈，4=爷爷奶奶或外公外婆，5=哥哥姐姐，6=亲戚，7=其他

表7-8　　变量的描述性统计

变量	整体 (n=1039)				留守儿童 (n=383)				非留守儿童 (n=656)				t-value for mean diff.
	Mean	SD	Range	α	Mean	SD	Range	α	Mean	SD	Range	α	
因变量													
偏差行为	.31	.46	0—1	—	.30	.46	0—1	—	.31	.46	0—1	—	-.23
自变量													
压力变量													
受欺凌经历	1.71	.71	1—4	—	1.67	.70	1—4	—	1.74	.72	1—4	—	-1.51

续表

变量	整体 (n=1,039)				留守儿童 (n=383)				非留守儿童 (n=656)				t-value for mean diff.
	Mean	SD	Range	α	Mean	SD	Range	α	Mean	SD	Range	α	
父母/监护人责骂	1.62	.61	1—3	—	1.65	.62	1—3	—	1.60	.61	1—3	—	1.03
学业压力	2.64	.78	1—4	—	2.70	.77	1—4	—	2.60	.78	1—4	—	2.05*
家庭经济贫困	3.00	.79	1—5	—	2.98	.86	1—5	—	3.01	.75	1—5	—	-.71
偏差朋辈	.31	.46	0—1	—	.34	.46	0—1	—	.29	.45	0—1	—	1.75
负面情绪													
抑郁	0	1	-1.50—3.48	.70	.04	1.00	-1.50—3.48	.72	-.02	.99	-1.50—3.48	.68	.91
调节变量													
亲子依附	0	1	3.07—1.49	.65	-.02	.99	-3.07—1.49	.65	.01	1.01	3.07—1.49	.63	-.41
学校联结	0	1	-3.93—1.81	.61	-.02	.98	-3.93—1.81	.60	.02	1.01	-3.93—1.81	.64	-.57
控制变量													
男性	.52	.50	0—1	—	.49	.50	0—1	—	.53	.50	0—1	—	-1.10
中学	.46	.50	0—1	—	.46	.50	0—1	—	.46	.50	0—1	—	-.21
分组													
留守	.37	.48	0—1	—	—	—	—	—	—	—	—	—	—

*p<0.05; **p<0.01; ***p<0.001; α = Cronbach's alpha

表7-9　　　　　　　　　　变量之间的相关系数

变量	1	2	3	4	5	6	7	8	9	10	11	12
1. 偏差行为	1											
2. 受欺凌经历	.10**	1										
3. 父母/监护人责骂	.13**	.11**	1									
4. 学业压力	.09**	-.02	.13**	1								
5. 家庭经济贫困	.04*	.15**	.14**	.05	1							
6. 偏差朋辈	.21**	.13**	.16**	.16**	.03	1						
7. 抑郁	.19**	.23**	.24**	.27**	.18**	.23**	1					
8. 亲子依附	-.17**	-.10**	-.34**	-.16**	-.21**	-.16**	-.42**	1				
9. 学校联结	-.21**	-.08*	-.25**	-.15**	-.20**	-.25**	-.51**	.48*	1			
10. 男性	.19**	.06	-.01	-.08*	-.03	.19**	-.03	.02	-,05	1		
11. 中学	.16**	-.04	.08*	.10**	.13**	.05	.16**	-.21**	-.23**	.00	1	
12. 留守	-.01	-.05	.03	.06*	-.02	.06	.03	-.01	-.02	-.03	.01	1

*$p<0.05$；**$p<0.01$（two-tailed）

表 7-10　　　　　　　总样本的二元 Logistic 回归（n = 1039）

变量	模型 1 B	模型 1 OR	模型 1 SE	模型 2 B	模型 2 OR	模型 2 SE
压力变量						
受欺凌经历	.28*	1.33	.11	.33**	1.39	.11
父母/监护人责骂	.17	1.19	.13	—	—	—
学业压力	.12	1.13	.10	—	—	—
家庭经济贫困	-.12	.88	.10	—	—	—
偏差朋辈	.47**	1.59	.17	.56**	1.75	.17
情绪						
抑郁	.13	1.14	.10	—	—	—
调节变量						
亲子依附	-.14	.87	.09	-.16	.85	.09
学校联结	-.22*	.81	.10	-.27**	.76	.09
交互变量						
亲子依附*受欺凌经历				.28*	1.33	.12
亲子依附*偏差朋辈				-.44*	.64	.18
学校联结*受欺凌经历				.07	1.07	.11
学校联结*偏差朋辈				.27	1.32	.19
控制变量						
男性	.81***	2.25	.16	.80***	2.22	.16
中学	.42**	1.52	.16	.46**	1.58	.16
分组						
留守	.04	1.04	.16	.00	1.00	.16
Nagelkerke R^2		.16			.18	

* p < 0.05；** p < 0.01；*** p < 0.001

表 7-11　　留守组二元 Logistic 回归（n = 383）

变量	模型 1 B	模型 1 OR	模型 1 SE	模型 2 B	模型 2 OR	模型 2 SE
压力变量						
受欺凌经历	.22	1.25	.20	.25	1.28	.19
父母/监护人责骂	.08	1.09	.21	—	—	—
学业压力	.04	1.05	.17	—	—	—
家庭经济贫困	-.06	.94	.15	—	—	—
偏差朋辈	.69*	2.00	.27	.62*	1.86	.28
情绪						
抑郁	.12	1.13	.16	—	—	—
调节变量						
亲子依附	-.20	.82	.16	-.18	.84	.15
学校联结	-.39*	.68	.16	-.42**	.66	.15
交互变量						
亲子依附*受欺凌经历				.21	1.23	.19
亲子依附*偏差朋辈				-.76*	.47	.32
学校联结*受欺凌经历				.02	1.02	.19
学校联结*偏差朋辈				.24	1.27	.32
控制变量						
男性	.50*	1.65	.26	.56*	1.75	.26
中学	.51*	1.67	.27	.59*	1.80	.27
Nagelkerke R^2		.20			.22	

* $p < 0.05$； ** $p < 0.01$； *** $p < 0.001$

表 7-12　　　非留守组二元 Logistic 回归（n = 656）

变量	模型 1 B	模型 1 OR	模型 1 SE	模型 2 B	模型 2 OR	模型 2 SE
压力变量						
受欺凌经历	.35*	1.42	.14	.38**	1.46	.14
父母/监护人责骂	.23	1.26	.17	—	—	—
学业压力	.18	1.20	.13	—	—	—
家庭经济贫困	-.17	.85	.14	—	—	—
偏差朋辈	.34	1.41	.22	.55	1.74	.22
情绪						
抑郁	.12	1.13	.12	—	—	—
调节变量						
亲子依附	-.10	.91	.12	-.16	.85	.11
学校联结	-.13	.88	.12	-.19	.83	.11
交互变量						
亲子依附*受欺凌经历				.31*	1.36	.15
亲子依附*偏差朋辈				-.24	.79	.23
学校联结*受欺凌经历				.08	1.08	.15
学校联结*偏差朋辈				.37	1.45	.24
控制变量						
男性	.98***	2.67	.20	.97***	2.64	.20
中学	.33	1.40	.20	.37	1.45	.20
Nagelkerke R^2		.16			.17	

* $p < 0.05$；** $p < 0.01$；*** $p < 0.001$

第八章　留守儿童"学习价值观"的型构：基于日常生活实践的视角

本章采用第二套实地调查资料，着眼于深入及细致地观察留守儿童学习价值观的生成过程。在学术界，目前缺乏对乡村留守儿童学习内在动力机制的系统研究，且对偏远乡村留守儿童的研究较少，本章研究以 LX 省 TX 市乡村留守儿童的学习价值观的现状及生成机制为研究问题，在理论与经验现象对话的动态过程中，深入、细致地观察该群体学习价值观的生成过程。同时，以日常生活作为研究环境，借助"场域""惯习"等核心概念所包含的理论解释与方法论意义，通过留守儿童在乡村场域中的具体实践，呈现他们学习价值观的生成过程，探讨留守儿童学习价值观的现状与生成环境之间的关系。

将留守儿童的学习价值观放置于初级环境（家庭）、次级环境（学校、社区等）及其所涵盖的经济资本、文化资本及教育资本的宏观乡村生活场域中，留守儿童的学习价值观具有以提升学习成绩为基础性目的和实现人生理想为宏观性目的的显著特征。留守儿童学习价值观的这一特质与他们生活的初级环境——家庭、次级环境——学校和社区密切相关。通过实地观察及研究发现，他们学习价值观的生成环境处于结构与功能变化下的家庭环境、外部与内部断裂下的学校环境和整体"空心化"显著于局部教育功能替代下的社区环境。基于这一生成环境，留守儿童日常生活中的学习实践表明，在他们学习价值观生成的过程中，家庭教育期待与重要他人的影响具有内在驱动作用，学校学习价值的传递与同辈群体的交往对他们本源的学习价值观起到一定程度的强化，而乡村社区中"跳农门"意识的传播及薄弱的社区文化传递，使乡村社区教育在留守儿童学习价值观生成过程中的引导显得无力。

整体而言，留守儿童的精神世界稳定，个体实践在外在结构制约下有发挥自我策略的能动性，但也存在受外在强力影响而出现转化的可能；对于精神和实践共同运作的场所——日常生活，不能因其重复而对留守儿童的教育问题麻痹。

第一节 区域背景、相关概念及解释框架

一 研究区域背景

LX 省 TX 市，地处南部山区，无论是自然环境还是社会环境都处于劣势，极大地限制了当地的整体发展。

1. 自然环境

TX 市，是中国西部五个地级市之一。该市总面积约为 13449.03 平方千米，多为川地、山地和山川交界地形，生态环境恶劣。据 TX 市气象局 2015 年统计结果显示：该地年降水量仅有 377.6 毫米，最高温度为 33.5℃，最低温度零下 16.7℃。在当地常有"十年九旱"的说法，大面积的干旱地区通过引黄灌溉维持农作物种植，水资源极度短缺。

2. 社会环境

1982 年，国务院将该市确定为区域性扶贫开发地区之一。2016 年末，TX 区常住人口 674.9 万人，其中 TX 市户籍总人口 150.11 万人，几乎占全区人口的四分之一，其中男性 77.34 万人，女性 72.77 万人；城镇化率 34.75%（TX 市政府网）。近几年，在 TX 市政府牵头下对外输出当地劳动力，2016 年全市共完成劳务输出 31.61 万人，比上年增长 2.4%。人口不断地外流，使乡村留守老人、留守妇女和留守儿童数量逐渐增加。2016 年，该市城镇居民人均可支配收入为 22716.8 元，农民人均可支配收入为 7714.2 元，城乡经济发展不平衡加剧了当地的乡村人口流动。

二 学习价值观

学习观，是课程观、师生观、教学观等多种教育观念的基础性观念，意指人们对学习的看法，存在于每个人的头脑之中，涉及教学活动中的多个主体和多个科目。作为学习活动的主要参与者，学生的学习观

具体是指学生个体对学习行为、学习经验和学习内容所持有的直觉认识。这种观念以个体的日常学习行为为基础，在学生之前的学习经验中进行积累，且随着个人知识储量的增加、判断能力的提升而不断发展。同时，这种观念的形成受到现实学习活动经验、课堂教学、学校文化和社会文化等因素的影响，对学生的学习成绩、学习目标及学习能动性等方面产生影响。

学术界目前对学习价值观概念的表述很模糊，不利于此次调查研究。因此，本次研究根据马尔顿等人提出的学习"是什么"与"怎么学"，以学习是什么为核心，界定留守儿童的学习价值观，基本含义是指个体对学习目的的判断和定位，以期帮助笔者在实地研究过程中对研究问题的准确把握。

三 解释框架

本章基于日常生活实践视角，建立理论与经验分析的框架，具体研究内容分为两个层次：一是从乡村场域结构出发，借助中层生态系统理论，研究家庭、社区、学校及同辈群体如何通过社会关系网络实践对留守儿童的学习认知产生影响，即学习价值观的生成；二是从留守儿童学习价值观的日常生成过程反向入手，将反思性贯穿于全过程，探讨乡村留守儿童的精神世界、实践世界的特征。具体解释框架详见图8-1。

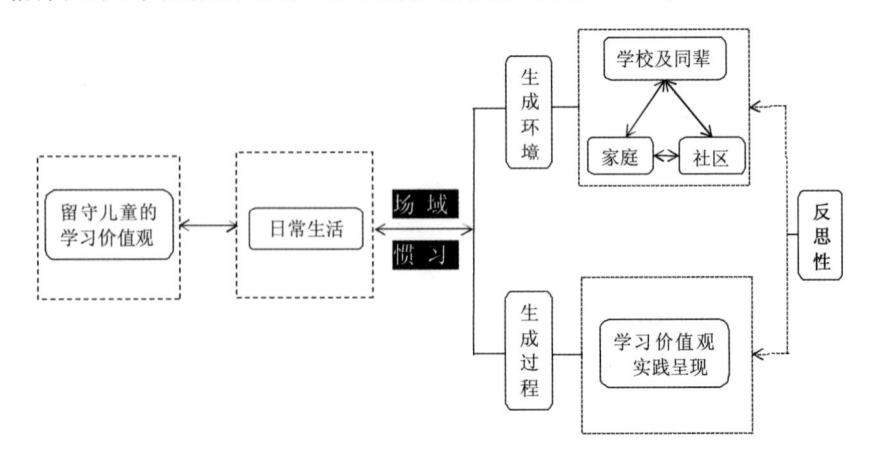

图8-1 研究框架图

第二节 乡村场域：学习价值观的生成环境

基于个体成长环境的生态系统，依据日常生活实践中的互动对象，本研究将乡村场域划分为家庭、社区、学校及同辈群体，据此对他们学习价值观的生成环境进行初步描述。为全面考察留守儿童学习价值观的生成环境、获取更加丰富的资料、多方位呈现留守儿童在 TX 市乡村地区的现状，笔者在调查过程中访谈了相关人物。具体资料见第一章表 1-6、1-7。

一 结构与功能变化下的家庭环境

（一）经济能力的限制：教育物质供给相对匮乏的硬约束

学习行为，是主体学习实践的具体展开，受到家庭的经济水平、教育投资及文化观念等因素的影响。据相关数据显示，2016 年，TX 市城镇居民人均实现可支配收入 22716.8 元，而农民人均可支配收入仅 7714.2 元，二者之间差距较大，有限的可支配收入影响着乡村家庭在教育方面的投资。

> 每个月挣得不多，回去的时候给娃娃们买点吃的、穿的，哄一下。很少给他们零花钱，都是给她爷爷奶奶，需要的时候再给或者每天给五毛或一块。(01，2017-06-07)

> 一个月在外面挣的钱除了吃住，剩下的也没有多少，也不怎么给家里，攒下来盖房子。现在政策好了，娃娃上学免费，要求的资料就给买，不要求的就算了，把老师教的学会就好，哪有时间看闲书，回家的时候买点穿的就行。(03，2017-06-02)

父母外出所得的有限经济效益，间接地转化成每次回家探望时购买的物品，包括基本的衣物和食品，这与从留守儿童口中获取的信息具有一致性。为维持家庭生活的基本消费，父母返乡时并不会购买大量且繁多的物品给孩子，衣物成为他们的首选，也不会给孩子额外的零花钱。这可能源于他们在外挣的钱所剩不多；也可能是他们对辛苦所得金钱的"吝啬"，所以并不会用物质与金钱的方式来安慰留守在家的孩子。

关于孩子教育的物质供给也非常有限，父母并不会主动给孩子购买书籍，以学校单方要求为主，从而忽视了孩子的实际需求，使得孩子失去了在教育过程中的主动性。九年义务教育免除学杂费，TX 市南部山区小学生人均餐补 7 元/天，极大地节省了家庭教育费用的支出，但父母并没有将家庭教育学杂费投资转移至教育的其他方面，反而一定程度上形成了依赖国家政策的心理，正如 LDM 的父亲所言："时代好了，孩子上学不要钱了，家里经济负担也就轻了许多。"

乡村留守儿童的学习资料单一，一般情况下都会得到父母的支持，但是在极个别经济条件困难的家庭，教辅资料也难以得到保证，如 MXH 提到家里没有钱，父母有时候不给她买，她就和同学借。至于课外书，父母很少主动给孩子买，且在父母眼中阅读课外书是浪费时间，甚至是不务正业，这一点不得不引起重视。留守儿童的阅读仅以教辅资料为主，其他方面几乎空白，导致其少年时期知识积累欠缺，可能会引发后期学习中的一系列潜藏问题。

（二）关键人物的缺场：家庭功能失衡的软约束

家庭是儿童成长的第一环境，具有满足儿童生理需求和心理需求的功能。但在留守儿童家庭中，父母一方或者双方外出，使儿童成长所需的关键角色"离场"，亲子教育主体处于缺位状态。在家庭结构"失衡"及家庭关键人物"缺场"的状态下，家庭的部分功能有所变化，无疑会对留守儿童的行为、学习及心理等方面产生影响，长期如此会影响留守儿童主体内的精神世界，对留守儿童学习价值观的生成产生不利影响。

> 家里地少，收入少，没办法，我和他爸爸一起出来！孩子让他爷爷奶奶看着，小学离家近，还管早餐和午餐，也不会有太多的事。我们没有上过几天学，不识几个字，只能说好话给他听，让他好好学习。(04，2017 - 06 - 06)
> 娃娃学习好就最高兴了，在外打工，看着那些上过学的挣钱都比我们容易。虽然我们自己在外面开店，生意还行。但是太辛苦，每天起早贪黑，还没有保障。亲戚家的孩子读成书的（上大学），出来工作

都挺好的，盼自己的娃娃也争气，考上大学！（02，2017-06-02）

迫于生计，父母外出打工谋生，孩子委托爷爷奶奶或其他亲戚抚养，造成家庭教育关键人物的"缺场"，使家庭教育的指导、监督等功能缺失。父母的文化程度较低，无法给孩子提供学习上的指导与帮助，只是一些"家常"的唠叨，将自己生活的希望寄托在年幼的孩子身上。也正因为在这日常言语中流露出的希望，使留守儿童把学习的意义常记于心。

  这几年在外打工，也想孩子，周末就打电话回去问问情况。一般她不会主动打电话给我们，我们打过去也就忙忙地说几句，问问学习怎么样。（03，2017-06-02）
  他爷爷奶奶把他照顾得很好，虽然我们一年只回去两三次，但孩子还是跟我们很亲。每次回去都感觉他们长大了，听话了。（05，2017-06-09）

父母与子女之间本能的心理纽带——情感，被分离的生活割断。身为父母，被迫无奈把自己的孩子留在家里，无法履行照顾他们的义务。孩子在童年时期亲历成长过程中关爱的缺失，由此双方可能会陷入一种被动的状态，在日常生活中通过细微的行为举止体现出来，如这位母亲（MXH）所言，孩子很少主动给她打电话。对于留守儿童的访谈资料显示，当问及父母外出对自己的影响时，个案YYH直接表达对父母的思念，更希望父母和自己在一起；也有个案YY表示对于即将到来的小升初考试，希望父母可以带自己去；也有女孩子小声哭泣。可见，在留守儿童心灵深处更需父母的陪伴与关心，他们的精神世界更需要爱的照耀。

外出的父母，通过日常言语表达对孩子的殷切期望及对教育的高度重视，使留守儿童社会化初期学习价值观的生成趋于积极。但因父母一方或双方的流动，导致完整的家庭结构出现断裂，使家庭情感处于父母陪伴缺失、监护人无法替代的现状；家庭教育处于父母监督缺失、监护人无力提供的现状，且家庭经济水平较低，而这一软硬约束共存的家庭场所是留守儿童学习价值观生成的基础性环境。

二 外部与内部断裂下的学校教育

(一) 学校教育内部：实践主体的矛盾性选择

在实地走访过程中，笔者切身感受到当前乡村小学的变化。从乡村小学外在的图书室、体育器材、教学设备、学生食堂等可以看出乡村小学基础设施得到很大改善，但是从乡村小学内部教师人员的教学实践选择来看，乡村小学从外部到内部的衔接处于间接的不稳定状态。

> 我老公在TX市内上班，我在这里上班，住在学校的教师宿舍。如果有顺路车我就回去，要不然他经常一个人在家。可是这样两头跑太累了，但也没有办法。目前的调动有太多的干扰因素，一方面，乡村教师每个月都有补贴，城里面就没有；另一方面，乡村职称评定竞争小，不会像城市面临太大的压力，还有城市的教学竞争大，老师全凭成绩说话，而在乡村就不会特别严重。(12，2017-06-09)

城乡教育二者之间的隐性差距仍然存在，这一点体现在乡村教师队伍的流动性、调动选择及生活现状中。从乡村小学自身出发，最基本的现状是当前乡村小学教师不再是当地的居民，他们来自不同的市县，这就直接造成了上述访谈中这位女老师提到的问题，远离家庭生活成为影响她们选择的因素之一。这一现象在该市乡村地区普遍存在，尤其是乡村小学特岗教师占比较大，且女性居多，服务期满三年之后，她们会想尽办法调动，造成乡村教师队伍的不稳定。

根据访谈资料显示，当前乡村小学内部不容忽视的是，乡村教师定额补贴的"诱惑"、乡村较为轻松的职称压力和教学压力、量化教学效果评估的宽松与乡村生活条件不方便之间的矛盾，使乡村教师"游走"在乡村与城市之间，潜在地威胁着乡村小学教育的可持续发展，影响着乡村教育质量的提升，使校园生活的参与主体——教师，在"取舍"之间徘徊。作为留守儿童学习的指导者，该主体较强的流动性不利于留守儿童在校园实践中学习价值观的正向生成，反而可能会因教师的流动影响学习成绩，进而影响留守儿童学习的积极性与主动性。

(二) 学校教育外部：家庭与学校的联结关系断裂

教育，在传递社会价值观和道德规范给下一代的社会过程中发挥着关键作用。而学校作为国家教育方针的实施载体，是乡村文化传播的重要中心，它在国家意识形态的要求下，传授特定的知识，且在儿童学习价值观形成初期是必不可少的。

> 我们班留守儿童的家长很少会主动联系我们，如果是学校的硬性要求就会让孩子转告家长再联系。父母出去打工，孩子让爷爷奶奶照顾，最明显的就是学生放学后无人监管，家庭作业的质量难以保证；并且父母不在家，爷爷奶奶又容易被骗，即使在学校学得好，在家不能及时巩固，学习效果也会大打折扣；其次，虽然现代教育技术普及，城乡学校的差距在逐步缩小，但是城里的孩子就是眼界比较宽，乡村的孩子回到家干家务、干农活，而且城里孩子父母的文化程度高，对孩子的要求高，文化氛围影响很重要，比如这个孩子今天看了什么书，他们之间会交流，自己买的书也会彼此分享，乡村的孩子只能从学校的图书室借。
>
> 一般都是在学习上遇到不会做的题来找我，和班里同学有时候闹矛盾也会找我，平时生活中的事他们很少找我。(13，2017-06-09)

在教育过程中，内在的家庭教育与外在的学校教育互为补充，而父母外出导致家庭教育与学校教育出现严重的断裂。一方面，限于时间、经济能力及家长意识，父母和老师主动联系少，无法了解孩子的在校情况，使老师与父母之间的沟通受阻；另一方面，留守儿童的日常学习缺乏父母监督，难以有效巩固当天的学习效果，长期积累会导致留守儿童的学习行为、学习习惯等发生质变，且家庭原始的经济资本薄弱、对教育投资少，都会加剧城乡儿童之间的教育差别。

在走访中了解到，现在教师以短信或微信群发的方式通知家长孩子的家庭作业及其他事情，这对父母双方不在家的留守儿童来说，会有诸多不便，如HXX表示他常去同村的同学家里询问家庭作业，以便及时完成。而作为传授知识的教师，甚至是乡村教育，忽视了这一群体的特殊性。

> 作为老师，我个人认为孩子还是和爸爸妈妈在一起会更好。家里条件不好，为了挣钱将孩子留在家里，造成的负面影响是难以衡量和弥补的。好多家长只是嘴上说如何重视教育，但是在实际生活中总是难以做到，这和他们自身的文化程度和对学习方法的认识有很大的关系。(11，2017-06-08)

教师，作为教学活动的实践主体，根据留守儿童在校表现对其成长具有一定的发言权。正如这位班主任所言，父母关爱与陪伴的缺失，对孩子未来成长的不利影响是无法弥补的。在日常生活的中，教育行为随时随地发生，即使后期再多的弥补，也无济于事。因此，学校教育与家庭教育通力合作、共同发力，才能为留守儿童的健康成长保驾护航。

在国家教育扶持、教育政策帮助下，乡村小学外在的硬件设施得到极大改善，与笔者十年前就读的乡村小学相比，已焕然一新。但它内部的教师实践矛盾与流动突出，外部与内部、家庭与学校的连接关系断裂，而这一内外矛盾的学校环境是留守儿童学习价值观生成的主要环境。在这一环境中，留守儿童学习价值观的生成遇到极大的阻力，观念意识的重视与现实状况的相互矛盾，使乡村小学在乡村留守儿童学习价值观生成过程中的作用得到削弱。

三 整体"空心化"显著与局部教育功能替代下的社区环境

（一）乡村社区整体：乡村"空心化"趋势显著与社区文化建设功能单一

乡村的生产力水平低下、机械化程度低、生产活动的季节性突出、社会活动单一，使整个乡村社区的同质性较高、发展程度较低。乡村社区在整个乡村经济、乡村文化及乡村教育发展中具有重要的依托作用。作为留守儿童生活、玩耍的日常场所，乡村社区在学习价值观生成环境分析时必不可少。

> 目前这个村子有1885人，人口流动占到45%，青壮年大部分都出去了，尤其是去年一部分土地流转后，流动人口越来越多。现在的

农民，日子好了，有钱了，路好走了，但是年轻人出去的也多了，剩下的都是些50多岁的待在村里。(08，2017-06-06)

宏观而言，"村村通"惠民工程，使该地区2016年末乡村公路里程达到4917公里，极大地改善了当地的交通状况，加强了村庄与乡镇、城市之间的联通，成为人口流动的推力；TX市政府累计投资近123亿元，通过土地权属处置批准安置区用地9万亩，批复建设移民安置区161个，搬迁安置移民7.65万户，安置32.9万人，如此大规模的生态移民占用农民耕地，失地农民增多，他们开始走向城市寻找生存机会。且在当地市政府牵头组织下，进行了大规模劳务输出，使当地的劳动力外流，这给当地整个乡村经济、社会发展带来了双重影响。

微观而言，外来商谋取土地流转红利，当地百姓只能四处打工；当地青壮年在经济利益的诱惑下，承包分散土地成立小型合作社种植枸杞苗木，不但大量苗木滞销且导致土地生产能力受损、经济纠纷不断，他们无奈外出打工。在上述访谈资料中，也能看出该村人口受部分因素的影响，流动频率加快、流动规模扩大，尤其是乡村青壮年的大量外出，使村庄的"空心化"愈发显著。

> 村子里新修了文化广场，女的平日早上跳广场舞，晚饭后出来串门的人比较多。目前村里正在建一个大型的娱乐文化室，室内设有小型的舞台供大家平时娱乐。现在村上主要的工作集中于怎么发展经济，建设乡村产业，带动发展。(09，2017-06-07)

当地乡村社区中唯一可见文化广场扮演了多种"角色"。这一基础设施，由于其目标群体广泛、功能比较单一，仅供人们饭后娱乐，且因为其缺乏少儿活动项目，无法成为乡村儿童多样的社区活动空间，也无法更好地普及文化知识。同时，新乡村建设处于现在进行时，传统乡村社会原有的样貌已不复存在，新的面貌还未形成。从社区建设的具体规划及措施中，可以看出目前乡村社区以经济建设为中心，文化建设处于摸索、起步阶段。

（二）乡村社区教育：乡村社区教育功能的被替代

乡村社区，不仅是农民的生活和生产场所，更是社会文化、社会教育传播的平台。而当前城镇化进程加速、传统乡村衰落，新的模式处于"真空"地带，乡村社区教育的功能模糊不清，无法在留守儿童学习价值观生成的过程中发挥自身的功能。

> 上大学肯定好，现在村里供帮（供养孩子读大学）大学生的人家日子就紧张那几年，孩子毕业工作后，挣钱了，家里日子就好过了。没有念过书的，外出打工都担心被骗。

> 我们村里这个学校有学生 300 多人，现在学校免学杂费，管早餐、午餐，多数家长乐意让孩子在这里上学，并且高速公路现在往返市里比较方便，老师也愿意在这里教书，其他的还没有想过太多。至于留守的孩子，村委会关注过，但是没有具体的帮助措施。（09，2017 - 06 - 07）

关于留守儿童群体的教育，甚至乡村儿童的教育，乡村社区将全部眼光聚焦于乡村小学，以乡村小学的局部存在代替了整体社区教育建设，遮蔽了自己的角色定位。不过，在整体—局部替代下的乡村社区环境中，居民对教育依然给予高度的评价与重视。对于他们而言，教育需要一定的时间积累、物质支持，教育的成功意味着劳动方式的改变和经济条件的改善。

> 农家书屋这个想法只是暂时提出来了，还没有具体落实；像去年从区财政拿到的文化活动资金就是 1 万左右，资金也有限。（08，2017 - 06 - 06）

图书是知识最直接的载体，在互联网还未普及乡村、信息化程度较低的情况下，乡村书屋对农业知识普及、政策宣传及儿童教育具有十分重要的作用。在实地走访中，笔者均未见到乡村书屋的身影。这一重要的社区基础设施被功能单一的文化广场所替代。

青壮年群体外流，日益加剧了村庄的空心化、家庭的空巢化。偏远的乡村社区将目光聚焦于发展经济，而社区文化建设供不应求、社区教育功能被乡村小学替代，作为新乡村建设载体之一的农家书屋少之又少。这一整体到局部的被替代的乡村社区，是留守儿童学习价值观生成的重要环境。

第三节　惯习：学习价值观生成过程的日常呈现

留守儿童的学习价值观是在与生存环境交互作用的过程中逐渐形成的，首先，本章节基于乡村场域的多个主体，对留守儿童学习价值观的生成环境进行了呈现。接着，本章节将从家庭、社区、学校及同辈群体出发，依据留守儿童在日常生活中的具体行动，从动态的塑型思维方式出发，对留守儿童学习价值观的生成过程进行呈现。

一　内驱：家庭教育期待与重要他人的影响

（一）家庭教育期待：社会阶层的向上流动

垂直流动，是指个体在一个社会分层结构层面的不同阶层之间的流动，其流入层次高于流出层次被称为向上流动（郑杭生，2013）。本研究在访谈中发现，留守儿童大多表示经常会听到父母希望他们可以考上大学（HRB、MXH、WYF 等），以后当老师（HT）、医生（HB）、警察（GQ），甚至最直白的表达是以后"吃国家饭"（TJL）。父母这种强烈改变农民身份的意识，在日常生活言语中的流露，潜移默化地影响着留守儿童对学习价值的认知，是他们学习价值观生成的本源。

> 我爸爸虽然平时不怎么在家，但是他多次告诉我要好好念书，以后可以考公务员、当老师。（17，2017-06-03）
>
> 我妈常说在外面上班很轻松，每天按点上下班，有住宿有食堂。（23，2017-06-05）
>
> 我妈支持我好好上学，以后当个老师，体面、轻松，还有假期。（30，2017-06-11）

农民外出打工，限于自身的文化程度、技术水平和劳动力年龄等因素，在城市大多依靠体力谋生，这使得他们成为城乡之间的"摇摆人"。外出的父母，其生存条件具有某种程度的一致性，致使该群体的观念、实践活动在客观上可能趋于一致。正如 GY 父亲所言："娃娃学习好就最高兴了，在外打工，看着那些上过学的挣钱都比我们容易，"质朴的言语是在外奔波父母们的共同心声。他们凭体力劳动在他乡挣钱，而不是立足。

所处社会阶层的特性约束了个体的行动与文化观念，但也正因为这样，外出的农民面对自己"打工者"的身份及生活现状，在常态的日常生活中，赋予教育重大的意义。对于乡村家庭而言，改变生存现状可以有多种方式，但若要实现向上的社会阶层流动，需通过教育这一工具来实现。以身边学习有为的人物事迹为榜样，将代际流动的期望寄托于年幼的孩子身上，使留守儿童在心灵深处理解父母、牢记父母的期望，并将其付诸学习实践活动中。

(二) 家庭关系：重要他人的影响

儿童最初的情感需求，需要在幼年的家庭生活中得到满足。父母的关爱、互动，是孩子快乐成长的重要因素，特别是在学习习惯、学习态度及学习认知等初步形成的小学阶段。在父母一方或双方外出的留守儿童家庭中，有效的教育沟通缺失对留守儿童未来的学习将产生不利影响。

> 我爸爸妈妈在四川开饺子馆，哥哥姐姐也去了。一般到周末，他们才会给我爷打电话，让我说几句，会问问家里怎么样，学习怎么样，让我上学注意安全。(25, 2017-06-08)

"我在家听爷爷的，在学校听老师的，不天天和我爸妈联系，电话费也贵，有事的话他们会给爷爷奶奶打电话。"这是一位留守儿童的表述。父母外出，留守儿童与父母主要通过电话进行联系。一方面，因为昂贵的电话费用，亲子沟通频率较低；另一方面，由于"不在场"的沟通无法获得事件的基本细节，侧重于询问家里现状、孩子学习及安全状况，而缺少情感互动。笔者在访谈过程中了解到，沟通内容一般只是父母较多言语的督促，如"问我考试排多少名"(GY)，"让我好好学习"(GQ) 等，几句话之后草草结束。父母打电话几乎不会告知他们在外的生活情况，留守儿童在亲子沟通的过程中处于"被动"的地位。

我还有一个弟弟、一个妹妹在家,我平时放学回家还要照顾他们,最烦他们经常打架。(27,2017-06-10)

我哥哥在外打工,有时钱不够花,还要和我爸爸要。我哥常给讲让我好好学习,打工靠的全是力气。(24,2017-06-08)

笔者在整理访谈资料时发现,哥哥、姐姐在外打工(MXH、YY)或者读高中(HXX),没能力提供物质帮助,以自身的经历为起点,通过言语来告诫年幼的弟弟妹妹好好上学,如白河小学的HRB同学表示自己哥哥在六盘山高中学习(TX市一所面对南部山区招生的重点高中),在家有时学习到很晚,他觉得哥哥很厉害,要向哥哥学习;YY同学说到,姐姐不识字,在外打工被骗了好几次,他很想帮助姐姐。在家庭成员中,兄弟姐妹对留守儿童学习价值观潜在的影响在日常生活中表现得突出,他们成了留守儿童学习价值观生成过程中的重要他人,这一发现值得重视。同时,有部分留守儿童身兼哥哥或者姐姐的角色,如"弟弟妹妹经常打架,我就生气骂他们"(GQ),他们需要在父母外出的家庭环境中承担起照顾弟弟妹妹的责任,扮演"小大人"的角色,琐碎的生活事务培养了他们独立自主的生活能力,学会了照顾他人。

在软硬约束共存的家庭亚场域中,留守儿童日常学业的监督与指导缺失,阅读需求难以得到满足,但他们学习价值观的生成更受到源于家庭教育期望的内在驱动,即父母强烈的教育期待与周围重要他人的影响,正因为在这样的环境中,他们才更加努力学习,主动性更强,不想让父母失望。

二 强化:学校学习价值的传递与实践的矛盾

(一)学校教育:学习价值的正向引导与教师主体的不稳定性

学校,是留守儿童进行学习实践活动的主场所,在留守儿童学习价值观的生成过程中具有不可替代的地位。本研究从留守儿童的口中得知,在每周一的升国旗仪式中,校长或发言老师会对各年级的状况进行通报,特别是对学习成绩优异的班级进行表扬。这种集体性的活动以及由此滋生的仪式感有利于在整个学校营造积极向上的学习氛围,为留守儿童的学习实践营造积极、向上的氛围,有助于提高他们的学习积极性。

每周一升国旗，都有同学发表演讲。有领导或者老师会进行总结，并对上周的班级卫生、班级纪律等情况进行点评。（16，2017 - 06 - 03）

每次考试前老师都会进行鼓励，让我们认真考试，努力达到学校的考核标准，为班级争光。（19，2017 - 06 - 04）

在与老师交谈时，笔者具体了解到学校会设定一定的考试达标率，如去年期末考试校长明确要求每个的班的及格率必须达到85%。一方面，学校方面的硬性考试达标率忽视了每个班级的实际情况；另一方面，同年级班级之间竞争激烈，老师在教学活动中将这种考核和竞争的压力传递给学生。在实际的课堂教学中，老师倾向于让表现积极的同学发言，时常对学习优秀的同学进行口头表扬（LDM），鼓励其他同学以他为榜样，借鉴他的学习方法，无形之中激发留守儿童学习的竞争意识，这一教学环境在学校教育中是影响他们学习价值观生成的主要途径。

笔者在走访过程中发现，当前村小学的各种教学设施得到了极大的改善。体育活动丰富多样，羽毛球、乒乓球、篮球等基础设施齐全，丰富了他们的校园生活。多媒体设备走进课堂，教师不再依靠单一的课本进行复读式教学，这样不仅使课堂教学方式多样化，而且有助于留守儿童加深对知识的理解与应用，使他们的视野更加开阔。

但是，正如前文对外部与内部断裂下的学校环境所述，学校教育实践主体陷于矛盾性选择的现状，即教师在城乡之间游走。在矛盾的处境中，他们无法全身心地投入教学活动，如从留守儿童（HT）口中得知，他们四年级时的数学老师换过三次，这学期中途也换了新的语文老师。教师的不稳定性，不仅会影响学生对教师上课风格的适应，且易打断他们对知识系统性的学习与消化，对学习活动产生不利影响。

（二）同辈群体：互助学习意识的传递与消极言论的自我抵制

同辈群体，作为参与儿童社会化过程的主体之一，成为留守日常生活中的重要一员。父母外出使家庭部分功能缺失，无法满足留守儿童的一些需求，他们会将社会交往转移至同辈群体，甚至从好友那里汲取关怀与帮助。

学习中不会的题，我就会去问老师，也会和同学一起商量，我们都不会就去找老师，其他的问题就不麻烦老师了。我和我好朋友在一个班，我们平时玩得多，感觉他不会影响我的学习。我们三个还说一起要去当兵，结果去年他转走了。(15，2017-06-03)

我和我好朋友在一个村，每天一起上学、回家，周末会一起玩。我们学习差不多，我好朋友比我聪明，就是不踏实。(28，2017-06-10)

在访谈过程中，当留守儿童谈及自己的好友时，情绪表现出较高的积极性。提及同辈群体是否会对自己的学习产生影响时，受访者的回答一致性程度明显，即日常学习中不会受到他们的负面影响。但是遇到学习困难时，他们会选择和同学（好友）一起讨论解决。这说明留守儿童和同辈群体之间积极的交往，寻求帮助、解决问题，这一定程度上可以帮助留守儿童克服学习过程中的畏难心理；也说明同辈之间的学习互助对留守儿童学习价值观的生成具有一定的推动作用。

当然，也存在部分消极的言论。HRB 表示周围有同学认为读书无用，但自己不会受影响，并不担心自己会有这样的想法，只会担心自己考不好（TJL）。YY 说自己周围同龄的孩子也有的因为作业太多而辍学在家，但自己并不认为作业太多会影响对学习的坚持。一方面，说明在留守儿童的日常生活中，同辈群体更多扮演陪伴性角色；另一方面，说明留守儿童主动对这种消极认识进行自我抵制，从而进行自我保护。

学校教育，作为正式的体系教育介入乡村留守儿童学习价值观的生成过程，在各种教育政策普及、教学设施改善的情况下，乡村小学校园中形成了积极的学习价值认知，并渗透在校园生活中，对乡村留守儿童的学习价值观生成具有一定的强化作用。不过，教师的流动性、小学图书室资源稀少及乡村其他儿童的厌学情绪，会在一定程度上波及留守儿童积极的学习认知，须给予高度重视。

三 引导：围绕"跳农门"意识的传播及薄弱的社区文化传递

（一）宏观：改变自我命运的途径——"跳农门"意识的传播

现在国家、社会对教育事业大力投入，希望工程、大学生贷款、燕宝基金、雨露计划等项目惠及多个普通乡村家庭,这首先从外在的社会层面消除了乡村家庭教育因经济资本匮乏而终止的隐患。于国家意识层面而言,在底层的乡村社区教育营造了一种正向的引导氛围。

  我爷爷常说现在社会好了,国家政策好了,上大学可以贷款,没有什么愁的,愁的是孩子不好好学!我们村子里近几年研究生也有了,其中一个娃娃在山东读研后定居在那了,前两年把他爸妈都接走了。(22,2017-06-05)
  我爸妈有时回来会打听别人家孩子的学习状况,听说谁家孩子学习好,就教育我一番,让我好好努力!(21,2017-06-03)
  我舅舅的家的表哥,去年考上大学,亲戚们都去送了,很热闹!我很羡慕表哥……(27,2017-06-10)

着眼于留守儿童的日常生活,每逢中考、高考,甚至是小升初的考试,各家参加考试的孩子均成为焦点,被乡亲讨论一番,一方面,是对他家孩子学习状况的关注及未来学习的讨论;另一方面,是对自己孩子学习的担心与希望,这些村民日常生活中的聊天内容,在乡村社区中传播,烘托了一种努力"跳农门"的氛围。同时,那些父母因孩子读书有成在城里工作,在乡村生活中略显几分骄傲,经常被大家谈论,有留守儿童(MXH)表示自己也要好好读书,为父母争光。

  农民,作为社会阶层的一员,在群体内部形成自己关于生活、教育、文化等事物的认知,内化于自我信念中。他们当前身处耕地成本过高、打工机会少的乡村环境中,在自我命运无法改变的情况下,赋予教育极大的使命。他们认为孩子通过读书可以走出贫穷落后的乡村成为城里人,不用出苦力辛苦生活。艰辛的农耕生活催生了他们通过学习改变后代命运的强烈渴望,甚至希望通过教育这一形式改变自己后半生的生活状况,这一质朴的乡村文化观念成为影响留守儿童学习价值观生成的一种超经济因素。

(二)微观:底层教育信念有效传播的分散与受阻

  根据笔者在实际生活中的观察和访谈对象的表述,百姓不会主动参与社区文化建设,不会积极响应村委会的一些号召。据当地居民的介绍,一般每年选村主任的时候去投票或因私事才会参与集体性的社区活动,况且村委会成员的"关系性"突出,自己难以进入,一般都是在自己临近的圈子里来往。社会参与低、对公共事务的"冷漠"等现实因素,在底层铸成隔离带,使正能量的信念传播分散且无力。

> 我也不怎么出去玩,也没有时间玩。周末要在家帮爷爷奶奶干农活,写作业。(18,2017 - 06 - 10)
> 我家离文化广场不远,但那里也没有什么可以玩的,经常是一些大人去那里。我爸爸出去了,我妈对我看得比较紧。(24,2017 - 06 - 08)

从上述访谈资料中可以看出,留守儿童社区活动局限于家庭当中。一是限于目前乡村社区文化建设的落后,无法提供多样的社区活动;二是父母完整角色的缺失,使他们与乡村社区亚场域连接的主体缺少,无法主动参与到社区活动中,使质朴的乡村传统文化观念传播受阻。

在访谈中,YYH 的邻居说道:"村主任上门说村子要整体规划种果树、搞旅游业,可我们这里的乡村发展水平都差不多,搞旅游谁来啊。"可见,农民对于集体性行为在观念意识层次上存在抵制,自身的经济能力限制了他们看待社会发展的视野。同样,即使各自对教育赋予极大的价值,但是他们长期因生活所迫而形成的"生存心态"阻碍了积极信念的传播。村子里因为种植枸杞苗木快速致富的青壮年才是他们真正羡慕的对象,而那些因读书有为的人只是他们教育孩子的人物事迹。

作为生命的延续,乡村留守儿童被父辈寄托强烈的希冀。但在现实生活中,青壮年群体外流,使乡村社区建设缺乏活力,乡村文化传播缺乏主体,底层正能量的信念传播受阻,影响着乡村少年的学习价值判断,使乡村社区教育在留守儿童学习价值观生成过程中的引导无力。

第四节 日常生活实践中学习价值观的特质

一 日常生活实践中乡村留守儿童学习价值观的特质

学习价值观,是学生在长期的学习实践活动中主动形成的具有内在性的认知。该价值观是学生通过参与学习活动，对知识和学习意义所持有的内在认知，深藏在他们的生活经验、学习经验及心灵体验之中，影响着学生的学习策略、学习动机及学习体验，进一步影响学习成绩，间接地影响人格塑型。

本小节采用类属分析和情景分析互相结合的方法，以留守儿童的学习价值观为中心，以基本的学习成绩排名为参考点，围绕学习目的，直白地展现留守儿童学习的动机与意义。通过将类属分析的"点"还原至情景中的具体细节，清晰地呈现留守儿童学习价值观的现状。

（一）基础性学习价值观：提升学习成绩

学习目的，是指学生通过对知识的学习、掌握与应用，进而想要实现的目标，即学生的学习动机。一般而言，明确的学习目的促使个人通过积极的行为投入学习活动，从而形成肯定的学习态度，并长期内化于个人的价值系统中。笔者在和留守儿童交流的过程中发现，他们虽然处于不同的年级，但是对于后期的学习都有自己明确的目标。对于他们而言，学习是为了"可以理解数学题目的题意，因为不理解题意每次考试数学都考不好"（TJL），"我们班的第一名是女生，我想超过她"（YWK），也是"可以通过 TX 市一中组织的小升初考试，到城里上学"（YY），也是"继续保持当前 90 分以上的成绩"（WYF）。在部分四年级的儿童中，"我还有进步的空间，就是平时太粗心了，我朋友都嫌我脾气太暴躁了"（TJL），他们会在目前的学习中不断地付出努力。

从学习实践的显在目的入手，基础性的学习目标均符合留守儿童当前的学习阶段和成绩现状。学习成绩提升的量化形式，既可以激励他们持续地、积极地投入到学习活动中，同时也可以转化成深层次的关于学习价值的积极认知，具有持久的生成力，成为他们学习价值观的基石。

（二）宏观性学习价值观：实现人生理想

更高层次的目标是人生理想，可以作为学习目的一种未来而又间接的体现，是学习目的预期实现的状态，也是学习价值的直接体现。他们有的"想要当医生"（MXH），问及原因时她说道："因为如果爸爸妈妈生病的话，我可以帮助他们、救他们"；"我要做老师，因为我二爸是老师，挺崇拜他"（GQ）；"我想要去当兵，穿军装很帅"甚至是"想要帮助别人"（GY）；"我要当医生，可以帮爸爸妈妈看病"（YY）；也是人生的理想。

当然也有人"还没有想好"（HRB），对自己的人生理想从未涉及。

学习是通向人生远大理想的通途。留守儿童的学习目的，受到周围重要他人的社会角色的影响，使他们想要从事某种明确的职业，或是对于某种职业身份的表面认知使他们树立崇高的人生理想，并付诸学习实践。这种内含人生理想的学习价值观，是留守儿童努力学习的精神支柱，是他们在日常生活中学习价值观生成的浓缩。

表8-1　　　　　　　　　　　留守儿童学习目的表现

归类名称	关键词汇	材料示例
学习目的	学习目标	六年级，小升初的关键期，MXH、YWK、YY和WYF想要通过考试到市里上初中，HXX、HB两人想要去镇里读初中。
	进步空间	学习成绩不太理想，但还是有进步的空间，期末考试我要认真考。
	个人理想	我想要去考公务员，我爸爸希望我可以考上大学，念完大学。

总之，研究发现留守儿童有着较为正向的学习价值观，即对于学习为了什么有清晰的认知。如表8-1所示，可以将留守儿童的学习价值观归纳为进步空间、学习目标及个人理想等方面。留守儿童的学习价值观从现在到未来，在时间及实践的流动中具有连续性。以提升学习成绩为目的的学习价值观与以实现人生理想为追求的学习价值观实为一体，在留守儿童的学习实践活动中双向流动，双向循环，形成留守儿童关于学习价值的稳定判断，且关于学习的未来目标都超越了目前他们父母所处的社会地位，具有较为强烈地改变现实生活轨迹的愿望。

二　日常生活实践中乡村留守儿童学习价值观生成过程的反思

（一）精神世界：学习价值观的自我稳定性及外在结构下转化的可能性

个体在社会化过程中，不断发展自我意识，包括人生观、友谊观、家庭观等多种价值观念。本研究发现，留守儿童对学习价值的认知有着明确的表达，这是他们在日常生活实践与生态系统中多个微主体间的互动过程中，长期内化与积累的结果。正如布迪厄强调的，生存心态即惯习，是在长期的历史经验中沉积下来、内在化成为心态结构的持久禀性系统。基于对留守儿童学习价值观生成环境的初步描述，研究发现，留守儿童的生成环境整体处于弱势状态，而生存心态强调个体最初生存经验的重要性。与一般儿童相比，留守儿童在早期的成长阶段，就要面临父母外出的家庭环境中父母呵护、陪伴的缺失，家庭教育不到位的考验。在与父母空间"不在场"的亲子互动中，父母通过家常而平实的语言告诫孩子要好好学习，并以自己艰辛的打工生活进行反向示范，潜移默化地影响着孩子的心灵世界，成为他们学习价值观积极认知的基础与核心，留守儿童凭借这种精神力量对抗父母外出带来的负面影响。

随着正式学校教育的介入，留守儿童学习价值观受到乡村教育亚场域中教育制度对个人意识的侵入。虽然乡村小学处于外部—内部互相矛盾的境地，但是在乡村场域中，教育的基本主旨并没有被颠覆或者盲目地推崇读书无用论。对于留守儿童而言，目前更好的情况是九年义务教育免除学杂费帮助其学习行为持续、乡村小学生活补贴缓解了家庭教育费用支出的压力、校园基础设施的改善营造了良好的文化氛围，通过参与校园活动，他们关于学习价值正向的认知基础在内在的精神世界得到强化，这使他们确立了更加明确的学习目标。

鉴于生存心态自身所具有自我归并和自我同化的倾向，留守儿童会尽可能在经验范围之内主动地选择、积极地实践并归并或者同化对自己有利因素，而对不利的因素进行最大限度的排斥或改造。对于周围生活中存在的消极言论，正如留守儿童所言：他们并不会受到这种负面言论的影响。学习价值观会自动免疫这种消极认知，而教师在校园升旗仪式中的讲话，在课堂教学中通过言语、行为流露出对学习的重视及学习效果测试的双向加强，帮助他们主动地建构自己的精神世界，努力地投入学习活动中。

在家庭教育观念的重视、学校环境改善的主旋律下，留守儿童在日常生活实践中形成稳定的学习价值观，准确定位自己的人生目标。但不容忽视的是，"学习价值观"本身也是学习行为中的一种资本，影响后期学习阶段的可持续性，因为这种禀性系统与留守儿童所处的乡村场域、个体的生活经验和行动经验息息相关。这种作为生存心态的学习价值观，内在于留守儿童想要改变自己社会地位的人生理想中，贯穿于留守儿童的日常生活之中,切实践行在留守儿童的学习活动中。这种资本形式在一定程度上难以交换,且自身也难以抵制占"统治地位的阶级"的生存心态的魔力,因此存在转化的可能性。

就目前状况来看,宏观而言,乡村场域的"空心化"日益显著,存在乡村经济转型时期举步维艰、城市化对乡村文化的冲击及乡村教育的"城市化"导向;微观而言,家庭教育物质供给的有限、村小学教师"游走"城乡的不稳定、师资结构的不完善、教育方式的城市化取向、社区教育的乏力,尤其在家庭教育缺失的催化下,通过教育这一关键性杠杆,使留守儿童的学习价值观隐藏着转化的可能性。在六年级的留守儿童中,关于小升初就读学校的选择,有的强烈表达了想通过选拔性考试进入市重点中学的愿望,而有的选择去镇中学,这可能是留守儿童学习价值观在外在因素,如在城市选拔考试难、镇中学的义务教育、家庭教育支持有限等因素影响下表露出转化的可能性,且后期的教育活动需要更多经济资本、文化资本甚至是社会资本的投入,这对留守儿童所处的家庭无疑是一种挑战。在家庭、教育制度等结构性因素的制约下,这种在儿童初期形成的稳定的学习价值观也可能发生转化。

(二) 实践世界:学习价值观生成环境的结构性制约及自我实践的能动性

生存心态,在日常生活实践中具有多种表现,而实践是生存心态外化与内化的中介。留守儿童的学习价值观不是天生的,也不是一蹴而就的,而是发生在乡村场域的一种实践活动,与个体认知、个体实践及环境因素相联结,贯穿在个体与社会之间双向的实践活动关系中。本研究根据 TX 市乡村留守儿童学习价值观的现状,对他们的实践世界进行讨论。首先强调一下,此次研究的实践并不是主体与客体的相互对立,而是在乡村场域宏观的背景下,基于留守儿童所处生态系统各层次的现状,结合留守儿童的精神世界,即寄存于留守儿童的生活场所和身体内的学习价值观,客观地分析留守儿童群体在特定历史环境中的实践所面临的客观性社会结构的制约及自身的能动性。

留守儿童的学习实践活动在同社会世界所建立的各种关系中进行,根据生态系统理论,将实践关系建立在家庭、社区、学校及同辈群体中,有利于全面、动态地展现他们在现实生活中的实践状态。从家庭血缘关系出发,父母一方或双方外出,年迈的爷爷奶奶照顾留守儿童,他们在能力范围之内帮助长辈干家务、照顾弟弟妹妹,有利于培养他们自理、自立的能力。可问题在于,在社会化初期他们更需要父母情感的呵护、行动的支持。在家庭实践中,最突出的问题在于,学习方面,物质的有限供给无法满足留守儿童的需求,使他们在学习实践中单调而无力;他们渴望父母的关爱与陪伴,父母角色的长时间缺失会对他们的心理健康产生不良影响。

从学校生活的业缘关系出发,同辈群体的学业互助与游戏陪伴、教师的学业帮助,有助于他们积极地克服学习困难。在学校实践活动中,即使外在的基础设施得到很大改善,但留守儿童对图书、知识的渴求并没有得到满足,这对于基础教育阶段的孩子来说无疑会产生巨大的负面影响。同时,任课教师的频繁更换,会影响学生对于课程学习的系统性,且留守儿童遇到生活困难时不会主动向老师寻求帮助,老师无法涉足他们的内心、关注他们的心理动态,长期的负面情绪积压会增加他们在青少年时期出现偏差行为的风险。

从社区共同体的地缘关系出发,社区基础设施和社区活动的匮乏,限制了留守儿童校外生活实践的空间与方式。社区文化建设滞后、娱乐方式低级都在一定程度上瓦解着乡村传统文化。即使百姓认为教育对于改变家庭命运具有十分重要的作用,但是当乡村青少年出现初中辍学、高中难读、大学难考及就业困难的现象时,这种现实生活就会冲击着他们的精神世界且再塑乡村文化。由于父母外出,留守儿童与原有社会关系的成员互动减弱,但不会因此而屏蔽这种影响。

留守儿童的内在需求与外在影响处于双向流动的过程中,在这样内外结构的制约下,留守儿童并没有被动地在结构牵制下实践。反而,他们在制约中努力发挥自身的能动作用,在自己最大的能力范围之内积极地实践、奋发图强,实现学习目标。在日常生活实践中受家庭、社区、学校及同辈群体的多重影响,乡村留守儿童会形成相对稳定的学习价值判断,成为他们现阶段主观能动发挥的深层精神力量,为自我选择策略提供精神支撑,对学习行为甚至个人未来发展产生重大影响。这种学习价值观具有持久的生成力,转化为留守儿童与外在结构制约抗衡的内在精神力量。作为被访谈对象的留守儿童的学习成绩平均处于中上游,这与他们发挥自身主观能动性密切相关,如有留守儿童表示,父母不给自己买书,她就向同学借，遇到不会的问题就找老师。同时，受到社会关系中重要他人的影响，如工作的叔叔、在城市生活的姑姑、就读于六盘山高中的哥哥、在外辛苦打工的哥哥姐姐等人物的影响，使他们认识到学习的重要性，激发着他们改变自我命运的勇气。

(三) 日常生活：反思乡村留守儿童的日常生活

日常生活以特定的社会关系为连接，体现一定的社会地位，使行动据此在其中行动与生活着。人们借助内在的生存心态，不断地认识、创造及建构他们所在的生活世界，即日常生活。以日常生活作为研究环境，可以充分考虑留守儿童的情感认同，显示留守儿童学习实践的内在特征，回应"问题性"留守儿童的质疑。

海德格尔在《存在与时间》一书中提出，要真正地揭示人的"生存在世"的奥秘，就必须从一个个具体的个人的"此在存在"出发，来观察人在不同时间中的生存结构。将此作为日常生活分析的基点，可以帮助我们在研究之初摒弃以"问题视角"来看待留守儿童群体。"留守"并不是恒定的角色，只是对一些在内外条件束缚下无法跟随父母一起流动的儿童所处境地的描述，是他们个体生命历程中的一个时间段。正如在访谈过程白河小学的代课老师所言："每年班级人数都会出现变动，留守学生和数量也会发生变化。"且日常生活具有流动性，父母外出，留守儿童群体成了稳定家庭结构变动的产物；父母返乡，留守儿童不再"留守"，所以不应将"问题"标签贴到他们身上，应以动态的生命历程考察"留守"这一阶段性的特殊经历对个体成长的影响。因此，提倡从非问题的角度积极地看待留守儿童群体，从综合性、全方位的角度了解留守儿童的生存现状及发展需求，为留守儿童创造一个更加积极向上、健康安全的生活环境。

日常生活在人生的历程中占据了大部分时间，由每一个平常而反复的日子构成，可这种平常的生活首先要满足人的基本生存需求。研究发现，在日常生活中，乡村留守儿童的安全需求突出。这种安全不是简单的环境安全、人身安全，而是心理机制的安全，即父母不在身边导致安全感缺乏。虽然他们积极投身学习活动，努力追求优异的学习成绩，这种积极的实践行为可成为他们安全需求的来源，但是在儿童成长的关键期，父母的"缺场"及相应家庭功能的失效，会导致他们的心理安全需求突出，正如留守儿童之歌——《心灵渴望》，歌词中流露出对父母关爱与陪伴的渴望。一方面，由于父母不"在场"，留守儿童失去了从他们身上模仿、学习的机会；另一方面，生活世界正在被"系统世界"侵入，这种需求会在重复的日常生活中被淡化，也可能会被强化而产生消极影响。

同时，这样重复的日常生活对于其中的每一个个体而言都已变成习惯，进一步促进了人们对它的忽略，且日常生活具有共时性，留守儿童与一般儿童在同一个日常结构中进行着各自的活动。笔者在此次研究过程中发现，部分乡村少年持有关于学习的消极认知、存在厌学情绪，甚至辍学在家。他们身处完整的家庭结构，为什么会产生如此消极的认知？对于这一现象须给予高度重视和进一步研究。

留守儿童在学习价值观生成过程中，表现出来的自我归并与同化的倾向及日常实践过程中的自我策略性，说明人们在日常生活中进行实践时总会进行或多或少的考量，这在一定程度上表明日常生活行为具有反思性。留守儿童在生活中无意识地接受着来自他人积极文化观念的传递，日常生活的例行化已经把关于学习的重要性内在化，植入行动的意识底层。但是日常生活的结构及意义，随着社会、经济及文化的发展而不断变化。现代化、工业化、信息化、城市化及新乡村建设的大步发展，对传统乡村地区的生产方式、生活方式、居住方式及文化观念造成冲击，尤其是对于经济落后、发展缓慢、文化观念封闭的偏远乡村而言，影响更是深刻。因此需要以发展的视角关注留守儿童，在"在场"的社会转型过程中客观地认识、观察及研究该群体，为相关政策制定提供实事求是的依据。

小结

乡村场域结构投射在日常生活世界里，成为留守儿童在实践中感知、察觉与领会的有机体系，从而长期积累与内化形成自我的学习价值观，即留守儿童的精神世界和实践世界在日常生活世界中的互构。首先，留守儿童的学习行为是主观能动性与外在结构博弈的过程，在现实生存环境中，他们协调各种社会关系，探索可利用的资源；其次，留守儿童学习价值观的生成不是一蹴而就的，而是在内化家庭教育观念的基础上，正规的学校教育对其进一步强化的产物，是在实践过程中归并有利因素的结果，以此形成内在一致的基础性目的与宏观性目的的学习价值观，由于"先天的"

弱势地位,在后期发展中学习价值观隐藏着转化的风险;最后,在父母一方或双方外出的家庭环境中,留守儿童学习的自主性更强、自我意识更加强烈,对后期的个人发展具有重要意义,另外他们的日常生活世界与一般儿童一样,对于父母关爱的需求不会发生变化,所以鉴于日常生活的流动性,不应该以问题儿童的视角对待他们。

针对在日常生活过程中暴露出的父母对教育投资偏少、校图书室资源有限、乡村教师队伍不稳定、社区活动及基础设施空白等问题,应大力提倡政府、社会、学校及家庭履行各自职能,加强各主体之间的互动与合作,切实为留守儿童打造积极向上、健康安全的生活环境;抓住精准扶贫机遇,扶智扶教,为广大偏远乡村留守儿童的未来发展注入动力;抓住乡村振兴的战略机遇,重建乡村文化,着实为留守儿童成长营造良好的文化氛围。值得一提的是,此次研究发现的部分乡村少年出现的厌学状态,在后期的研究中值得进一步关注。

第九章 "网格化陪伴"介入的实务初探：基于生态系统的视角

本章建立在第一套调查数据结果及行动研究的基础上，思考了针对留守儿童援助的各种介入方式问题。在实地介入中，本研究团队运用青少年"陪伴式"社会工作服务模式介入了对留守儿童的服务，结果发现，该服务模式存在三个方面的局限性：需求预估过于狭窄，不适合群体性的项目服务；服务场所单一，资源整合困难；陪伴方式占用过多资源，不符合公平服务的伦理守则。基于"陪伴式"实务模式的陪伴理念以及这三个方面的局限性，研究者引入公共管理中的"网格化"概念，提出"网格化陪伴"实务模式，并从理论基础、概念框架、实务过程等几个方面对该模式进行描述，认为其比较契合复杂的群体性需求，在留守儿童问题服务上具有推广的可行性和必要性。

第一节 行动研究设计

前文中关于留守儿童的研究，能在一定程度上帮助人们认识和理解留守儿童，并能在一定程度上号召社会组织群体对留守儿童给予关爱，也能给政府为制定留守儿童相关政策提供一定的借鉴。但这些研究都不能忽略一个事实，即留守儿童的产生源于二元结构下乡村劳动力向城市转移，从而导致的亲子分离现状（唐有财、符平，2011），在目前国情下，这种现状是难以改变的。因此，不管选择怎样的研究方向，都必须承认亲子分离状态下的留守儿童是弱势群体，是需要被关爱和服务的。

本章主要采用行动研究法，既以留守儿童为服务对象，也以其为研究对象。研究分为两个阶段，调查评估阶段和实务研究阶段。调查评估阶段的资料来自第一套数据，主要评估其中的 765 名留守儿童，评估表明，留守儿童存在亲子沟通、心理支持、学习辅导以及素质型活动等需求。根据评估结果，本研究团队选取 W 市 DS 小学为服务点，针对该校 4—6 年级留守儿童，采用"陪伴式"实务模式介入留守儿童服务，通过服务反思提出"网格化陪伴"实务模式。

第二节 "陪伴式"实务模式应用及反思

顾名思义，"陪伴式"模式是指家长和社会工作者用正确的方法和态度陪护、守候在青少年身边，给予其必要的知识辅导、心理抚慰、情感支持、人生指导等，目标在于促进青少年的长远发展（肖玉兰、金小红，2012）。

该模式是基于风险社会背景下的研究，家庭风险理论认为，伴随着家庭结构的变化，在单位制解体、老龄化、家庭小型化和人口大流动社会背景下，家庭面临着婚姻危机、亲子冲突等各种家庭风险，这些风险使家庭功能弱化，使其在教养模式、沟通方式、家庭氛围以及家庭外部环境等方面出现很大的问题。在此背景下，"陪伴式"实务模式认为，青少年需要家庭父母的陪伴，并且没有人可以取代这种陪伴，但社会工作可以通过专业方法促进青少年身边的父母进行更"科学"的陪伴，对于父母不在身边的青少年则实行替代性的陪伴。其实务方法主要从家庭父母和青少年自身两个方面着手。工作者介入家庭主要在于对家长开展各方面的知识宣传和培训，引导他们采用合理的方式实施家庭教育；介入青少年自身主要在于明确青少年需求，给予青少年支持，陪伴青少年成长。

一 "陪伴式"实务模式的应用

（一）亲子沟通的需求与实务

调查评估结果发现，留守儿童亲子沟通频率集中于半月到两月一次，当留守儿童与监护人产生矛盾时，选择与父母沟通的人数仅占 24.2%，说明留守儿童存在亲子沟通的需求。

亲子沟通的需求应该是以各种方式促进亲子之间的互动与交流，但留守儿童面临的现实困境在于亲子在空间上的分离，因此促进其交流可以采用电话或网络的方式。DS 小学已有的措施是建立专门的电脑聊天室，为每一位留守儿童申请 QQ 号，并根据课程安排使学生能与父母视频聊天。但实际的弊端在于，留守儿童上机时间只能在白天，而其父母往往是很晚才能下班，这也就导致网络视频的方式不能行之有效。基于这种情况，工作者选择通过电话联系的方式，在几乎所有小学生都没有自己独立电话的事实下，就必须通过加强监护人的亲子沟通观念，使监护人可以促进留守儿童与父母的沟通。

本次项目在针对留守儿童的沟通需求上，主要通过《我想有个家》、绘本·感恩教育等使留守儿童感知自身及父母的生活，促进学生思考自身现状；传授学生沟通技巧，鼓励他们向父母表达自己的想法，并通过家庭作业的方式促进亲子沟通和理解。通过"爱·感恩"心灵成长工作坊塑造特殊环境，使留守儿童敞开心扉，相互支持，促进和形成其对父母亲人的感恩和理解。

（二）学习辅导的需求与实务

笔者通过与留守儿童和教师的访谈发现，留守儿童监护人往往更关注于孩子的身体健康情况，而忽视其教育问题；部分监护人年龄偏大，学历较低，难以照顾到留守儿童的学习；调查留守儿童在"父母不在身边最大的担忧"时，学习辅导居首，占 32.7%，其次为长辈生病（27.6%），受人欺负（16.6%）等。这说明，留守儿童存在学习上的问题和学习辅导的需求。

针对留守儿童学习辅导的需求，城市社区针对青少年课后学习辅导的社会工作方式通常是成立课后学习辅导组织，如"四点半课堂"。DS 小学的特殊情况在于，其学生分为走读生和住读生，对于住读的学生，学校在放学后又安排专门的教师负责学生完成课后作业，并有值班老师为学生辅导作业；但对于走读的留守儿童，学校并没有较好的方式去处理。

鉴于这种情况，工作者主要通过小组工作和组建学习辅导志愿者服务队的方式展开服务。小组的工作方式是促进组员相互学习、相互支持，形成互助关系，在此基础上，开展志愿服务，构建学习帮助团体，满足留守儿童对于学习辅导的需求。

（三）心理支持的需求与实务

通过访谈发现，监护人往往只关心留守儿童生理上的需求；父母长期在外也会导致亲子关系疏离，使学生缺乏归属与爱；部分留守儿童表现出怯弱、自卑等不良的心理倾向，以下工作者与教师的访谈可诠释此观点。

> 工作者：那您觉得学校的留守儿童或者说全校的学生最需要的是什么？
>
> 老师：我觉得他们最需要的还是心理上的辅导，不光是留守儿童，初中的孩子都这样，老师照顾的学生太多，对儿童的心理照顾得不会那么细致入微，有时候容易出问题，所以关心留守儿童也好，关心非留守儿童也好，在心理辅导和心理健康方面应该多关注。

留守儿童的心理需求通常是由外因导致的，当其在亲子关系、同辈群体人际交往、学习等方面出现问题时往往会形成程度不一的心理困惑。个人的行为和心理是受社会环境的影响，因此解决留守儿童的心理困惑在于帮助留守儿童适应环境，而造成留守儿童心理困惑的最主要原因在于其与父母、监护人或者同辈群体之间的沟通问题。

针对这种情况，工作者开展了心灵成长工作坊，释放学生的心理压力，对心理困惑较深的学生实施个案服务。"爱·感恩"心灵成长工作坊不仅是对留守儿童关于朋友、老师以及家庭的爱与感恩的体验，也是他们释放心理压力并获得支持的过程。个案服务是对小组、工作坊等服务更深入的跟进，项目共服务了两个典型个案和12个咨询性个案。从个案的评估结果来看，基于时间和现实情况，工作者在案主的环境资源利用方面并没有取得很大进展，但从陪伴的角度来看，案主的心理困境所带来的压力在一定程度上得到释放。

（四）素质型活动的需求与实务

在关于"你希望得到社会、学校及家庭为你提供怎样的帮助"的调查中，选择"社会关爱·手拉手""兴趣小组""电脑培训""亲子活动"等素质型活动的占73.5%，其次为学习辅导（10.0%）、经济支持（5.5%）等。可见，留守儿童存在对于素质型活动的需求。

项目中关于留守儿童素质型活动多样化的内容，除了上述的亲子沟通知识教育、绘本·感恩教育、"爱·感恩"心灵成长工作坊、"彩虹桥"人际交往小组、志愿者服务队等，还开展了其他各种活动，如"手拉手·改变"成长小组、健康知识讲座、体育竞技活动、兴趣小组等其他团建活动。

二　"陪伴式"实务模式的反思

从服务反馈的情况来看，"陪伴式"实务模式在服务留守儿童的过程中具有很强的实践作用，在实践过程中，社会工作者陪伴留守儿童，做他们的老师、朋友、手足、伙伴等，伴随他们健康、快乐的成长，但其中也暴露出以下几点局限。

（一）需求的局限性

"陪伴式"实务模式在需求预估方面过于狭窄，不适合群体性服务。"人在情境中"理论认为，人的行为既受外界环境压力的影响，也受内在心理冲突的影响，这两种影响以复杂的方式交互作用，而外界环境又包括家庭、学校、社区、大众传媒等。因此，针对案主问题的评估，不能仅仅评估其一个方面的问题，而应在评估案内外环境的基础上，分析环境之间相互影响的逻辑关系，从而评估案主的需求。"陪伴式"实务模式是基于风险视角，针对青少年在家庭环境方面亲子陪伴需求不足，以社工教育或替代性的方式弥补青少年的陪伴性需求。它只是分析了青少年家庭环境和心理状态之间的相互关系，却忽略了社区、学校等其他可能与其心理变化产生作用的环境。事实上，笔者在本次的项目中发现，尽管留守儿童的现状比较符合"陪伴式"实务模式的需求假设，但使用这种单一模式，很难解决留守儿童的实际问题，以下面个案为例。

个案1：M，男，在DS小学五（1）班就读。案主是家中独子，父亲干建筑，母亲做厨师，父母文化程度不高，平时对案主管教较严格，一旦案主做错事情，父亲经常打骂案主，母亲也不阻拦，家庭教育方式为典型的棍棒教育。据老师介绍，案主平时在学校爱打架，经常与同学发生冲突，老师对此也没有办法。案主认为自己的打架行为没有错，是在忍无可忍的情况下才动手打人，案主并为自己这种行为洋洋得意，认为是"很厉害"的表现。

根据以上信息内容，对案主面临的现实进行评估可知案主显性的问题有三：一是父母在家庭教育方式上存在问题；二是案主在认知上存在明显的偏差；三是案主在人际交往方面存在一定的障碍。上述个案中，案主关于家庭教育的问题，可以运用"陪伴式"实务模式方法，通过与案主父母进行沟通，实现其正确的教育方式来解决；但案主人际交往的认知和障碍可能与学校风气、社区环境等案主所生活的各领域的背景有关，这就不是简单的家庭陪伴可以解决的。

（二）资源的局限性

"陪伴式"实务模式服务场所相对单一，不利于对服务资源的有效整合。

"陪伴式"实务模式最初的研究源于对家庭社会工作的研究，是社会工作者通过家庭工作手法介入家庭教育问题的一种工作模式。本次项目由于是学校留守儿童服务站项目，因此实行的是学校社会工作的陪伴方式。但不管是学校社会工作还是家庭社会工作，只要实践"陪伴"形式，就必然会在案主可能面临的所有社会环境系统中展开行动，而这种行动在实践中是很有局限性的，比如以下案例：

> 个案2：P，女，12岁，DS小学六（2）班。服务对象为留守儿童，父亲经商常不在家，与服务对象情感交流较少；母亲无业在家，经常打麻将，有时不为孩子准备早餐，一天两顿，和服务对象也缺乏情感交流。服务对象有一个哥哥，在镇中学读初一，服务对象和哥哥关系不好，经常吵架，现在处于僵持阶段。服务对象平时在校性格活泼，但是敏感易冲动，情绪不稳定，与同学人际关系不良，但仍有少数好友。另外，外界传言服务对象不是现在父母亲生的，而是舅妈亲生但寄养于此，服务对象对此很痛心。

案主呈现的显性问题包括亲子问题、与兄长的沟通问题、与同辈交往问题以及情绪管理问题，可能也包括"传言"的问题。从案主"性格活泼""仍有少数好友"可知，案主没有严重的交往障碍，与同学人际关系不良可能与"传言"有关，同理，与兄长的关系处理可能与家庭教育、家庭氛围或者也和"传言"有关。因此，案主所面临的问题在根本上是家庭问题，这就很符合青少年"陪伴式"实务模式在家庭领域的应用，但案主的环境表明，介入案主的家庭领域，就必须介入案主家庭的环境领域，可能包括案主兄长的学校、案主的学校及社区、案主母亲的生活领域，也可能包括"舅妈"的生活环境。这样庞大复杂的目标系统及其环境，通过"陪伴式"的实务模式是无法解决案主问题的。

（三）伦理的局限性

"陪伴式"实务模式的陪伴行为在资源有限的条件下，会占用过多的服务资源，不符合社会工作者平等服务的伦理守则。

每个人都有从社会获益的平等权利，也有背负社会负担的平等义务。这一原则是基于占第一位的社会价值观平等。依据这一价值观，社会工作者引申出专业上的信条，约束他们在平等的基础上向所有的当事人分配可以得到的资源，即平等服务的价值伦理。社会工作服务是群体性的福利服务，相对于社会工作者的服务对象，其服务资源总是有限的。尽管目前没有统一要求每名社工服务的群体数量，但根据《北京晚报》中《关于全面加强城乡社区居民委员会建设工作的意见》的内容，每500户居民要配备1名社工，北京家庭平均人口为2.45人，即每名社工服务人数约为1200人。另外，从学校社会工作发展的趋势来看，上海、深圳等地区已经采取"一校一社工"的服务模式。这就表明，社会工作服务不仅仅是"一对一"的服务，也是群体性服务。

但是，"陪伴式"实务模式要求社会工作者"做青少年的老师、朋友、手足、伙伴等，伴随青少年健康、快乐成长"。这种"陪伴"理念是对社工助人价值理念一种很好的诠释，但在服务资源有限的前提下，其"陪伴"并不具有可操作性。比如，在个案2中，社会工作者既要践行案主在家庭、学校以及社区等各领域的"陪伴"，又要介入与案主相关人物的环境系统，这就势必造成社会工作者对该案主投入过多的服务资源，而减少其他服务对象的资源。因此，尽管"陪伴式"实务模式对缺乏家庭陪伴的留守儿童甚至其他青少年有一定的针对性，但在资源有限的情况下，其"陪伴"行为在一定程度上侵犯了其他服务群体享受社工服务的福利，与此同时，社工也违反了对服务对象公平服务的伦理守则。

第三节 "网格化陪伴"实务模式探索

项目实践与反思表明,"陪伴式"实务模式在实务开展及项目推广中有很大的局限性。但不可否认的是,其"陪伴"行为是践行社会工作助人理念的高度体现。在这种理念下,是否有其他方法可以将"陪伴"的单一性需求扩大至案主的整个系统性需求?是否可以将案主生活场域分化处理?是否可以以服务对象的需求为准则,将社会工作的服务资源重新分配?基于以上思考,本研究提出"网格化陪伴"实务模式。

一 理论基础——生态系统理论

生态系统理论源于生物学概念,后结合"人在情境中"视角成为社会工作的生态系统理论。该理论将个体生活的场域视为"栖息地","栖息地"有无数的资源,包括物理环境资源和社会资源,当个人与资源之间的互动出现困难时,个体将面临困境。因此,社会工作主张既考察服务对象的内部因素,也考察其"栖息地"的环境资源,理解个人在家庭、社区、团体组织等生态系统中功能的发挥,由此切入案主的服务。生态系统理论将案主的社会资源分为几个系统,即微观系统、中观系统和宏观系统,三个系统之间相互影响和作用。

二 概念与应用框架

根据以上"陪伴式"实务模式三个方面的局限性,本研究对应提出"网格化陪伴"实务模式的三个核心概念,即三个基本问题、网格系统与陪伴转移。

(一)能力、心理和社会支持——三个基本问题与服务策略

案主面临的基本问题与其抗逆力的三个因素息息相关,即效能因素不足时,案主表现出的主要是能力缺乏的问题;内在优势因素不足时,案主表现的主要是心理问题;外在支持因素不足时,案主表现的是社会支持问题。因此,解决这三个基本问题就要从能力建设、心理调适和社会支持这三个维度出发(童敏,2008)。

1. 能力建设——服务的宽度。作为社会工作服务的宽度,能力建设

涉及如何评估案主的需求及能力问题，决定的是社会工作者服务的主要内容，如图9-1所示。

在"问题"评估方面，工作者要评估有"问题"的部分和没有"问题"的部分；在"能力"评估方面，工作者要评估案主拥有哪些能力，没有哪些能力，哪些能力是个体适应环境必需的，哪些不是必需的；在综合评估方面，工作者要评估"问题"与"能力"的相关性，不仅要重视导致案主问题的"没有的能力"，更应重视可以解决问题的"已有的能力"，同时，对于其他不确定是否与问题有关的能力，也应该从优势视角出发，积极带动案主问题的改变。所以，案主的能力建设实际上就规定了工作者专业服务的范围，应该对案主的哪些方面进行服务，即服务的宽度。

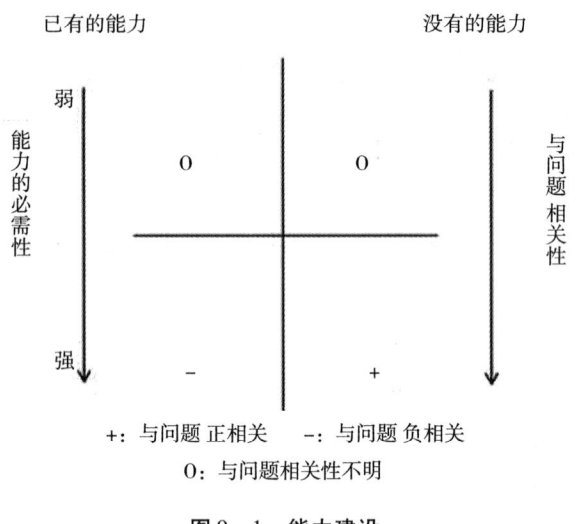

+：与问题 正相关　－：与问题 负相关
O：与问题相关性不明

图9-1　能力建设

2. 心理调适——服务的深度。作为服务的深度，心理调适涉及的是怎样介入案主心理层面的问题，决定的是社会工作者在心理层面介入的焦点，如图9-2所示。

根据案主所呈现的问题，工作者可以直接介入处于意识表层的其他行为层面，或深入介入案主的意识层面乃至更深入的无意识层面。这样的介入会使服务具有一定的针对性，是比较常见的介入方式，但这样介入的缺点是介入心理层面单一，会忽略案主心理层面相互之间的影响关系。因此，社会工作者应该在分层介入的基础之上，评估案主行为、意识与无意

心理层面

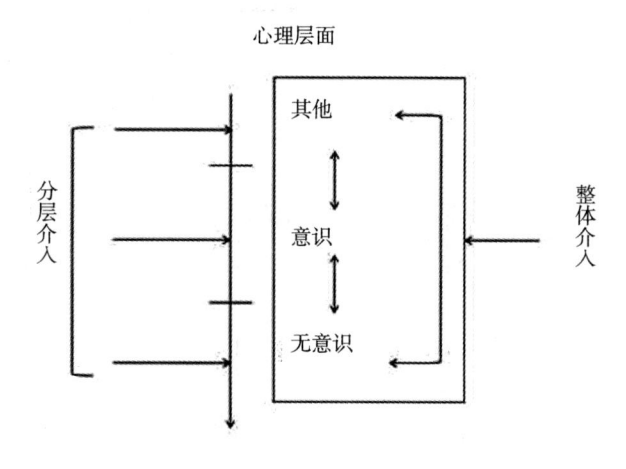

图 9-2 心理调适

识之间相互影响、相互作用的关系，从整体上介入案主的心理层面。所以，案主的心理调适实质上就是选择案主心理的介入层面，调适各心理层面的关系，即确定服务的深度。

3. 社会支持——服务的广度。作为服务的广度，社会支持涉及的是除案主本身之外与其相关联的因素，这些因素是帮助与维持案主改变的主要因素，决定的是工作者可以整合的资源范围。

根据评估案主的能力问题和心理调适的程度，可以判断工作者需要整合哪种程度的系统资源：当案主问题较轻时，工作者可以整合其个体的微观系统的资源；当案主问题较严重时可以整合案主的中观系统资源；当案主面临很严重的问题时，就需要整合包括社会文化、组织以及制度等宏观性的资源。通过整合各系统资源，建立案主与系统资源之间的联系和支持，从而满足案主的需求。

但要注意的是，整合各系统资源并不是直接将各系统的资源应用于案主本身，社会工作伦理要求资源必须公平地、合理地为服务对象服务，因此对于资源的运用或者通过公平的分配，或者通过相互的资源交换。所以，仅仅运用中观系统、宏观系统的资源满足案主的需求在一定程度上侵犯了这些系统的利益，应该建立案主与各系统之间相互交换、相互支持的关系，实现资源的合理整合。

任何服务对象的需求和问题都可以归类为能力问题、心理调适问题和社会支持问题,而这三类问题并不是孤立存在的,而是相互影响,伴随而生:案主部分能力缺乏可能造成案主的心理问题,从而影响其行为,进而影响其人际关系和社会支持系统;案主产生心理困惑时,可能造成学习障碍,影响能力的提升;案主的社会支持不够时,容易产生心理孤僻,或者能力的丧失。因此,在服务案主时,要从这三个方面综合分析,通过分析案主的能力问题,评估案主的需求;通过分析案主的心理调适问题,判断如何影响服务对象;通过分析案主的社会支持问题,判断怎样去维持案主的改变。

(二) 网格系统——个案管理与服务信息化

1. 个案管理。个案管理是社会工作的专业人员为某一群体或某一案主整合、协调所有助人活动的一个过程(林胜义,2001),它强调的是两个及以上的专业工作者在给案主服务的过程中相互沟通与协调,强化案主的资源网络,增进案主使用资源的知识、技巧和态度,并重视案主个人获得及运用资源的能力(Ballew & Mink, 1998)。

由以上个案管理的概念可知,个案管理强调两个方面,一是强调多个工作者之间的团队合作,二是强调案主资源的整合。个案管理的工作方式有以下两个特点,一方面,多个工作者合作的方式可以将同一个案主的生活场域划分为各个不同的生活网络,每个工作者只负责该案主在自身服务范围内的生活网络,极大弥补了"陪伴式"实务模式中场域的局限性;另一方面,各工作者只负责案主在各领域的生活网络,可以使一名社工对多名案主集中实施陪伴行为,节省社工自身的人力资源,也可以更好地整合该生活网络中的社会资源。

从个案管理的概念可以看出,个案管理需要将案主的生活场域或生态系统划分为各个领域的专业社会工作服务,这就需要将案主的环境系统在网格化的基础上实施个案的信息化共享管理。

2. 网格化管理与网格系统。网格化管理是公共管理学的概念,原指采用万米单元网格管理法和城市部件管理法相结合的方式,应用、整合多项数字城市技术,研发"城管通",创新信息实时采集传输手段,创建城市管理监督中心和指挥中心两个轴心的管理体制,再造城市管理流程,从而实现精确、敏捷、高效、全时段、全方位覆盖的城市管理模式(陈平,2005)。其核心概念包括:

第九章 "网格化陪伴"介入的实务初探：基于生态系统的视角　203

　　万米单元网格管理法——在城市管理中运用网格地图思想将所辖区域划分成以万米为单位的网格区域，在每个区域实行明确的责任分工形式实现分层管理；

　　信息采集器——以手机等无线网络方式对网格区域内的信息进行采集和传输；

　　两个轴心管理——整合政府职能，成立网格管理中心和监督中心，二者相互分工、相互制约。

　　社会工作服务从根本上来说是一种资源管理的服务，它帮助案主整合自身资源。但随着资源形式的复杂化，工作者必须依赖一定的方式使资源层次化以便于整合，而网格化管理正是在日益复杂的城市管理中出现的创新型城市资源管理的方法。该方法能在一定程度上减小"陪伴式"实务模式中的局限性。因此，可以依据网格化管理的内涵及其核心概念，建立社会工作服务的网格化系统：

　　第一，网格系统，以社区为单位，将案主面临的困境根据工作者的工作领域划分为各个网格区，每一个网格区有一名专业社工负责相关问题，将该社工服务点称为网格点；

　　第二，网格点的个案管理，根据接案的网格点，由该网格点社工负责协调其他网格区社工，根据案主的困境共同制定服务计划；

　　第三，服务信息化，个案管理涉及多个社工为案主服务，建立个案的信息化，共享各社工之间对案主的服务进程，能促进服务过程的良性运行，也能避免社工服务资源的浪费。

　　以上内容形成社会工作服务的网格系统概念，通过建立网格系统，不同专业领域的工作者可以将案主所面临的困难网格化，由各网格点社工通过相互沟通和协调，有序解决自身领域内案主的困境，其具体结构如图9-3所示。

　　（三）陪伴转移："单一性"陪伴理念——"网格化陪伴"实践

　　1. "陪伴式"实务模式的陪伴实践。"陪伴式"实务模式的陪伴实践源于青少年积极发展理论，其关注的重点在于青少年的优势和才能，而不是他们的问题，它相信青少年拥有无限发展潜能，认为每一个青少年都能顺利度过青春期进入成年期，并能为社会做贡献。因此，社会工作者可以通过陪伴在青少年身边的方式，承担起对于青少年的教育和指导责任，做

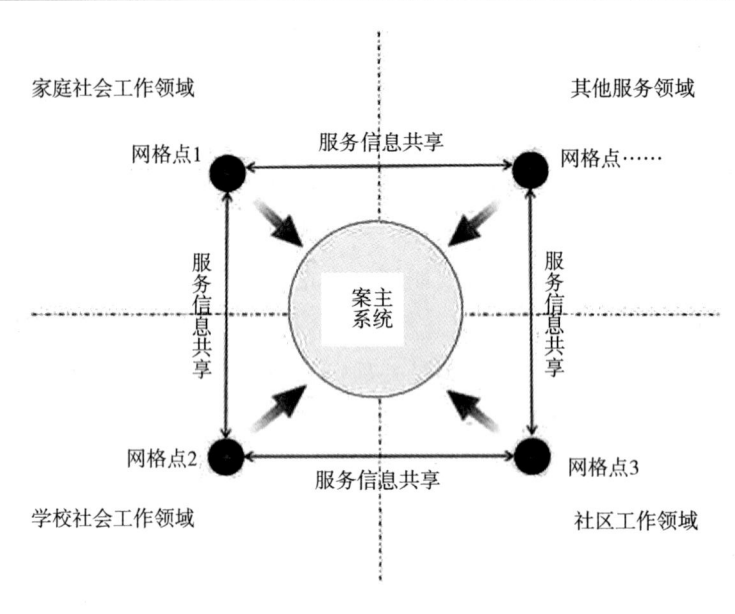

图9-3 网格化服务因素

青少年的老师、朋友、手足、伙伴等，通过各种青少年的陪伴性实践，伴随青少年健康、快乐成长。

2. "单一性"陪伴理念。"单一性"陪伴理念是指仅由社工陪伴案主面临的困境的陪伴理念。"陪伴式"实务模式的陪伴行为从理论上极大体现了社会工作的服务价值，但项目经验表明，这种"单一性"陪伴行为在资源有限的条件下，并不符合社会工作实务的伦理，即这种陪伴实践不具备操作价值。因此，可以通过提取"陪伴式"实务的陪伴理念，在该理念的基础上，通过另一种方式，将"单一性"陪伴转化为"多样性"陪伴以丰富陪伴行为。

3. 陪伴转移：系统视角下的"网格化"陪伴实践。"陪伴式"实务模式的陪伴行为过多利用的资源不是社工所整合的环境资源，而是工作者自身的人力资源。这种陪伴行为需要工作者减少甚至放弃其他服务对象和服务内容，而将自身时间和精力集中于对该案主的陪伴，而实践证明，这种陪伴在资源有限的条件下无法操作。因此，在生态系统视角下，工作者在服务于案主能力提高、心理调适的同时，需要通过将工作者陪伴转化为案主所处各层级系统的陪伴，这样就可以将社工本身投入的人力资源分散至案主及其周边系统，建立起案主与其环境之间的相互陪伴关系，这种陪伴关系在案主获得社会支持的同时,也能使案主成为其环境系统的支持者和陪伴者。

三 实务过程与原则

(一) 实务过程

"网格化陪伴"实务模式工作流程遵循社会工作实务的一般性通用过程,只是在通用过程的基础上增加了"网格化陪伴"的过程,其流程如图9-4。

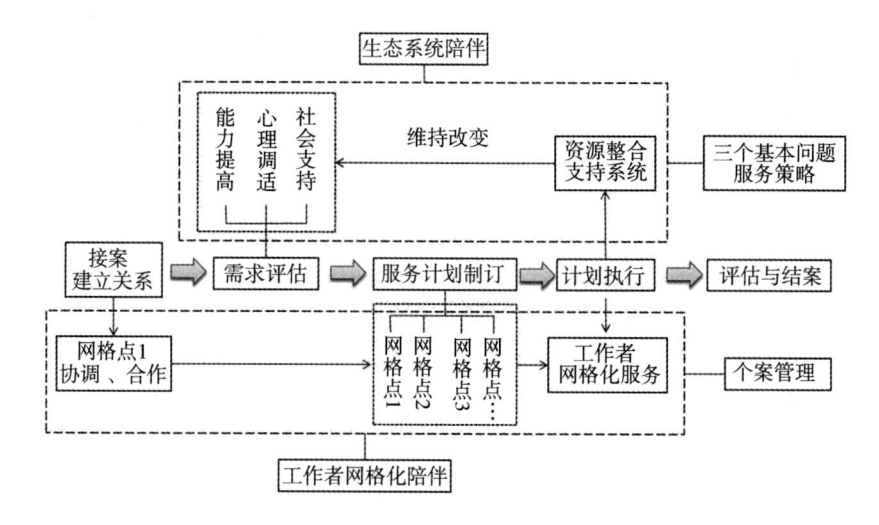

图9-4 "网格化"服务过程

由图可知,"网格化陪伴"实务模式的过程有三条主线。

1. 通用过程。社会工作的通用实务过程,即预估,评估案主能否接案;接案,建立专业关系;需求评估,对案主现状与需求进行评估,将需求按照重要程度排序;与案主一起制订服务计划;计划执行,工作者帮助案主整合资源,使案主改变;评估,反复对案主的不同阶段进行评估,更新服务计划;结案,处理离情关系,巩固案主资源系统,维持案主的改变。

2. 策略过程。在通用过程的主线下,策略过程是从案主的三个基本问题出发,以需求为导向的服务过程。工作者在对案主需求评估后,不断提高引发案主问题的能力,引导案主调适心理状态,促进行为的改变,并使案主获得社会支持，巩固案主与环境系统的相互作用，这个过程既是社工服务案主的策略过程，也是案主网格化的系统资源陪伴案主改变的过程。

3. 网格化与个案管理过程。在通用过程主线下，接案社工组织案主相关问题领域的社工，协调各网格点，制定相应的服务计划，共享服务内容，促进各网格区服务与资源的有效利用。各网格社工共同实行个案管理，陪伴案主在各网格的改变。

策略过程和网格化个案管理过程，是对社会工作通用实务过程的补充和进一步明细。在这个过程中，不仅工作者个人陪伴案主一起面对问题，制定服务计划，帮助案主改变行为，实施社会工作者的陪伴实践，同时，工作者不断整合案主的系统资源，帮助案主获得社会支持，将社工的陪伴转化为案主系统资源的陪伴，如亲子陪伴、同辈群体的陪伴、社区志愿者陪伴等，从而实现"网格化陪伴"实务模式的陪伴理念。

（二）实务原则

"网格化陪伴"实务模式的实务原则除了必须遵循社会工作的通用原则外，此外还须遵循以下原则。

1. 资源优势原则。案主所面临的所有环境都是资源并能成为优势。人是社会人，任何人所处的社会环境中都包含知识、勇气、才能或物资（何雪松，2007）。"网格化陪伴"实务模式中的重要一点是整合案主的环境资源，使案主获得社会支持，促进案主与环境的相互陪伴关系。社会工作者只有认识到案主的所有环境都是资源，才能合理整合这些资源，将这些资源转化为优势资源并加以利用。

2. 陪伴原则。案主都需要陪伴。陪伴是"网格化陪伴"实务模式的重要理念，案主面临困境的重要原因之一在于无法获得社会支持，社会工作作为案主个人之外资源的一部分，率先陪伴案主，给予案主支持，是案主获得社会支持的开始。在实务开展阶段，工作者陪伴案主制订服务计划，面临困境，一起获得资源，成为案主实施改变的重要动力。因此，社会工作对服务对象的陪伴能更好地帮助服务对象走出困境。

3. 合作原则。各网格点的工作者相互合作能更好处理案主困境。个体面临的困境是其能力、心理和社会支持共同作用的结果，涉及案主放入各个系统环境，也涉及不同的社会工作专业领域。各网格点的工作者在服务于自身领域内案主困境的同时与其他社工合作，能更全面地挖掘案主环境系统的资源，使案主获得环境的支持，建立与环境之间的陪伴关系，从而走出困境。

小结

随着国家对社会管理创新和社会工作发展越来越重视，"网格化陪伴"实务模式的发展和推广也越来越能体现其优越性和必然性。一方面，社会转型、社会发展加速、个体独立性增强、家庭功能弱化等社会现象，表现为人与人之间的情感严重淡化，在人的价值逐渐提升的背景下，陪伴与支持显得尤为珍贵，社会工作的陪伴理念使社工更能得到案主的认可，从而建立更好的专业关系；另一方面，社会问题增多，资源、环境更加复杂，社会工作专业与职业分化也必然更加细致，社工"网格化"的协同合作方式更能整合资源，实现多领域更专业的服务。当然，在目前社工发展的现状下，该模式在推广的过程中可能也会遇到一些难题，但其可以成为在项目服务中借鉴的方向。

第十章　留守儿童关爱服务传输中社会工作者资源整合角色的再思考

如前所述，父母外出打工导致的亲子分离对留守儿童的成长产生了一系列不良影响。理论研究从修复乡村留守儿童的家庭微系统、强化学校微系统、同伴微系统、社区文化微系统等几个方面探讨教育及其他实务介入的途径；实践中，政府、企业、社会组织和爱心团体纷纷下乡"送温暖"，留守儿童接受的资源和关爱服务不断增多。然而本次调研发现，由于服务资源分散性强、服务活动的整体组织性及整合性弱，使得服务过程及服务结果出现某种程度碎片化和低效能特点。本次研究在前文"网格化"思路体系下，从资源整合视角出发，具体反思社会工作者的资源整合角色内涵，以期在理论与实践上为推进留守儿童服务的专业体系建设提供新思路。但是社会工作者的资源整合角色不仅仅依赖于自身的反思与实践，也需要政策上"合法性"身份的认可与推动。

第一节　留守儿童关爱服务的传输

一　服务现状

实践工作中，大量的社会关爱行动汇集到这个群体上。然而研究发现，这些碎片化、无组织、可获得性弱的服务资源以及福利资源之间缺乏有效衔接（行红芳，2014），资源和服务的提供者都比较关注为留守儿童提供物质上的资源或者替代性的服务，希望通过自己的方式帮助留守儿童，但是，众多资源各自通过自己可获得的方式和途径运行，并没有得到良好调配和合理运作。个人、社会、企业和社会团体等社会力量提供的各种资源没有得到充分利用，甚至在一定程度上造成了资源的浪费。

现行，专业的社会工作服务于留守儿童，很多是通过社工机构承接政府的购买项目方式进行，政府发布招标，社工机构根据自身的机构设定和现实因素的考量进行项目策划、项目实施，容易陷入刚性管理与专业服务之间的张力之中（张昱，2008）。虽然前期主要是考虑留守儿童自身的需求才能竞标成功，但在具体的实施过程中，会存在很多的利益主体和资源主体，这种复杂性导致社工需要考虑相关因素（洪佩、王杰，2016），做出最优的选择，而留守儿童，在这一系列的主体中，标有"弱势群体"标签（王英、王小波，2017），他享受的选择权利和话语权并不足以表达自己的需求，致使项目结束后，留守儿童的需求在很大程度上没有得到满足（陈玲、黄君，2016；宋艳艳、张超，2018），这种情况不仅造成了资源的浪费，而且违背了最初的项目目标（董云芳，2013）。

社会工作者可以利用社会工作服务项目对儿童福利进行资源整合（王才章、李梦伟，2019）。在这其中最重要的是，以留守儿童的真实需求为出发点，社工可以通过专业判断，建构服务对象的主体性，重视服务对象环境系统中的资源整合和合理利用，最大限度地满足服务对象的真实需求，提升福祉（王英、王小波，2017）。为了在理论上与实践上更好地服务于留守儿童的需求，我们要对社会工作者的资源整合角色重新思考，并以现实为依据反思此一角色建设与功能。

二 社会工作者角色

由于留守儿童问题的复杂性、需求的多重性，往往需要集合政社多重力量，从个体、家庭、社区等多层、多维度介入。介入策略也是综合性的，包括情绪疏导、资讯提供、家庭照顾、邻里支持、资源链接等，在服务的传递过程中，各参与主体发挥自身资源优势和偏好，以资源共享为目标，以公共利益为价值建构行动取向，扮演不同的角色，是形成合作治理的前提（唐德龙，2014）。留守儿童问题的复杂性给社会工作者的角色扮演提出了挑战。

社工在一个服务领域中肩负着多重主体的任务，社会工作者在不同的实务领域和具体的项目操作中所发挥的作用不同，因此，社会工作者需要扮演不同的角色，并且，在一个领域中会同时扮演多重角色。针对留守儿童的社会服务，社工可以同时扮演多重角色，具体有：政策输送者、个案管理者、资源整合者、教育者、服务整合者及参与引导者六种角色（卓志强、宋智魁、向羽，2018）。然而作为资源整合者的角色，其理论目标与现实实践还存在着很大差距，因为不同资源分属于不同的行动主体，各行动主体有其自己的行动逻辑。

无论是学校还是留守儿童，其需求的多元化、复杂性都对资源的有效性提出一定要求（杨小云，2012），因为并不是提供了资源，需求就会得到解决，需要通过系统有效的资源整合予以满足。由于资源的碎片化和服务提供上的间断性，造成大量资源闲置，这是由于关联和途径问题资源而未能得到充分利用（王光普，2017）。但是"资源整合"并不仅仅只是一个操作技术的环节，也需要一个合理的平台与"合法性"的角色去实现它，也就是说资源整合的实现是服务平台、行动主体与行动技术统一的结果。

三　实地观察与走访

笔者在WH市P区L小学进行了一段时间的参与式观察，在校园中观察留守儿童的日常学习场所和日常生活状态，以期获得丰富的一手资料。除了接触学生，研究者也在现场与社工机构的项目主管取得了联系，并且参与了他们举办的服务活动，在这个过程中，我们初步了解了这个社工机构参与的留守儿童服务的内容。

在近一个月的时间内，笔者通过把握学生的课余休息时间及参与课堂教学等方式，深入接触并采访了12名留守儿童。同时，访谈了L小学的留守儿童服务站负责人兼心理辅导老师和政教主任等人，了解了覆盖L小学的乡村留守儿童服务站的运作情况及历年取得的服务成就等；访谈了3—6年级的班主任，了解他们平时关注的留守儿童的基本学习和生活情况及学校开展的留守儿童活动等；同时，还访谈了当时正在L小学开展活动的某社工机构的P区留守儿童服务的项目主管，通过她了解了项目运作情况以及在整个P区的留守儿童服务概况。最后，也访谈了其中一个村委会的妇联主任及其他工作人员，了解了整个行政村的一些关于留守儿童的基本情况。

表 10 - 1　　　　　　　　留守儿童访谈基本信息表

案例编号	性别	年级	父母状态	监护人	家庭人口	备注	访谈时间
HLN20190523	女	三年级	父母务工	祖父母	4	父母离异	20190523
LXH20190524	女	三年级	父母务工	母亲	6		20190524
XYH20190620	男	三年级		父亲	2	单亲	20190620
WXY20190524	女	三年级	父亲务工	父母	4	父母轮流外出	20190524
ZMX20190524	女	三年级	父亲务工	母亲	4	一个6岁的妹妹	20190524
MXY20190524	女	四年级	父亲务工	母亲	4	父母均外出打工的经历	20190524
CZH20190630	女	四年级	父母务工	外祖父母	6		20190630
WAQ20190524	男	四年级	父母务工	祖母	5	上大学的姐姐	20190524
PAW20190524	男	五年级	父母务工	祖父母	6	父母再婚	20190524
HSLX20190630	女	五年级	母亲务工	外祖父	3	父母离异	20190630
LJC20190630	男	五年级	父母务工	祖父母	5		20190630
YP20190530	男	六年级	父亲务工	姑妈	2	单亲,姑妈照顾	20190530

表 10 - 2　　　　　　　留守儿童服务相关人员访谈信息表

组织	职业	编号	时间
学校教师	三年级班主任	LZD20190604	20190604
	四年级班主任	YYY20190604	20190604
	五年级班主任	WJX20190529	20190529
	六年级班主任	ZXL20190531	20190531
	留守儿童服务站负责人兼心理老师	HGY20190614	20190614

续表

组织	职业	编号	时间
村委会	北门村村委主任	HYC20190604	20190604
	北门村妇联主任	CZR20190604	20190604
社工机构	爱心天使社工机构主管	JZG20190531	20190531
学生家长	学生奶奶	YNN20190523	20190523

第二节 关爱服务传递的现状、问题及其影响：基于资源利用效能的角度

一 现状

L小学是地处P区最北部偏远山区、服务区涵盖12个行政村的一所乡村寄宿制小学。学校施教服务区的经济发展相对滞后，80%以上的家庭以"打工经济"为主，由此滋生了大量的留守儿童。2014年撤点并校后发展至今，学校现有教师19人，学生230余人，其中留守儿童所占比例较高。目前，L小学已成为P区留守儿童比例较高的学校之一。学校内设有留守儿童服务站，校外也吸纳了很多资源。笔者通过实地走访学校，亲身参与部分关爱活动，与校内老师、学生及其他资源供应方的访谈后，了解到L小学留守儿童关爱资源基本情况。

表10-3 L小学留守儿童关爱资源供给情况表

资源供给主体	供给内容	接收对象	供给时间	供给人员	供给形式	资源引入方式
校内留守儿童服务站	学习方面 心理方面	部分学生	每学期1—2次	学校教师	学习辅导 心理辅导	校内资源
某社工机构	个案服务 小组活动	部分学生	每学期3—5次	机构社工	个案追踪 小组互动	政府购买社工项目
某爱心协会	团体游戏 学习用具	部分学生	每学期1—2次	协会人员	游戏互动	自发介入

续表

资源供给主体	供给内容	接收对象	供给时间	供给人员	供给形式	资源引入方式
某循环经济研究所	团体游戏学习用具	部分学生	每学年1—2次	工作人员	游戏互动	定点帮扶
某爱心团体	团体游戏学习用具	部分学生	每学期1—2次	团队人员	游戏互动	自发介入

笔者通过实地观察和走访发现，各资源供给主体对资源接受对象的选择，并未基于需求导向，而是将选取权利交由校方。校方如何选取、选取哪些留守儿童作为关爱资源的具体接收方，这涉及整个关爱资源的输入输出过程。图10-1是笔者结合走访所得资料，整理的L小学关爱资源的传输过程。

二 问题

从表10-3和关爱资源传输过程来看，L小学有比较充足的硬件资源和人力资源，但是在服务供给方面仍然存在很多现实性问题。在资源的供给频率、连续性、形式以及针对性上，都存在一定问题。政教主任表示，学校配有新型电脑室和音乐室，音乐室内有钢琴及其他乐器，但是电脑室和音乐室平时并没有使用，也没有能教授计算机和音乐课程的老师。

> HGY：一开始建立留守儿童服务站的时候，配备有四室一场，心理辅导室、活动室、电脑室，这是由教育局拨款建立的。楼上还有音乐室和电脑室。（HGY20190606）

（一）资源供给频率低，且不稳定

L小学的留守儿童关爱资源丰富，但是关爱资源的供给频次基本上都集中于每学期1—2次，资源供给时间少且不固定。由关爱资源的传递流程图可看出资源供给依托校方协调，其时间和内容受学校课程时间和活动场地的限制，具有不稳定性的特点。

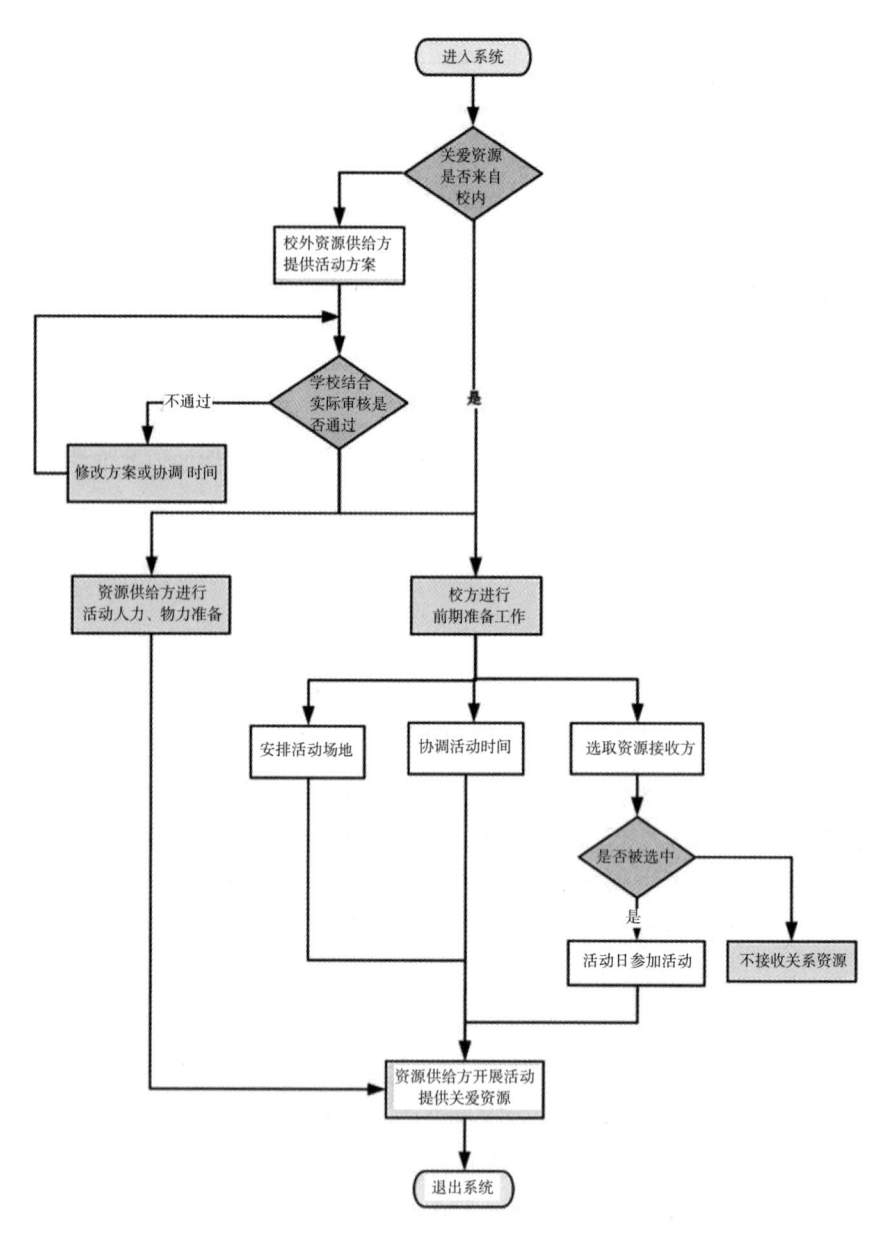

图 10－1　关爱资源的传输过程

F：你们在这边目前还没有什么典型的个案追踪，也没做一些比较细致性的小组活动，主要就是开展一些与军运会相关的小型活动是吧？

AJ：对，我们目前主要做的是一些与军运会相关的活动。

F：那你们一般大概多久来这个学校办一次活动呢？

AJ：这个一般是要综合校方和我们机构的安排。因为我们是负责整个黄陂区的留守儿童和困境儿童，所以不可能说一个星期来好几次，因为我需要均衡整个区的情况以便开展服务。（AJ20190531）

（二）资源供给形式单一，且重复率高

由表10-3可知，L小学的留守儿童关爱资源总量丰富，资源供应主体多元化，资源引入方式多样化。然而，除了校内留守儿童服务站和校外社工机构资源以及循环经济研究所的内容针对性明显，供给形式多样外，其余校外关爱资源主体的供给内容和供给方式较为单一。供给内容高度重复，多集中在学习用具和团体游戏上，供给形式也相对雷同，以团体游戏为依托。

HZP：到我们学校献爱心、搞活动的人还挺多的，我们校长也很关注留守儿童问题，他很欢迎其他社会力量来我们学校，来访的人主要由我负责对接，他们会提前把活动方案发给我，然后再具体安排。来我们学校的主要是一个社工机构和董明团队，还有一个循环经济研究所也来搞一些环保方面的活动。以往还有P区的爱心协会的阿姨们过来开展活动。（HZP 20190608）

（三）资源针对性低，需求匹配度不高

笔者通过走访L小学发现，校内关爱服务以学校老师为供给人员。学校既承担学校教育的功能，又成为留守儿童关爱服务的供给主体。校外关爱服务的传输主要以学校作为中介。各社会力量通过与学校取得联系，社工机构同爱心团体、爱心协会等并未驻点学校，其资源供给并非基于对服务对象的直接需求调查，其关爱服务的开展很大程度上依赖校方的支持。

H：你们在这边开展活动，服务对象是怎么进行选取的？

AJ：哦，我们开展活动，一般都不是自己挑选留守学生，都是我们把计划书发给学校，告诉他们大概需要多少个留守儿童，然后他们会给我们安排好。我们把挑选服务对象的权力交给学校，我们不会主动要求谁谁来参加，因为毕竟还是老师对这些学生了解一点。（AJ20190531）

三 影响

在L小学留守儿童关爱服务体系中，校方以留守儿童服务站为依托，为留守儿童提供学习辅导和心理疏导等关爱服务。但学校目前仅有教师19名，其中最年轻的教师38岁，近半数的老师临近退休，因此，学校在留守儿童关爱服务中的创新意识和实践能力不足，进而导致校内关爱服务效果有限。

（一）资源供给的不确定性导致了留守儿童资源接受的被动性

随着党和政府以及社会各界对留守儿童群体给予广泛关注，大量关爱资源纷纷由城市涌往乡村。但资源的供给主体、供给时间、供给内容、供给数量、供给形式等对身处乡村的留守儿童群体来说，是未知和不确定的。

H：上面提到了一个共享爱心妈妈，是怎么回事呢？

HGY：那个是P区爱心协会举办的一个活动，他们是一些阿姨，春节或者是三八妇女节过来，搞一些活动，跟学生交流。

F：那他们会不会有一些爱心妈妈的联系方式呢？

HGY：嗯，那倒没有。主要就是节日的时候过来，或者是她们单位举办一些活动的时候，嗯，做得最好的就是一个循环经济研究所。（HGY20190606）

（二）留守儿童的需求无法得到真实满足

一般意义上，资源的供给应该要与需求的诉求相匹配。然而留守儿童作为一种受监护状态的现实，及受限于学校管理与人力成本的问题，其主动充分表达需求的可能性是存疑的。现实中，他们往往成为相关资源供给主体"任务导向"或者"主观意志"的"配合方"。被忽视的需求导向，常常导致留守儿童的问题被过分"标签化"解读，留守儿童的关爱服务如出一辙，更有留守儿童每学期频繁收到多个书包的情况。

HGY：有时候捐书，或者是给他们带一些书包文具。来了之后开展一些活动，做游戏啊之类的体育活动，或者是六一联欢的活动。（HGY20190606）

（三）信息传输和资源整合协调机制的缺失，导致出现有服务无成效的现象

由于缺乏中介角色的信息传输和整合协调，资源供给和需求诉求不匹配，导致资源主体的"爱意"无法传输给真正"缺爱"的留守儿童。这在一定程度上危害了资源供给方和资源接收方的双方利益。既打击了资源供给方的积极性，同时也会让接受服务的留守儿童对"关爱与温暖"漠然置之。这种关爱服务往往只感动了场外看戏、不明真相的"外人"。

第三节 关爱服务传递过程中社会工作者的角色落差

调查发现，社会工作者虽通过其工作的社工机构到 L 小学开展活动，但他们原本所具有的很多角色并没有充分发挥出来；他们接受机构的派遣到学校里完成一定时期的任务和指标。这种松散式的服务方式，往往更多的是站在机构的工作立场及学校的暂时性需要上，带有行政化和业绩化的色彩。调查分析表明在乡村留守儿童服务介入过程中社会工作者角色主要包括以下几个方面。

一 服务的组织者和提供者，但是服务效果的持续性较差

H：那他们平时有没有联系呢？

HGY：有联系方式，有时候志愿者跟学生是有联系方式的，他们是一学期来一次，一般是一年来一次，但是不止来一次，大型活动大概就一次吧，可能一学期来过两次。（HGY20190606）

这是社工最基础的角色功能，也是最容易发挥作用的角色，社工通过专业技术和知识，为留守儿童提供个案咨询和服务，帮助其解决心理和行

为、学习上的困惑，促进个人层面的健康发展；通过开展"教育小组""成长小组""支持小组"和"治疗小组"等不同类型的小组或者在合适的时机组织文体娱乐活动，帮助留守儿童学习知识、发挥潜能、构建人际关系、适应社会环境等。然而在实际的服务过程中，受限于服务时间及以任务为导向的工作方式，其实际的效果往往停留于表面，很难走进留守儿童的内心深处，其效果的持续性相对较差。

二 政策传递者和执行者，但是话语权不足

社工通过政府购买社工的方式服务于学校，借助政府对于留守儿童群体的关注以及相关资金支持和政策支持，对留守儿童提供服务。作为政策和福利的传递者和执行者，社会工作实际上扮演着非常重要的社会枢纽角色，然而在现有的服务体系下，社会工作者或者是社会工作机构存在是"政府的腿"的现象，成为行政化组织（谢泽宪，2003）。同时在具体的政策传递和执行的过程中，也需要对现有政策进行改善，但在现有的服务过程中，受限于资金来源，社会工作机构自我造血能力不足，话语权不足，其在政策提议方面的功能往往很难发挥。

三 家庭教育及学校教育的补充者和引导者，但是在被认可和识别度上存在困难

社工在学校为留守儿童提供人际交往和心理、行为方面的服务，解答不同年龄阶段的困惑，一定程度上可被视为在承担教育者的角色。在家庭教育和学校教育容易忽视的地带帮助留守儿童成长、发展。作为家庭教育和学校教育的重要补充，对比发达国家和地区的社工，这一角色功能的发挥已经成为维持家庭和学校良性运转的重要机制。现有的社会工作角色，也在逐步深入家庭和学校中，但由于社会工作的"第三方"身份的原因，在被认可和识别度上存在困难。

第四节 关爱服务输入过程中社工资源整合角色的探索

一 必要性

1. 资源"物尽其用"，提升资源提供者的服务信心。乡村留守儿童近

年来受到社会的广泛关注,大批的关爱资源从各个社会组织、爱心团体及爱心个人纷纷涌向乡村。但由于有组织有能力的资源整合平台和资源整合主体有限,虽然有部分线上慈善平台正在参与其中,但绝大部分乡村地区的关爱资源还是面临着输入渠道有限的困境,尤其是在乡村学校。由于缺乏一定的沟通和整合平台,大量资源在输入留守儿童群体的过程中往往显现出资源形式单一、资源内容重复等问题,导致大量资源,比如学习用具的过度供给,这既引发了资源的浪费,一定程度上也引发了留守儿童群体对关爱活动的"麻木无感"。结果是既没有起到实际有效的服务供给,同时也打击了资源供给者的志愿服务信心。因此,资源需要"物尽其用",资源供给者的志愿精神需要有效表达。

2. 资源供给应该以需求为导向,方能"物有所值"。留守儿童作为弱势群体,其存在心理、生理及行为表现等多方面的现实需求。社会各界关注该群体,不能仅仅盲目献爱心,要关注该群体的切实需要。因地制宜,坚持做到以需求为本,方能使资源"物有所值"。然而,在实际操作过程中资源供给者往往缺乏沟通平台,需求信息获取有限,导致被动地以留守儿童的普遍需求为参照点,主动或被动地提供资源和服务,从而导致资源和需求不匹配,造成资源的浪费,影响服务的实效。

二 可行性

1. 社会工作本身内在的综合性专业优势使工作者本身具有较强的整合性。社会工作助人自助,常常接触多个需要帮助的群体,为其提供专业服务。社会工作者作为一个角色载体,因服务群体广泛、服务领域多元化、专业知识涉及面广,其可以承担的功能有很多。社会工作的专业化要求社会工作者在提供服务时要以案主的需求为导向,因此社会工作者必须具备扎实的需求评估技能;社会工作者本身也是服务的提供者,掌握个案、小组及社区工作等方法,能在资源整合过程中提供多元化的资源供给形式以供参考与借鉴;此外,社会工作者本身就具有资源链接者的角色,掌握资源链接的技巧,具备同资源供给方和需求方协调沟通的能力。社会工作特有的专业知识和技能,使其介入乡村留守儿童关爱服务时具有较强的角色塑造性,能有效扮演资源整合者的角色,尽快熟悉和开展资源整合工作。这是社会工作者相较于其他专业群体特有的优势。

2. 依托学校，社会工作充分发挥资源整合功能。由于乡村地域分散，学校是留守儿童日常活动相对集中的场所，乡村学校往往成为新的资源和服务的中介者。然而，乡村学校教师队伍狭窄，人力物力资源有限，教师教学压力大，且提供服务、链接资源的专业性不强，常常导致资源整合效果有限。社会工作有专业的助人方法，且相对其他群体，角色塑造能力强。社会工作在实务操作过程中，受乡村场域分布分散、乡村经济欠发达等因素影响，社会工作机构受制于现实而鲜有设置乡村驻点社工。社会工作可以以学校为依托，建设专门的资源整合平台，由社会工作者组织和管理，这将有效提高资源利用率，为留守儿童提供切合实际的帮助。

三 社会工作者资源整合角色功能实现的条件

基于以往资源和服务碎片化与低效能等问题，社工需要根据现实情况调整自身角色，不能仅仅局限在自己可以发挥的角色以及自己的专业领域里面，还要更多地承担起资源整合和资源链接的作用。

1. 搭建留守儿童服务总平台，给社会工作者"赋权"，让他们承担起资源整合的工作。对于留守儿童关爱的零散性现实，亟须一个承接各种资源与服务的总平台，具有专业服务身份的社会工作者可以担当资源整合的角色。对于政府，社会工作者要代表留守儿童群体向政府表达诉求、反应需求，获得政策上的帮助和资金上的支持，不能被动地等待政府提供支持；对于社区，社会工作者要保持良好的联系，社区是留守儿童长期生活的系统环境，可以发挥很大的组织作用和链接作用；对于其他社会爱心团体组织，社会工作者可以为他们提供建议和服务方式的帮助；对于学校，社会工作者促使其理解留守儿童的现实处境和真实需求，增加其对这一群体的个性化需求的关注和理解；此外，社会工作者还要和留守儿童父母及照顾者保持联系，要重视心理和情感情绪，开展儿童心理知识和行为培养知识教育，提高其父母的教育能力，转变其教育观念。

2. 关注留守儿童的个性化需求，制定针对性地服务需求方案，并且有针对性地吸纳社会其他资源。社工可以充分利用专业技巧和专业方法，深入评估留守儿童的需求与困境，根据不同的留守儿童的个性化需求来制定服务计划，而不是理所当然地按照学校或者自己的价值立场或者是一般化的需求来猜测留守儿童应该需要什么。社工需要对留守儿童的实质需求进行深入研究，通过深入了解他的行为习惯和心理态度以及直接表达出来的感受，来为他们制定个性化服务。政策制定者可以营造宽松的环境，让社工机构和社工个人与资源相关主体洽谈，商讨出以需求为本、资源整合为中心的服务方式，提高资源利用效率，更好地实现双方共同的目标，最大程度地服务于留守儿童群体。

四 总结和反思

社会工作在为留守儿童服务过程中具有非常关键的作用，社会工作专业的重要优势是能够有效整合社会资源，即依托学校，嵌入市场，面向社会，服务留守儿童及其家庭。在留守儿童的服务体系中，社会工作者应该处于整个过程的核心，连接资源的输入和输出部分，社工对外界输入的资源进行整合，通过专业的技巧和方式，输出给留守儿童及其家庭，提供有效服务。社工要积极充分地发挥整合资源作用并不断反思、更新服务方式。但是，社会工作者的资源整合角色不能仅仅依赖于自身的反思与实践，也需要配合对于政策上"合法性"身份的认可与推动，在这个过程中，社会工作者自身也需要"被赋权"。

第十一章　从"留守"问题到"泛留守"问题的思考

此前的关于留守儿童与非留守儿童的统计推论检验结果显示：在控制相关因素后，留守儿童与非留守儿童在学业、偏差行为与受欺凌问题上整体无差异；与非留守儿童相比，留守儿童的健康状况较差，同时留守儿童在积极认知方面弱于非留守儿童，留守儿童的压力指数及负面情绪指数显著高于非留守儿童，因此，我们应该对留守儿童的身体健康及内在隐秘精神世界的健康问题给予重视。

因此基本可以得出结论：留守儿童与非留守儿童的差异性并没有太严重，相反他们有很多共通的问题与需求。本次调查研究的一个重要任务是将留守儿童与非留守儿童进行对比，但是他们都还有一个共同的身份——乡村儿童，为了把握一定的共性，研究者对第一份问卷调查及访谈资料进行系统分析，从普遍性的问题及共性需求出发，结果发现，"留守儿童"与"非留守儿童"存在较为明显的共性问题与需求。

第一节　乡村儿童生存及需求的现状

一　儿童的生活现状

（一）家庭

1. 家庭父母的文化背景集中在小学和中学阶段。

在"爸爸的文化程度"的选项中，选择"没有上过学""小学""初中""高中""大学及以上""不清楚"的频数分别为17、230、589、236、75、99，所占的有效百分比分别为1.4%、18.5%、47.3%、18.9%、6.0%、7.9%，其中缺失值为4个。在"妈妈的文化程度"的选项中，选择"没有上过学""小学""初中""高中""大学及以上""不清楚"的频数分别为 30、315、544、182、57、116，所占的有效百分比分别为 2.4%、25.3%、43.7%、14.6%、4.6%、9.3%，其中缺失值为 6 个。可见，父亲的学历水平集中在初中和高中阶段，母亲的学历水平集中在小学和初中阶段。

2. 家庭的教育动机偏重于文化学历期待，家庭道德行为榜样有待提高。

在"父母和你聊的频次最多的事情"的选项中，选择"学习成绩""安全""身体情况"的居多，可见，父母对留守儿童偏重于学习及外在行为方面的关注，而缺少内在心理等方面的引导和关注。

在"父母希望你今后的文化程度"的选项中，选择"没有什么期望""高中或中专""大专""本科""硕士""博士""出国深造"的频数分别为 27、149、140、141、89、294、398，所占的有效百分比分别为 2.2%、12.0%、11.3%、11.4%、7.2%、23.7%、32.1%。可见，父母对儿童有比较高的文化期待。

在"父母最希望你以后做一个什么样的人"的选项中，选择"平凡健康幸福的人""挣很多钱的人""有文化知识的人""有一份好工作""没有要求自己发展""不知道"的频数分别为 458、76、524、142、15、31，所占的有效百分比分别为 36.8%、6.1%、42.1%、11.4%、1.2%、2.5%。可见，父母对儿童的生活期待比较务实，并且偏重于文化期待。

在"你的父母是否能做到：不随地吐痰、不乱丢果皮纸屑，不在公共场所吸烟，不在公共场合喧哗、不吵架打架，自觉维护良好环境"的选项中，选择"能"与"不能"的频数分别为 819、424，所占的有效百分比分别为 65.9%、34.1%。总体上看，父母给儿童树立的道德行为模范有待提高。

3. 家庭的情感氛围有待提升，部分儿童的家庭结构并不完整。

在"你的父母现在与你在一起吗"的选项中，选择"父母都和我生活在一起"的频数为 499，有效百分比为 40.0%；选择"我和父亲一起生活"的频数为 76，有效百分比为 6.1%；选择"我和母亲一起生活"的频数为 246，有效百分比为 19.7%；选择"父母都不在身边，我一直与其他人生活"的频数为 426，有效百分比为 34.2%。可见，很多儿童的家庭生活结构不完整，和父母都在一起生活的不到一半。

在"你觉得你的家庭气氛怎么样"的选项中，选择"非常好""比较好""一般""不好""非常差"的频数分别为433、463、299、26、12，所占的有效百分比分别为35.1%、37.6%、24.2%、2.1%、1.0%。在很多儿童的感知中，家庭氛围不是很好。

（二）学校

1. 学习内容偏传统智力知识。但是学生更喜欢素质性课程，而老师或者父母关于新型素质性知识的引导作用还有待提升。

在关于"什么是你喜欢的科目"调查中，参与访问对象的有效值为1246个，缺失值为4个，除了语数英之外，喜欢政治、历史、地理、物理、化学、生物、音乐、美术、体育、劳动和实践课、实验课、兴趣小组的频数分别为154、319、157、198、182、282、704、628、904、335、537、556，所占的有效百分比分别为3.1%、6.4%、3.2%、4.0%、3.7%、5.7%、14.2%、12.7%、18.2%、6.8%、10.8%、11.2%。可见，学生们最喜欢的是音乐、美术、体育、实验课、兴趣小组等课程，学生们喜欢传统文化知识课程以外的素质性课程。

选择"学校有乒乓球场地、篮球场地、足球场地、图书馆、心理咨询室、电脑室、各种兴趣实验室"的频数分别为1184、1126、947、1131、770、1207、808，所占的百分比分别为16.5%、15.7%、13.2%、15.8%、10.7%、16.8%、11.3%。可见，学校的硬件设施比较齐全。

在"以上场所，去得最多的"选项中，选择"乒乓球场地"的频数为277，有效百分比为23.8%；选择"篮球场地"的频数为354，有效百分比为30.4%；选择"足球场地"的频数为121，有效百分比为10.4%；选择"图书馆"的频数为227，有效百分比为19.5%；选择"心理咨询室"的频数为5，有效百分比为0.4%；选择"电脑室"的频数为144，有效百分比为12.3%；选择"各种兴趣实验室"的频数为38，有效百分比为3.3%。其中缺失值为84个。其中，传统的体育设施用得比较多，而比较偏技术含量的素质课程场所用得比较少，原因可能是，像心理咨询室、电脑室、兴趣实验室等需要老师或者其他人引导和指导才能发挥作用，如果没有人引导，学生自己是很难有效使用的。

在"你的父母是否教你分辨网络媒体中的信息"的选项中，选择

"经常"的频数为308，有效百分比为24.9%；选择"偶尔"的频数为497，有效百分比为40.1%；选择"没有参与过"的频数为433，有效百分比为35.0%。在"你的老师是否教你分辨网络媒体中的信息"的选项中，选择"经常"的频数为467，有效百分比为37.8%；选择"偶尔"的频数为542，有效百分比为43.9%；选择"没有参与过"的频数为226，有效百分比为18.3%。可见，父母和老师都很少引导儿童正确合理运用电脑。

2. 学校生活总体满意度适中。

儿童对现在就读的学校很不满意的有57人，不太的满意的有43人，一般的有276人，比较满意的有410人，很满意的有462人，他们所占的有效百分比分别为4.6%、3.4%、22.1%、32.9%和37.0%，其中缺失值为2个。总体上讲，儿童对学校生活持满意态度。

（三）大众传媒

总体上看，新型媒体受到学生的青睐。

每天接触电视在1个小时以上的学生占29.2%，每天接触电脑在1个小时以上的学生占19.9%，每天接触手机在1个小时以上的学生占12.6%，每天接触广播在1个小时以上的学生占1.4%，每天接触报纸和杂志在1个小时以上的学生占4.3%，每天接触课外书在1个小时以上的学生占24.2%。

在"每天接触电视的时间"的选项中，选择"1—30分钟"的频数为390，有效百分比为31.7%；选择"31—60分钟"的频数为411，有效百分比为33.4%。也就是每天接触电视的时间在半个小时到一个小时的学生占65.1%。

在"每天接触电脑的时间"的选项中，选择"1—30分钟"的频数为421，有效百分比为34.5%；选择"31—60分钟"的频数为214，有效百分比为17.5%。也就是每天接触电脑的时间在半个小时到一个小时的学生占52%。

在"每天接触手机的时间"的选项中，选择"1—30分钟"的频数为515，有效百分比为42.3%；选择"31—60分钟"的频数为184，有效百分比为15.1%。也就是每天接触手机的时间在半个小时到一个小时的学生占57.4%。

在"每天接触广播的时间"的选项中,选择"1—30分钟"的频数为256,有效百分比为21.4%;选择"31—60分钟"的频数为57,有效百分比为4.8%。也就是每天接触广播的时间在半个小时到一个小时的学生占26.2%。

在"每天接触报纸和杂志的时间"的选项中,选择"1—30分钟"的频数为445,有效百分比为36.5%;选择"31—60分钟"的频数为142,有效百分比为11.6%。也就是每天接触报纸及杂志的时间在半个小时到一个小时的学生占48.1%。

在"每天接触课外书的时间"的选项中,选择"1—30分钟"的频数为446,有效百分比为36.4%;选择"31—60分钟"的频数为396,有效百分比为32.3%。也就是每天接触课外书的时间在半个小时到一个小时的学生占68.7%。

由此可见,从接触媒体的时间上看,大多集中在半个小时到一个小时之间,但是从接触媒体的选择上看,大多数学生比较倾向于选择有声音有画面的新型媒体,而传统媒体比较受冷落,但是,学生阅读课外书籍的热情比较高。

(四)社区及社会生活

1. 社区硬件配备情况良好,但参与性不高,社区软实力环境有待改善。

数据显示:居住的社区或村有网吧、游戏厅、健身所、篮球场、足球场、乒乓球场、图书借阅室、各种兴趣活动室的频数分别为543、193、540、642、319、561、385、189,所占的百分比分别为15.4%、5.5%、15.3%、18.2%、9.0%、15.9%、10.9%、5.4%;居住的社区没有以上活动场所的频数为158,所占百分比为4.5%。

在"你参与所在社区的文化活动吗"的选项中,选择"经常"的频数为100,有效百分比为8.2%;选择"偶尔"的频数为603,有效百分比为49.5%;选择"没有参与过"的频数为516,有效百分比为42.3%。

在"你觉得你周围的人对待老年人好吗"的选项中,选择"很好"的频数为290,有效百分比为23.5%;选择"好"的频数为372,有效百分比为30.1%;选择"一般"的频数为511,有效百分比为41.4%;选择"不好"的频数为35,有效百分比为2.8%;选择"很不好"的频数为27，有效百分比为2.2%。其中缺失值为15个。孝道传统是传统文化的精髓，从对待老年人的态度测量来看，情况欠佳。传统有益文化的遗失，是儿童生活的社区环境面临的挑战。

2. 社会环境支持主要以传统地缘和学缘为主。

在"你主要得到哪些渠道的帮助"的选项中，选择得到"政府部门（工青妇等群团组织）""爱心企业""社会公益组织""不知名的好心人""学校""同学""居住地的村委会""邻居"的帮助的频数分别为162、160、190、148、468、664、110、51，所占的有效百分比分别为6.4%、6.3%、7.5%、5.8%、18.4%、26.1%、4.3%、20.2%；其中"没有得到过帮助"的频数为128，百分比为5.0%。选择来自邻居、学校和同学的帮助的有效比例最高，说明儿童的社会支持渠道主要是传统的以地缘和学缘关系为主的支持方式，其支持面有待扩大。

二 儿童的行为、心理、道德及价值观现状

（一）儿童的学习适应及家务劳动参与状况适中

在"你在班里成绩排名"的选项中，选择"下等"的有81人，"中下等"的有169人，"中等"的有482人，"中上等"的有352人，"上等"的有149人，所占的有效百比分别为6.6%、13.7%、39.1%、28.5%和12.1%。整体学习情况呈现正态分布，比较符合实际情况。

在"你平时做过家务活吗"的选项中，选择"从不"的有26人，"很少"的有175人，"有时做"的有669人，"经常做"的有354人，所占的有效百分比分别为2.1%、14.3%、54.7%和28.9%。

（二）儿童的偏差行为总体不是很严重

在"上学期你迟到、旷课过吗"的选项中，选择"从不"的有900人，"很少"的有299人，"有时"的有36人，"经常"的有7人，所占的有效百分比分别为72.5%、24.1%、2.9%和0.6%。

在"上学期你抽过烟吗"的选项中，选择"从不"的有1204人，"很少"的有25人，"有时"的有7人，"经常"的有5人，所占的有效百分比分别为97.0%、2.0%、0.6%和0.4%。

在"上学期你打过架吗"的选项中，选择"从不"的有814人，"很少"的有350人，"有时"的有64人，"经常"的有14人，所占的有效

百分比分别为65.5%、28.2%、5.2%和1.1%。

在"上学期你去过网吧吗"的选项中，选择"从不"的有955人，"很少"的有188人，"有时"的有63人，"经常"的有37人，所占的有效百分比分别为76.8%、15.1%、5.1%和3.0%。

(三) 儿童的心理总体健康，但是不能忽视家庭亲子沟通

1. 幸福感比较好。

在"'与同龄人相比，我觉得自己更快乐'是否符合你的情况"的选项中，选择"非常不符合""不太符合""比较符合""非常符合"的频数分别为48、198、651、328，所占的有效百分比分别为3.9%、16.2%、53.1%、26.8%。

2. 同辈人际关系比较好，但是亲子沟通不理想。

在"你一般会主动与同学交往吗"的选项中，选择"从不会""很少会""有时会""经常会"的频数分别为41、111、443、635，所占的有效百分比分别为3.3%、9.0%、36.0%、51.6%。可见，儿童主动交往的比例较高。

在"日常生活中，你遇到烦恼或心情不好时，会与父亲交谈吗"的选项中，选择"基本不会""少数情况不会""一般情况下会""多数情况下会""每次都会"的频数分别为318、230、283、205、195，有效百分比分别为25.8%、18.7%、23.0%、16.7%、15.8%。被问及是否通常与母亲交谈时，选择"基本不会""少数情况不会""一般情况下会""多数情况下会""每次都会"的频数分别为214、200、246、237、332，有效百分比分别为17.4%、16.3%、20.0%、19.3%、27.0%，其中缺失值为21个。

可见，有1/3以上的儿童很少与父母沟通。

(四) 儿童的道德认知及行为总体适中

在"当爸爸买了好吃的，你会怎么做呢"的选项中，选择"都是我爱吃的，他们不吃也无所谓""我总是让长辈先吃，然后再自己吃""我爱吃的就多吃点，不爱吃的就少吃点"的频数分别为49、1018、177，所占的有效百分比分别为3.9%、81.8%、14.2%，其中缺失值为6个。

在"你认为一个优秀的人是否应该具备良好的道德礼仪"的选项中，选择"一定要具备良好的道德品质才能算得上优秀""不一定，只要有能力、成绩就好""一个优秀的人完全没必要有道德"的频数分别为1035、

163、44，所占的有效百分比分别为83.3%、13.1%、3.5%，其中缺失值为8个。

由此可知，少部分学生的道德认知和行为存在偏差，大部分学生有良好的道德认知和行为。

（五）儿童的价值观受教师及同辈群体行为导向的影响

价值观是一个很复杂的问题，本次调查以学生及学生认为的老师眼中的好学生来进行间接测量，同时也测量了儿童的学历期望。结果显示：大部分儿童倾向于高学历期待，与此同时，儿童也比较倾向于羡慕学习成绩好、同辈关系好及个人能力强的学生，而这些学生通常也是他们认为老师所喜欢的类型。可见，儿童的价值观深受学校老师认知导向及同辈群体行为导向的影响。

在"你希望自己实现的文化程度"的选项中，选择"初中及以下""高中或中专""大专""本科""硕士""博士""出国深造"的频数分别为43、168、113、137、92、290、393，所占的有效百分比分别为3.5%、13.6%、9.1%、11.1%、7.4%、23.5%、31.8%，其中缺失值为14个。

在"你最羡慕哪类同学"的选项中，选择"成绩好的学生""经济条件好的学生""有很多朋友的学生""虽然成绩一般，但是其个人能力强的学生""很现代很潮的学生""其他"的频数分别为653、82、191、250、14、39，所占的有效百分比分别为53.1%、6.7%、15.5%、20.3%、1.1%、3.2%，其中缺失值为21个。

在"你的老师最喜欢哪类学生"的选项中，选择"成绩好的学生""经济条件好的学生""有很多朋友的学生""虽然成绩一般，但是其个人能力强的学生""很现代很潮的学生""其他"的频数分别为878、18、41、217、4、68，所占的有效百分比分别为71.6%、1.5%、3.3%、17.7%、0.3%、5.5%，其中缺失值为24个。

三　儿童的需求及困难

（一）潜在家庭亲子情感沟通的需求强烈

在"如果与监护人产生了矛盾，你最想做的事"的选项中，选择"打电话给父母，让父母为自己主持公道""离开家庭，找同学散心""用唱歌、听音乐等方式来排遣""离家出走，吓唬监护人""记恨在心，等有机会再报复""和监护人讲道理""其他"的频数分别为319、72、448、13、12、344、37，所占有效百分比分别为25.6%、5.8%、36.0%、1.0%、1.0%、27.6%、3.0%，其中缺失值为5个。由上可知，选择给父母打电话及自我排遣方式的比较多，家庭的情感沟通是潜在的需求。

（二）儿童寻求帮助的主体多为初级群体，而需求的内容则偏向新型素质性活动

"当遇到困难时你希望得到哪些帮助"的有效值为1245，缺失值为5。选择"当遇到困难时你希望得到更好的指点、辅导"的频数为557，所占响应比例为24.9%；选择"当遇到困难时你希望得到同学们的关心，和同学们一起学习、玩耍"的频数为648，所占响应比例为28.9%；选择"当遇到困难时你希望自己的父母能够在身边帮助自己"的频数为557，所占响应比例为24.9%；选择"当遇到困难时你希望得到老师更多的关注、关心"的频数为305，所占响应比例为13.6%；选择"当遇到困难时你希望有更好的经济环境，有更多的学习材料"的频数为141，所占响应比例为6.3%；选择"当遇到困难时你不想读书了，想去赚钱"的频数为33，所占响应比例为1.5%。

"希望得到社会、学校、家庭为你提供的哪些帮助"的有效值为1236，缺失值为14。如果社会、学校、家庭为你提供帮助，选择需要"开通家长热线"的频数为205，所占响应比例为7.3%；选择需要"开展定期谈心日"的频数为155，所占响应比例为5.5%；选择需要"高年级帮扶"的频数为143，所占响应比例为5.0%；选择需要"社会关爱'手拉手'等"的频数为336，所占响应比例为11.9%；选择需要"电脑培训"的频数为301，所占响应比例为10.7%；选择需要"娱乐健身活动"的频数为299，所占响应比例为10.6%；选择需要"学习辅导或讲座"的频数为271，所占响应比例为9.6%；选择需要"经济支持"的频数为145，所占响应比例为5.1%；选择需要"定期能前往务工地与父母生活"的频数为125，所占响应比例为4.4%；选择需要"兴趣小组"的频数为305，所占响应比例为10.8%；选择需要"同辈互助小组"的频数为87，所占响应比例为3.1%；选择需要"课外活动多样化"的频数为184，所占响应比例为6.5%；选择需要"亲子互动活动"的频数为203，所占响应比例为7.2%；选择需要"其他帮助"的频数为59，所占

响应比例为 2.1%。

在遇到困难时，他们最想得到的是来自父母、朋友及老师的帮助，而希望得到帮助的类型多以各种爱心联谊活动、电脑培训、娱乐健身活动、兴趣小组及学习辅导为主。可见，在一般文化知识学习的基础上，儿童更需要学习新型媒体知识及充实形式多样的素质性活动内容。

四、乡村儿童的生存现状的定性研究分析

（一）监护人文化程度普遍偏低，无力或很少辅导儿童的学业

不论是父母亲、还是监护人，一个普遍的事实是，随着儿童学习复杂性的提高，家庭普遍无法辅导学生的学业，乡村与城市的一个区别在于，社会性辅导班及辅导资源选择相对比较少，儿童的校外作业辅导主要依赖于家庭。

> HGY：爸妈会指导你作业么？
>
> ZSY：小学会指导我作业，到了初中因为学习内容不断提高，他们没有能力指导学习。一般回家先把作业做了，然后再去做其他的事情。
>
> CHL：如果遇到不会做的作业你会怎么办？
>
> LH：一般会找同学帮忙。
>
> CHL：爷爷奶奶能帮你解答吗？
>
> LH：爷爷奶奶的学问不高，刚上学的时候还能给我讲题，但是现在很多题他们都不会的，所以都是问同学。
>
> CHL：哦，现在年级高了，爷爷奶奶不会做了。爷爷奶奶经常关心你哪方面的事情呀？具体有哪些事情？
>
> LH：会经常问我饭吃好了没有，提醒多穿衣服呀这些事情。
>
> NZS：你认为现在孩子有什么需求？
>
> MM：我觉得他们现在就是学习方面的需要，因为我们都上班比较忙，平时他们也都住在学校，所以周末回来的时候，我们只关心他们学习和生活方面，有时候会问他们需要买一些什么样的书，或者去参加一些辅导班。

（二）学校及社区的娱乐文化设施不完善

从走访调查的情况来看，学校及社区缺乏相应的文化娱乐设施，是导致青少年网络成瘾的一个客观因素，仅仅单方面强调限制青少年与网络的关系是不够的，还需要给他们提供充足的户外活动设施与资源。

LJ：那你们家附近有没有其他的一些娱乐设施比如说体育馆啊、乒乓球馆啊或者网吧之类的啊？

XX：没有。

W：那你们村里面有什么健身场所、篮球场、网吧之类的吗？

MM：没有。

NZS：小区的娱乐环境怎么样？

MM：由于属于新建的社区，整个小区没有任何的娱乐设施，而且小区里边有很多麻将馆，很多居民都去打麻将，花园小区外面也有很多网吧。

CHL：学校的操场、阅览室、乒乓球场这些你用的多吗？

WJH：我用的不多，有时候会在操场上面玩。

（三）学校素质教育性课程太少，专业师资配备不足

学校素质教育本身深受儿童的欢迎，但是现实情况是，虽然受到欢迎，但是没有足够的专业师资力量与之匹配。

CHL：看得出来你很擅长语言类的课，除了文化课程之外有其他的课程吗？如音乐、绘画等等？

WJH：我们有科学、音乐、美术等。但是像这些课程，我们都是有安排，但是没有上。比如我们的美术课是我们英语老师带的，他就在上美术课时给我们上英语。

CHL：就你自己来说，你想上这些课吗？

WJH：对我来说，我非常想上这些课。

（四）部分儿童存在偏差行为

走访调查发现，在住校及高年级中，青少年比较容易出现偏差行为，

这与年龄段的特点相关。

  LJ：你们有没有遇到同学敲诈勒索之类的啊？
  FL：没有，除非住读的。
  NZS：学校打架的情况多不多？
  DK：学校打架的情况比较多，会有一群学生联合欺负一个同学。
  GYQ：你们学校打架的多不多？
  MQL：有。
  GYQ：高年级有没有欺负低年级？
  MQL：都是初中打初中，但是初中生从来不打小学生。
  NZS：住校有没有丢东西？
  ZL：自己没有丢过东西，但是学校有这种情况发生，时常丢钱、丢书，学校会对这种事情谨慎处理，一般不会影响到学生在学校的学习和生活，对他们批评教育。

（五）新型网络媒介运用不当的风险

  青少年涉世尚浅，网络媒体对他们的吸引力是强大的，但是网络信息良莠不齐，网络媒体对青少年形成的负面影响已经有很多研究得以证实，对他们的引导非常重要。

  NZS：平时课间活动，你们同学都交流什么？
  ZL：一般都是交流学习、娱乐方面的东西，特别是电视节目，他们都会在课间活动时候交流。
  NZS：老师有没有教你们如何去分辨网络信息？
  ZL：在网络课程上，老师会教我们学习一些基本的计算机知识，而且对他们会有一个提示，教他们如何去分辨网络信息的好坏，让他们自己对网络信息有一个清晰的认识。
  WJ：如果是住读的话可能受到媒体的影响比较少，那如果是走读的话，那些经常回家，家里面又有手机、电脑的是不是影响比较大？
  JS：家里面有这些东西的可以很明显看得出来那个变化很成熟，

爷爷奶奶管不了，说了孩子也不听，只能保证孩子不出事，在学习上能够管就管一点，不能管就算了，只要对得起他们的父母就好了。这一块的话爷爷奶奶就是这样的心理，所以也是我们接触影响的面比较窄一点，比较小一点，所以对比（媒体的）影响就比较大，变化比较快。

（六）家庭文化氛围有待提升

乡村文化的"空心化"很容易体现在家庭休闲生活方面，单一、不良的文化生活往往直接暴露于儿童面前，它产生的作用很难从当下直观的生活中得到检视，但是对于儿童的成长会带来持久且深远的影响。

FY：还好，你可以主动跟他们交流，跟家长交流可以帮你们更加增进彼此之间的关系，要记得经常与你的爸妈交流，爸妈都有什么爱好吗？

DG：看电视，还有打麻将，在外面，也不会影响到我，他们也不会打很久的。有时候他们会闹矛盾，我会在中间调节一下。

GYQ：那爸爸妈妈闲暇时间除了看电视，跟外面朋友联系多不多啊？

XMQ：多啊。

GYQ：跟跟朋友在一块都是干嘛去？

XMQ：打牌。

GYQ：打麻将吗？

XMQ：嗯。

GYQ：是打那种赢钱的还是就是普通的打着玩？

XMQ：赢钱的。

GYQ：是爸爸打得多还是妈妈打得多？

XMQ：妈妈打得多。

GYQ：为什么啊？

XMQ：因为妈妈在家没事做。

第二节 "泛留守"问题的思考与社会工作服务的现状

笔者通过实地走访H区乡村L小学发现,作为乡村儿童群体的另一组成部分,部分非留守儿童身上也显现出常见的"留守"问题。在城乡二元格局效应中,由于乡村整体资源受限,虽然大量非留守儿童的父母在家,但是由于缺乏有效陪伴,很多儿童的心理和行为体现了缺乏父母陪伴与合理教育的特性。乡村儿童群体中出现的一种"泛留守"现象不容忽视。本次基于L小学的实地调查发现:乡村儿童中存在"泛留守"现象,然而社会工作目前聚焦于显性留守问题,忽视了留守问题的隐蔽性;既有社会工作服务模式暴露出服务目标狭隘、隐性留守儿童遭忽视、需求评估主体移位、服务针对性不强、服务内容单薄、缺少家庭单元介入等问题。基于此研究结论,本书呼吁社会工作要及时转变研究思维、重新规划服务方案,社工机构要继续完善角色定位、增强整体服务能力,社会要为社工服务释放空间、多方位提供助力,从而满足当下乡村中受"留守问题"困扰的儿童成长和发展需求。

一 "留守"的界定及"留守问题"认识的三个误区

(一)"留守"的界定

一般意义上的"留守"是指因父母外出打工、子女被留在乡村、与父母长期分隔两地生活的现象。儿童被留守在乡村,由于陪伴主体的缺位,其身心成长与发展往往会受到一系列不良影响,导致出现生理、心理以及行为等诸方面的问题。一般意义上留守儿童的"留守"应是父母外出务工导致的"亲子分离"。

目前关于"留守问题"的探讨,多数研究成果基于"物理空间距离"的留守事实,一般称为显性留守群体。然而,在"显性留守"之外,还存在一群非"空间"留守身份却呈现留守状态的"隐性留守"儿童群体。目前学界对隐性留守的研究寥寥无几,只有零星的几篇研究成果,其中高敏探讨了"隐性留守"与"显性留守"的关系(高敏,2015),孙云晓指出隐性留守处理不当将成为社会发展的潜在危机(孙云晓,2016),王世颖等开展了隐性留守儿童问题调研分析(王世颖、程玉莲、沈瑞欣等,

2017），对城市隐性留守儿童的生活状况、获得父母照顾情况、形成原因等进行了深入分析。对隐性留守儿童的研究主要集中在对每天与父母同住，但是基于多种原因，无法得到父母陪伴、教育的城市儿童，至于对乡村留守儿童之外的"隐性留守"儿童目前没有相应研究。然而，笔者通过走访乡村学校及社区发现，乡村也存在"隐性留守"儿童，且在乡村独特的场域特点影响下，其所占非留守儿童群体比例较大。在此基础上，笔者认为乡村儿童群体中已经呈现了"泛留守化"的现象。

"留守"只是一种标签，并不能用来直接解释个体发展的差异，亲子分离并不必然给儿童成长带来不利后果（申继亮、武岳，2008）。留守儿童并非等同于问题儿童，而非留守儿童也并非无问题儿童。有很多研究发现，留守儿童相比非留守儿童更容易产生相关心理和行为问题（Wen & Lin，2012；Zhou，Murphy & Tao，2014；李晓巍、刘艳，2013），但是其他研究显示，在控制一些相关变量后，此种差异并不显著（Liu，Li，Chen & Qu，2015；Xu & Xie，2015；侯珂、刘艳、屈智勇、蒋索，2014；隋海梅、宋映泉，2014），也有研究表明，留守儿童的心理问题会随着时间的推移而发生改变（张茂元，2016）。

但是，由于现有的对乡村儿童留守问题的认知普遍局限在"空间留守"上，认为乡村父母外出务工后亲子间物理距离的疏远阻碍了儿童成长和发展（吴霓，2004；叶敬忠，2006），导致社会关注视角和社会服务资源不断倾向因物理空间距离确定留守事实的显性留守儿童群体，忽视了其他状态下的留守表现和留守问题儿童。戴先任（2015）认为亲子关系的疏远往往会导致儿童出现心理问题，应该尝试从心理层面去认识留守问题，留守问题具有隐蔽性，对乡村留守儿童问题的认识不应只停留在具有确定留守身份的乡村留守儿童身上，而要立足留守问题本身。

（二）乡村儿童"留守问题"研究三个误区的纠正

很多研究已经开始从人口流动的直接动因来反思乡村儿童的生存环境，进而反思乡村儿童的整体问题。乡村人口流动的直接动因在于乡村经济形态的变化与困境，主要表现为农业发展迟缓、农业产出动力明显下降、农业收入低及农民消费下滑等现状（周靖祥，2010），这加剧了乡村在文化上的"空心化"趋势（江立华，2011），乡村的整体衰落问题通过父母的经济及生活选择对儿童的成长产生影响。在这种乡村整体思路中，学术界对"留守问题"的认识出现了三个方面的纠正。

第一,很多研究指出的部分留守问题是乡村儿童的共性问题,雷万鹏、杨帆(2009)通过研究表明,乡村留守儿童出现的孤独、忧郁、自卑和逆反等心理特征在非留守儿童身上也同样存在。第二,对乡村儿童留守问题的认识普遍局限在"空间留守"上,忽视了其他状态下的留守表现,戴先任(2015)认为不仅是城市儿童,许多乡村儿童由于缺失父母关爱也正陷入在隐性留守的状态中,可见乡村儿童群体的留守问题具有多样性和复杂性。第三,在归因研究方面,多数学者从城乡二元经济体制和二元户籍制度以及由此衍生的"三农"问题、农民工问题(赵富才,2009)综合考虑引发乡村儿童留守问题的多种宏观要素,缺乏对更为细致的中观及微观要素的关注,少数学者关注到家庭教育在儿童成长中的特殊作用,将乡村儿童群体的留守问题详细归因于家庭教育问题。金小红(2015)基于定量分析研究认为,较之亲子分离,家庭教育对留守儿童的行为影响更大,随后进一步认识到初级群体关系对儿童成长的重要性,指出家庭因素是影响乡村儿童生存状态的共性因素(金小红,2017)。侯东平(2019)也在调研中发现,乡村儿童家庭教育缺失是普遍现象,具体表现在:监管不力、义务教育成为空话,缺乏呵护、身心健康堪忧,缺乏防范、人身安全不容忽视,家长物质关爱有余而精神关爱匮乏,孩子们的精神世界一片荒芜等。

可见留守儿童与非留守儿童面临着很多相似的中观及微观环境,不论家长在不在身边,如果有效的"教育"缺失,都会带来"留守问题"。

二 "泛留守"概念的提出

(一)"泛留守"的含义

"泛留守",顾名思义就是泛化的留守现象,不单指以距离分隔为标准划分的显性留守,也包含父母在家,但是缺乏有效陪伴质量导致身心、行为表现等方面出现偏差特性的"隐性"或者"教育"留守。在人力物力财力资源匮乏等多重因素的作用下,很多乡村环境显现出明显的局限性(本书绪论部分已经详细阐述),此环境下成长的非留守儿童中很多呈现出了"隐性留守"的特点。显性留守儿童群体,加之隐性留守儿童群体,在乡村儿童中所占比例较大,成了一个庞大的具有实质性"泛留守"特征的群体。

有研究对某综合性大学 9736 名新生进行调查，在探究儿童少年期缺乏父母陪伴及被忽视和躯体虐待对大学生情绪问题的影响时发现，乡村儿童的父母陪伴时间少于城市儿童（李晓晶、郭万军等，2014）。而研究发现，父母陪伴对儿童学业成绩、自我价值感、心理健康、自尊与亲社会行为等多方面都有极大影响（姚慧临、李洁，2017），父母陪伴水平越高，儿童自我价值感发展得越好（邓林园、李蓓蕾、靳佩佩等，2017），父母陪伴与自尊、亲社会行为之间也存在正相关（郑庆友、卢宁，2016）。有效陪伴的缺乏，无疑对儿童成长是不利的。

"泛留守"概念由此而来，不论显性还是隐形的留守，其共同特质都是有效"教育"与"陪伴"的缺失。本书所研究的"泛留守"问题仅针对乡村儿童群体，不涉及城市儿童，也不涉及乡村留守妇女、留守老人等其他留守群体。

（二）"泛留守"现象的后果

随着城市化进程的加快，乡村儿童中的多数通过三种途径脱离农村而进入城市，一是经由高考，进入大学，二是延续农民工模式，成为新生代农民工，三是进入军队，对于前两种途径，学术研究成果较为丰富，从人群比例来讲，前两种也更有代表性。对于前两种人群，现有的研究及文献体现了以下值得深思的问题。

1. 不同的家庭教育类型带来不同的结果。虽然有少数乐观的研究结果，比如有研究显示：农村贫困家庭贫困背后的希望感、对知识改变命运的信仰、充满爱的家庭氛围、民主温柔的母亲与务实严厉的父亲的身教方式，可以潜移默化地影响农村贫困家庭青年对学业的追求（曾东霞，2019），但是该研究也指出，家庭类型的多样性与个体的独特性，使得并不是所有的处于贫困家庭中的底层青年都能突破贫困的限制，从底层崛起成为第一代大学生，第一代大学生的形成是家庭、学校、社会及个体共同影响的结果。基于城乡家庭教育差异的研究结果表明，总体上看乡村的家庭教育环境有着"先天与后天不足"，这带来城乡生源大学生的一系列差异，城市学生在人文社科素养、实践能力及人际交往能力等方面均有优势（张凌，2019）。有研究从 2013 年开始对 3 所"985 工程"高校和 1 所"985 平台"高校的近 2000 名学生进行了持续的追踪调查，数据表明：城市籍大学生比农村籍大学生更容易获得较高的社会成就，且家庭早期的文化资本投资策略能够较好地解释城乡大学生之间存在的差异（谢爱磊、匡欢、白杰瑞、刘群群，2018）。

2. "泛留守"问题的社会流动后果。总体上看，"泛留守"问题的负面后果是有所呈现的。有研究认为，第一代大学生由于先赋条件不足，导致入学前的学业和心理准备明显不足（Riehl，1994），进入大学后常常面临焦虑、空间位置失调、心理失衡、文化冲突、社交关系紧张等问题（London，1989），在大学学习过程中较少获得来自家庭和同辈群体的支持（Terenzini, Springer, Yaeger, Pascarella & Nora，1996），缺少家庭高学历人的支持，第一代大学生在适应大学学习方面面临更多困难（Kriegesmann et al.，2018）。城乡二元结构的存在和城乡生活环境的差异，使农村大学生在由农村向城市的社会流动过程中，存在着"先天性"的瓶颈和结构性障碍，遭遇着不平等的社会流动竞争，大学期间，由于前述背景因素继续发挥作用，显著影响了他们的学业成就、心理状态和职业能力发展，在继而择业过程中，由于家庭社会资本弱势的传递和自身综合能力差距，农村大学生在进入城市的就业和对未来生活的期待时面临困境（马道明，2015），实地研究也发现，农村大学生"农民工化"趋势愈来愈明显，表现为经济收入少、福利待遇低、心理状态不良、身份认同危机等特征，大学生"农民工化"现象表明教育流动功能受阻，底层再生产加速（孙文中，2016）。

3. "泛留守"问题的社会失范后果。而同期关于新生代农民工的研究结果也不容乐观，"新生代"的"新"在学术界的研究笔触下，表述为"无根的群体"，意味着与集体意识与个体意识和谐状态的丧失，同时意味着"主体性"嵌入主体社会结构的缺失，而表现为"脱嵌"特质，这种特质体现在两个相互联系的层面：其一是个人层面的个体化趋势，展现出自我意识增强及经济理性的行动方式（张红霞、江立华，2016），但是个人资本弱势导致他们的适应性困境；其二是社会层面对于主体社会结构的疏离，主要原因是接纳与服务的缺失，城市社会没有按照流动人口的内在需求进行制度供给和服务提供（段成荣、吕利丹、邹湘江，2013；关信平，2014）。流动人口的"脱嵌"问题在社会表象层面上体现为党的十九大报告中指出的发展不平衡不充分的特征，而这种"不均衡及不充分的"压力常常落到流动人口的日常生活中。虽然调查数据不同，但关于农民工主观幸福感的研究结论却高度一致：农民工的主观幸福感不仅比城市居民低，也比农村居民低（张华初，2014），他们的社会认同体现为被动的、冲突的、分化的特征（王春光，2001；宋林飞，2005；郭星华，2011），精神健康问题受制于权益保障及移民压力等（何雪松等，2010；刘林平等，2011）。

研究表明，经济地位低下、不公平待遇及失业等结构性压力是引发农民工失范行为的主要客观因素（蔡禾等，2009；冯虹等，2013；张翼、尉建文，2014）。新生代通过生活压力的感知程度影响他们的社会态度，更容易采取激烈的方式维权（李培林、田丰，2011）；相对剥夺体现为发展机会的缺失，被认为是引发他们更频繁、剧烈的反抗行动的重要基础（Pun & Lu，2010；潘毅等，2009）。

（三）"泛留守"现象的应对

各种关于"留守儿童"问题的专项介入策略，比如驻校社会工作者、驻校留守儿童服务站等，大多采用以亲子分离为挑选服务对象的标准，而不是以问题为取向的挑选标准。在资源有限的情况下，如何惠及更多群体对提升资源利用效能、对服务体系的组织与管理提出了挑战，面对当下乡村儿童群体的"泛留守"现象，既有社会工作服务模式的适应性如何？如何促进社会工作更好地应对乡村儿童的"泛留守"问题？

三 社会工作专业服务在"留守"介入中的问题

很多研究表明，目前社会工作主要聚焦于乡村留守儿童及其所处环境，利用专业方法和技巧，为留守儿童提供服务和帮助。从介入主体来看，既包括对乡村留守儿童个体的直接介入，也包括对学校、社区、社会层面的间接介入（王进文、张军，2018）；从介入方法来看，以个案、小组、社区工作介入为主，以其他综合性干预方法为补充（王文晶、李卉、王瑞娟，2008）；从介入内容来看，现有的社会工作主要以治疗和发展为导向，为乡村留守儿童提供有针对性的服务（徐云、何红梅，2012；李丹、肖玉波，2017）。

尽管社会工作者在介入乡村留守儿童时做了很多努力和尝试。但从相关研究中笔者发现，现有的社会工作介入对象主要瞄准"留守儿童群体",对于乡村中泛化的"留守现象"缺乏关注和思考。社会工作常常把留守身份作为选取服务对象的标准,样本的选择仅限在"亲子分离"的留守儿童范围内。然而,基于社会工作的专业角色和服务功能,社会工作是能在解决"乡村儿童留守问题"中发挥更大作用的。如前文所述,王俊(2015)在反思留守儿童的"陪伴式"实务现状时提出了契合复杂的群体性需求的"网格化陪伴"实务模式,可见只要发挥社会工作的多重角色和整合作用,合理统筹和配置好社会资源,"泛留守"的问题是可以被兼顾到的。

总而言之,目前社会工作在介入时过于关注有留守标签的儿童,没有基于问题事实和实际需求,忽视了对乡村儿童"留守问题"本身的思考,一定程度上缺失了社会工作本身的批判性及反思性。现有社会工作对自身角色和功能的思考欠缺,尚未挖掘到社会工作的更多可能性。

第三节 针对社会工作"留守问题"服务的调查及反思

一 分析框架

本研究依托于笔者对 W 市 L 小学①儿童留守现象和社会工作介入情况的调研。起初,笔者的目光聚焦在登记在册的显性留守儿童身上,希望借此了解乡村留守儿童的真实现状。然而,笔者在实际观察中感到非留守儿童的问题和需求越发不容忽视,开始意识到自身在研究上的认知误区:对乡村留守儿童的认识过分停留在具有留守身份的显性留守儿童身上,忽视了对留守问题本身的观察和思考。因此,随后笔者将关注点回归至乡村儿童留守问题,对真实存在的泛留守现象进行了观察和描述。最后,对社会工作介入的认识也不仅仅停留在阐述留守儿童社会工作介入现状本身,而是放到了反思社会工作对乡村儿童留守问题的介入上。

二 研究方法

---

① W 市 L 小学是一所典型的远城区撤点并校的乡村小学,其施教服务区经济发展相对滞后,半数以上家庭以"打工经济"为主,服务区涵盖范围广,服务半径近 5 公里,学校地域偏远,教学资源紧张。

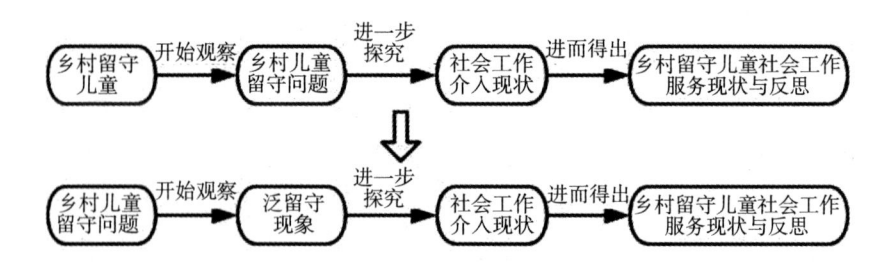

图 11-1 研究思路图

（一）实地观察法

本研究团队以志愿实习的身份进入 L 小学，其间通过实地走访乡村儿童生活的家庭、学校和社区环境，体察了真实存在的乡村儿童"泛留守"现象。随后，通过实地观察当地开展的社会工作服务状况和学生参与情况，知晓社会工作介入该地留守儿童的过程以及开展的具体服务内容，初步掌握其介入情况和服务成效。

（二）深度访谈法

前期，通过与学校相关老师、班主任、"登记在册"的留守儿童及非留守儿童个体进行个别交谈，笔者掌握了乡村儿童真实的留守表现和生活现状；后期，笔者与该校社会工作服务的接受者、提供者和第三方观察者进行深度交谈后，厘清了现行乡村留守儿童社会工作服务模式现状，包括服务内容、实际开展情况、服务满意度等。

三 乡村儿童"泛留守现象"和社会工作介入现状

（一）W 市 L 小学的泛留守现象

1. W 市 L 小学乡村儿童的显性留守现象。

显性留守儿童，顾名思义就是官方定义的"留守儿童"，其本质是父母外出务工后儿童面临的空间留守事实。据了解[①]，L 小学截至 2019 年底共计学生 233 名，其中登记在册的留守儿童为 44 人，且多数都是父母双方外出务工，由爷爷奶奶隔代抚养。留守儿童监护人普遍年龄较大，文化

---

① 显性留守儿童的相关数据资料来源于 L 小学校方提供的留守学生基本情况汇总表，其基本信息包括班级、性别、年龄、户籍所在地、务工家长、父母务工地点、实际监护情况、是否住校、健康状况等。

水平不高，部分甚至存在身体疾病，在教养留守儿童的过程中难免力不从心，导致留守儿童问题频发。

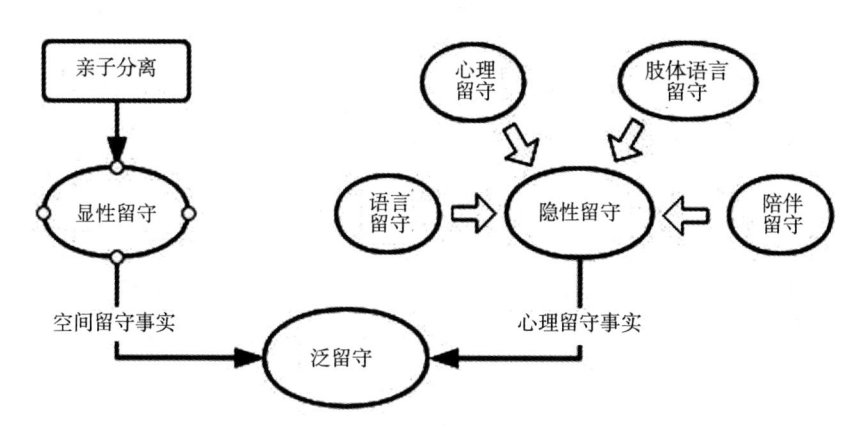

图 11-2　泛留守的构成逻辑

（1）显性留守儿童的生活现状。显性留守儿童虽有确定的留守身份，但是其个体表现也存在内部差异，并非所有的留守儿童都存在学业、心理、生理、行为等方面的偏差问题。在学业方面，绝大多数留守儿童存在学习成绩差、在家无人辅导学业的问题，但是仍有少部分学生成绩在班级呈中上游，这部分留守儿童或是在住校期间受到老师的课后辅导，或返学后监护人进行了严格的作业督促和指导，也有少数接受异地父母的远程监督；在亲子关系方面，留守儿童与父母的关系会随着空间距离的遥远而变化，但是这种变化并不总是呈消极趋势。部分父母虽然人在外地，但会经常通过远程沟通了解和关心子女的生活和学习，分隔两地并没有疏远亲子间的心理距离，反而让他们更理解对方；在习惯养成方面体现出一定的性别差异，女生在家人及老师的教育督促下，往往在语言、行为、卫生等方面养成了良好的习惯；然而，部分留守儿童特别是低年级男生在日常生活中的卫生状况及行为习惯方面表现较差；在心理健康方面，留守儿童群体内部也分化出几种情况，一部分留守儿童由于与父母物理距离的疏远，内心变得孤独、缺乏安全感，表现出性格孤僻、胆小自卑，还有一部分留守儿童在隔代监护人的溺爱下性格暴躁、偏执无理，常做出打骂他人、小偷小摸、不服管教的偏激行为。除此之外，还现实存在这样一类留守儿童，留守加深了其对父母的理解与体谅，线上沟通的方式弥补了父母不在身边的缺失，他们建立了强大的情绪调节系统，在情绪及性格上表现为坚强、乐观、懂事，然而这一类留守儿童所占比例较小，且常常被外界忽视。

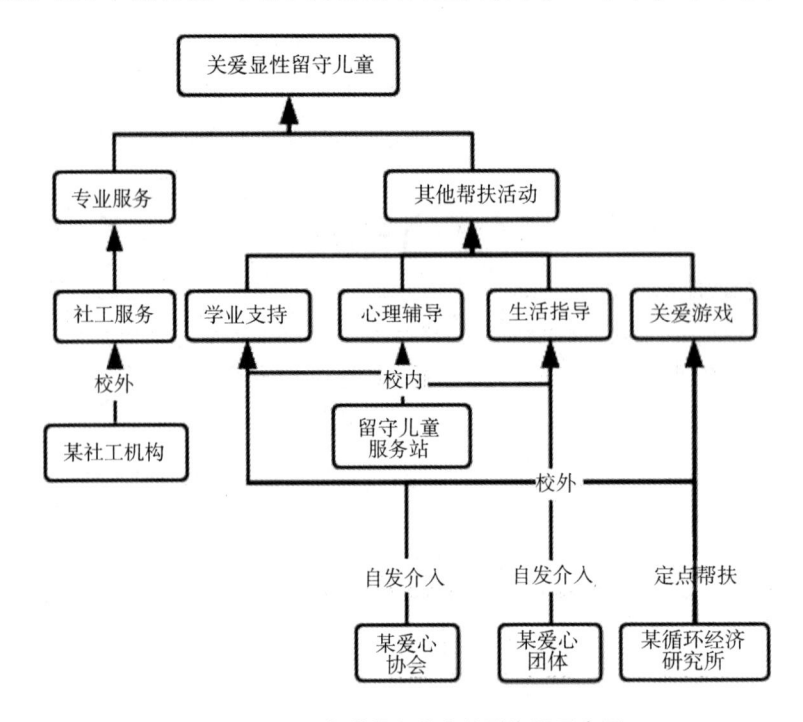

图 11-3　L 小学留守儿童关爱资源示意图

（2）显性留守儿童的帮扶情况。L 小学显性留守儿童虽身处乡村，但是除了校内的留守儿童服务站，其还受到校外多个社会爱心团体的关爱与扶持。这些组织或定点帮扶，或自发介入，或承接政府购买的社工项目，近年来一直在为该地留守儿童提供涵盖学业、心理、生活等多方面的服务。然而，由于没有一个协调中心，多个帮扶主体经常出现活动形式和关爱物资的相似和重合等问题，这表明该地显性留守儿童的关爱服务工作还尚未成熟，缺乏有序的整合和完善，留守儿童的关爱服务成效有限（这一问题在前章中有详细的研究和呈现）。

2. W 市 L 小学乡村儿童的隐性留守现象。隐性留守，即不具有明显的留守身份，与父母间没有因亲子分离产生疏远的物理空间距离，但因其他原因也陷入留守的困扰中。基于实地观察及对部分老师、非"登记在册"的儿童的深入访谈①，本研究参考高敏（2015）对"隐性留守"概念的探讨，从以下几个方面对乡村儿童隐性留守现象进行了阐述。

（1）心理留守。因教育认知水平所形成的巨大代沟往往阻碍了父母与子女的心灵沟通，让儿童陷入心理上的留守状态。笔者发现，受传统思想、教育视野受限等因素影响，乡村父母在子女教育过程中往往更注重学业督促，忽视了心灵的陪伴，导致部分子女与父母的关系陌生疏离。在访谈中，近2/3的学生表示"自己会经常性地感到孤独和无助"，绝大多数还坦言"有心事也不会和父母说，因为他们不会理解"。此外，也有班主任表示"从平时家长会或课下与学生们的交流中都可以看出，班上父母在家的学生和家长关系亲近的不多，有的甚至常年有矛盾"。

当下乡村中父母在家也并不一定意味着亲子关系健康，一部分儿童仍然存在与父母关系不甚亲密的现象。儿童与父母间不信任、不亲近的状态，常常导致其有心事无处排解，缺乏深入内心的陪伴与支持。儿童与父母间缺乏有感情的交往，使得身心尚未发展成熟的儿童内心孤独且缺乏安全感，在心理上呈现留守状态。

（2）语言留守。语言留守，即父母在与子女交往过程中，长时间不与子女进行言语交谈，导致儿童"有事没人问，有话没人听"。在传统的乡村教育观念影响下，乡村父母对子女教育的重心在日常生活的照料和学业的督促上。L小学的很多学生表示"父母平时很少和自己聊天"，其仅有的日常交谈内容也几乎就是学习上的叮嘱和日常吃穿用行上的提醒。而这些儿童也很少主动和父母进行言语上的交流，因为"不知道说什么，觉得没法沟通"。在与班主任交谈中，笔者还得知当下乡村家庭关于爱的表达都是很羞涩的，"父亲节、母亲节都很少有学生和自己的父母说'辛苦啦''我爱您'等"。

多数时间都待在乡村的父母，阅历见闻相对较少，生活方式相对简单，思想观念更倾向于传统，表达爱的方式也相对直接，对子女的关怀多表现在日常生活行动中，很少选择用语言表达爱。言语交流频率少、交流

---

① 隐性留守现象的相关访谈资料基于笔者对L小学9名老师及12名"非登记在册"学生的个别访谈，访谈内容主要包括非留守儿童概况、留守儿童与非留守儿童的群体差异及自身感受。

内容单薄而无法满足儿童日益丰富的内心世界的需要,大大弱化了语言传达爱的功能,导致乡村部分儿童出现"语言留守"问题。语言的留守往往使这些儿童与父母间出现心理上的隔阂,疏远了亲子关系,进而导致儿童心理的留守。

(3) 肢体语言留守。肢体语言往往比口头表达更能拉近人与人心灵之间的距离。然而,在乡村中存在这样一群儿童,其与父母间缺少一定的肢体接触,比如对视、抚摸、牵手、拥抱、亲吻等,导致出现了肢体语言上的留守。在笔者的访谈对象中,半数以上学生表示,其记忆中已经很久没有和父母拥抱和牵过手了,一方面是由于平时在一起的直接交流很少;另一方面是由于互相都觉得不好意思。也有少数男生反映其不听话时父母甚至会动手打骂他,所以他们不想和父母有过多肢体接触。

长时间缺乏正向的肢体语言交流,使得儿童与父母之间的交往显得有些"淡漠",长此以往会加剧儿童与父母间的心理距离,加深儿童内心的孤独与敏感,让儿童害怕与外界的直接接触,从而变得冷漠孤僻。

(4) 陪伴留守。L小学地处偏远乡村,不去外地务工的当地家庭,其经济来源普遍以在家务农或就近务工为主。无论是"日出而作,日落而息"的农业劳作,还是"早出晚归"的务工生活,都消磨了父母陪伴子女的时间和精力。在访谈中,约2/3的儿童表示"父母很少有时间陪伴他,其日常都是和爷爷奶奶待一起",大多数家庭"周末并没有聚餐、游玩等家庭活动"。此外,随着乡村生活观念和思想意识的不断演变,年轻人还衍生出了懒惰依赖的心理,部分年轻父母贪图自身享乐舒适,将教养子女的任务交给祖辈,还有一部分家长将孩子留校让老师管教。

父母与子女的直接相处时间少,导致儿童出现陪伴上的缺失,这直接导致儿童在学业上缺乏父母指导,在生活上缺少父母照顾,在心理上缺失父母关怀,无形中陷入了隐性留守的困扰中,导致他们出现生理、心理及行为上的问题。

综上所述,受物理空间距离或心理距离影响,当下大量乡村儿童正面临着留守的客观事实。乡村中不仅有大量登记在册的"显性留守儿童",还现实存在着许多"隐性留守儿童",乡村儿童的泛留守现象不容忽视。然而,目前只有"显性留守儿童"受到外界的关注和重视,但是其接受到的关爱服务成效也不高,一定程度上存在着服务形式和资源重合的问题。

（二）社会工作介入 W 市 L 小学留守儿童的服务现状

在 L 小学志愿实习期间，研究团队在与学校师生交谈中知晓，W 市一社工机构正在该乡村小学开展专业社工服务。结合对相关知情人员的访谈[①]及笔者自身的亲身观察，笔者初步了解了社工机构介入该地留守儿童的服务内容和服务成效。

1. 服务内容

（1）社工进校。社工机构在评估焦点人群，发展服务群体，中标该地政府购买留守儿童的服务项目后，与同样致力于改善乡村教育现状、支持乡村儿童健康发展的 L 小学校方成功对接，致力于合众聚力为该校留守儿童提供多元化的服务与支持。社工机构正式进入 L 小学已有两年，一直为"登记在册"的留守儿童提供服务与帮助。目前承接该校社工服务的团队共十人，且尚无驻点社工，其现有服务主要依托阶段性的流动介入方式，即开展服务前入校，活动结束后离校，其余时间远程线上交流。

（2）评估需求。社会工作为服务对象提供专业服务的基准和前提是充分了解服务对象的真实问题及实际需求。目前社工团队对该小学乡村留守儿童需求的评估，主要依托于与学校领导的对接。

由于没有驻校社工的长期持续性观察，社工机构考虑到自身人员利用的有效性和需求评估效果的最大化，选择将需求评估角色让位给学校，学校成为需求评估的主体，服务对象的选取主要以校方筛选为主。

L 小学校方依据留守儿童现有的界定标准，将每个年级满足留守条件的留守儿童登记在册，并安排校内老师进行结对帮扶。其在和社工机构对接时，主要依据社工服务所容纳的服务对象数量，参考留守儿童登记册和帮扶老师意见，提供相对贫困的留守儿童名单。

（3）提供服务。L 小学留守儿童数量众多，各个年级均有分布。然而，由于学校及周边场域的限制，社工机构在该地尚未设置驻点社工，因此其开展服务的特点具有间断性。面对群体需求明显，但是服务空间有限

---

① 访谈对象包括 L 小学内的服务接受者、提供者及第三方观察者。其中向 10 名服务接受者即显性留守儿童了解了服务内容、开展情况、服务满意度；向 2 名服务提供者即机构项目主管和社工了解了介入过程、服务内容、服务感受；向 12 名第三方观察者即学校部分师生了解了开展情况、学生表现、观察感受。

的留守儿童，社工机构在综合考量机构本身的服务能力及机构社工队伍的人员现状后，在 L 小学开展的社工服务主要以小组工作为主，个案工作和主题活动为补充。

社工机构承接的服务项目服务于整个 H 区留守儿童，其个案的开展主要是针对全区接受服务的特殊困难留守儿童。L 小学虽地域偏远，但相对于其他远城区乡村小学，学生总量较大，校方给予留守儿童的关注和关怀也较多。所以，社工在进行个案摸查时考虑到学生需求的迫切性、机构资源的有限性及自身能力的可及性，在 L 小学仅开展了个别持续性的个案会面。

社工团队针对该地留守儿童开展的小组活动主要为治疗性、成长性小组，每个主题小组由五节小组活动组成，每一节都设有一个小组目标，由于社工不驻点在学校，一般每次小组都以周为单位间歇式开展，每节小组前社工会带领组员回顾上节小组内容，巩固组员的改变。小组工作虽然具有一定的间断性，但是每节小组活动之间还保持着相对持续性，使得整个小组过程的连贯性、组员和引导者关系的稳定性得到了保障。

L 小学是典型的多所学校撤校合并式乡村小学，其学生居住分散，遍布周围多个乡村社区，因此社工围绕留守儿童开展社区工作难度较大。虽然传统意义上的社区工作开展较少，但社工团体综合利用多方资源，也相应开展了多场大型活动。据笔者了解，社工团队数次联合校方围绕"三八妇女节""六一儿童节""九九重阳节"等节日开展系列团体活动。

2. 成效分析

社工团队在 L 小学开展的社工服务成效呈现出了"服务对象满意度较高，但是社工服务整体成效甚微"的局面。

（1）服务对象满意度较高。对服务对象而言，社工的介入为这一群生活在偏远乡村的儿童带来了新的生机与活力，其在社工真诚的服务下感受到了来自外界的温暖，获得了难得的新鲜感和幸福感。尽管由于社工服务周期的间断性，部分服务对象内心变得更加敏感，存在患得患失的现象。但综合来看，服务对象对社工团队本身及其服务内容的认可度还是较高的，笔者认为这可能更多的是源自乡村留守儿童对外界新鲜事物和温暖关爱的向往。

(2) 社工服务整体成效甚微。首先，社工服务人数少且呈现年级失衡状态。社工资源的有限及需求评估主体的偏移，让社工服务没有被均等化地提供给学校的每一个留守儿童。社工服务主要提供给了心智发展、语言表达较为成熟的高年级显性留守儿童，低年级留守儿童的服务需求被直接忽视。

其次，实际开展服务的时间少且中断性强。社工间歇性地开展小组工作、主题工作，时间上的中断很大程度上影响了服务成效。

再者，社工团队只考虑到了确定留守事实的显性留守儿童，忽视了隐性留守儿童的留守状态，没有将服务提供给真正有需要的留守问题儿童，社工服务成了留守儿童的"特殊待遇"。

最后，由于社工本身缺乏对当地留守儿童关爱资源的评估，社工开展的主题服务和其他关爱主体提供的服务有重合的现象，服务的多样性和针对性受到影响。

综上所述，现有的社工服务虽然受到 L 小学留守儿童的喜爱，但是服务对象的满意度更多体现在对社工本身及社工活动的新鲜感上。社工团队虽有针对性地开展了系列服务，但是综合该地儿童群体显现出的泛留守现象而言，社工的服务成效仍显得"九牛一毛"。

四　"泛留守"现象下现行乡村留守儿童社会工作服务模式的问题

（一）服务目标狭隘，隐性留守儿童遭忽视

服务对象跟着项目走。社会服务项目制是当下主流的社会服务传输模式，项目制下的社会工作服务目标就是给政府为之买单的困难群体提供专业服务。社工机构在 L 小学开展的专业服务是承接 W 市 H 区政府购买的服务项目，其服务对象就是官方定义的"登记在册"的显性留守儿童，隐性留守儿童并不在其关注和服务的范围内。

目标设计过分取决于服务资源。社会工作通常依靠整合现有的服务资源制定相关服务策略，但是社会工作服务资源的来源又过分被动地依靠外界。L 小学位于 W 市的远城区，其所处地点偏僻，周边社区资源有限，无法给社会工作者提供长期驻校所需的食宿物资等。所以，尽管部分问题意识强的社会工作者观察到留守问题的隐蔽性，希望通过社会工作服务去改善乡村儿童的留守问题，但其在实地介入过程中受项目制服务的约束和

乡村资源不足的影响也无法理想化地将隐性留守儿童纳入服务范畴。隐性留守儿童难以获取到来自社会工作者的介入和帮扶。

（二）需求评估主体移位，服务针对性不强

需求评估的过程被模糊化。社会工作的需求评估本质上是对于服务对象群体及其需要的一种认识，也是服务对象对社工服务内容认可程度的判断，应该贯穿于服务的整个过程。然而，在了解社会工作介入 L 小学留守儿童服务现状的过程中，笔者发现社工机构考虑到自身社工人员有限、评估指标操作化难度、工作效率提升要求等，将需求评估的具体环节模糊化，将前期需求评估的环节甚至服务对象的选择权交由学校。

以学校为主体的评估专业性不强，导致社工服务针对性大大降低。学校作为非专业的评估主体在评估和选择服务对象时会不由自主地综合考虑学生、学校及社工机构的多重利益，需求评估的成效往往会偏离服务的初衷，这不利于留守儿童问题和需求的准确表达，必然弱化社会工作服务设计的针对性。同时，这种情况也直接影响到作为服务主导者的社会工作者对乡村真实存在的留守现象的精准观察，从根源上抹杀了其对乡村隐性留守儿童的关注。此外，社工在日常设计服务形式和服务内容时也常常不由自主地追求普适性，从而偏离个别化的服务原则，进一步影响了社工的服务成效。

（三）服务内容单薄，缺乏对家庭单元的介入

服务内容多集中在学校社会工作范畴内。现有的社会工作主要依托学校为留守儿童设计和开展服务。对显性留守儿童而言，一方面由于务工父母的时间和精力有限，社会工作很难对其进行长期介入；另一方面，留守儿童的替代监护人多为祖辈，其文化知识水平普遍不高，接受新事物的能力也有限，从替代监护人出发开展社会工作服务也十分困难。因此，社会工作往往很少选择对留守儿童家庭进行介入，更多以学校为媒介，这样既能有效集中服务对象，也能增强学校作为替代陪伴主体的作用。

以家庭为单元的实践介入不足，使得既有的社会工作服务难以应对隐性儿童的留守问题。显性留守儿童基于其亲子分离确定留守事实，可以多发挥替代陪伴的功能改善其处境，而隐性留守儿童则要着重从家庭教育层面出发改变儿童的成长环境。隐性留守儿童陷入留守困境多是因为受家庭

教育观念和亲子互动行为等因素的影响，其留守的主要致因来自家庭。隐性留守与显性留守现象的区别，意味着隐性留守需要不同的应对方式。然而，现有的社会工作服务模式主要应对的是显性留守儿童，且针对其家庭开展的实际服务较少，服务内容对于显性留守儿童尚有一定成效，但不足以应对隐性留守儿童的切实问题，满足不了泛留守现象下儿童成长发展的客观需要。

（四）资源整合意识薄弱，陷入单线介入误区

社工自身的角色定位不充分，资源整合意识不强。社会工作秉持助人自助的理念，在实际操作过程中常常将自身单一定位为服务的直接提供者，在资源链接和政策倡导方面工作开展得较少，导致在开展服务时常陷入"分身乏术""力不从心"的局面。L小学所处地域的自身资源虽有限，不能为社工服务提供多元便捷的支持，但是L小学留守儿童拥有来自多主体的关爱资源，然而社工并没有充分利用这一资源优势，有针对性地协调和整合资源，促进留守儿童服务的多元化，这在一定程度上弱化了社工介入的功能，加剧了资源浪费和服务重复的问题。

对服务格局的认知和考量不够，陷入单线介入的误区。相较于社工的专业服务，其他关爱帮扶活动由于缺乏专业的助人理念和助人技巧，常被视为是非专业的、业余的。社会工作者作为专业的助人者，往往受"专业"二字误导，在主观意识上轻视其他关爱服务的参与和成效，忽视了与其他介入主体的协同合作，在开展服务时盲目坚持单线介入。现有的乡村留守儿童社会工作服务介入体现出了社工尽力而为的努力，但是却暴露了其对宏观层面服务格局认识的不足，其没有充分链接和协调可利用资源，导致服务内容稍显单薄。现有的社工服务对服务对象数量的容纳度不高，单纯依赖社工自身的服务能力是无法有效改善乡村儿童的留守问题的。

五 "泛留守"现象下乡村留守儿童社会工作服务模式的反思

社会工作作为解决社会问题、增进社会福祉的专业力量，在应对乡村儿童留守问题上虽有其特有的专业优势，但是在面对当下乡村儿童的泛留守现象时，现有的服务模式还是显露出不足之处。基于此，笔者尝试性地提出以下几点反思。

(一) 个体层面的转变：社会工作要及时转变研究思维，重新规划服务方案

对于留守儿童问题的研究已有多年，由最初的"问题显露"到"污名化""标签化"再到后来的"反污名化"，其研究思路在历史的检验中不断洗旧革新。社会工作对这一问题的介入也在不断推进，且逐步取得相应进展。从留守到泛留守，对乡村儿童群体留守现状的新认知的出现，意味着社会工作的研究思维和服务内容也要进行相应调整和创新。

一要及时转变研究意识，回归问题本质，将相关研究从"乡村留守儿童研究"回归到"乡村儿童留守问题研究"上。社会工作关于"农村儿童留守问题"的相关研究常常在无形中变成了"农村留守儿童研究"，研究视野的局限导致了现实的乡村隐性留守儿童被忽视。因此，社会工作者只有立足于乡村儿童留守现状，对乡村儿童的留守问题进行再反思，以客观平和的视角观察和研究乡村儿童"泛留守"现象，才能更好地应对农村儿童的留守问题。

二要找准服务对象，将服务对象从留守儿童向泛留守儿童拓展。作为社会文明进步的倡导者，社会工作者有义务为社会中的弱势群体发声。面对乡村儿童的泛留守现象，社会工作不能继续停留在对显性留守儿童的介入上，也要努力为隐性留守儿童提供帮助与支持。因此，社会工作应该及时转变思维，跳出服务对象固化的认知圈，将存在心理留守事实的隐性留守儿童也纳入服务范畴内，将服务对象从单纯物理空间上的显性留守儿童拓展为真正受留守问题困扰的泛留守儿童。

三要完善需求评估方式，强化资源整合意识，增强资源与需求的匹配性。一方面，社会工作必须及时完善需求评估方式，将需求评估的主体归位。社会工作要深入了解研究地的背景，运用问卷、量表等定量研究方法与专题小组、知情者调查、社区会议等定性研究方法收集相关的事实资料，辨别服务对象的真实需求，并进行评估和测量，做好专业的需求评估；另一方面，社会工作还要强化自身的资源整合意识，积极做好对现有资源的评估与整合。既要多方位了解服务对象自身及其周边可利用资源，也要立足于需求本身，对可利用资源进行整理分析，从而有针对性地链接相关资源，提高资源利用的有效性，提升服务的针对性。

四要在增强自身专业能力的同时紧密联系实际，因地制宜、因势利导

地加强本土化建设，不断创新服务内容。在泛留守现象下，乡村隐性留守儿童作为新的服务对象，社会工作者并无介入这一群体的相关经验。社会工作必须要实地观察了解其生活境遇与所处环境，深入其家庭单元内部把握问题及需求现状，进而有针对性地设计服务方案。由于留守儿童的个体化需求不同，乡村地域分散，风俗环境、人文水平等也参差不齐，因此社会工作的服务模式必须要因地制宜、因势利导，在紧扣乡村留守儿童实际问题的同时推进其服务模式的本土化转变。

（二）组织层面增能：社工机构要继续完善角色定位，增强整体服务能力

社工机构是专业助人活动开展的组织载体，既承载着社会工作"助人自助"的专业使命，也支撑着社工的职业发展，更彰显了助力社会发展的社会责任。社会地位决定社会角色，社工机构的多重角色意味着其在面对乡村儿童泛留守现象时，更应该加快完善自身的角色定位，以发挥更大的社会功能。

从专业助人角色来看，社工机构要坚持开展助人活动的初衷，深化社会工作的服务宗旨，加强自身的专业能力建设。首先，社工机构应该明确介入乡村儿童泛留守现象的服务目标是为了解决乡村儿童的留守问题，而非为了完成项目制服务的指标要求。其次，社工机构还要加强对机构社工和志愿者的培训与督导，不断夯实基础提升其服务能力和专业意识，从而提高机构服务的专业水平。最后，社工机构还应加强与高校等单位的实习和就业合作，一方面吸纳专业的社工人才壮大人才队伍；另一方面也要在与专业人才的合作和互动中发现自身潜在的问题，从而促进机构的进步与发展。

从育人角色来看，社工机构要在人员配置方面重视对专业人才的吸纳与培育，减少社工人才的流失。作为一个组织，社工机构的运营和发展需要依托人来执行。社工机构在发挥社会工作专业价值造福社会的同时，也承担着育人的责任。在泛留守现象下，服务对象的群体规模由留守向泛留守扩大，巩固和吸纳更多的社工专业人才是必然之举。社工机构要积极做好育人计划，既要给社工一定的薪酬福利保障，也要做好对优秀人才的提拔与激励。只有充分解决社工生存和发展的后顾之忧，社工才能更专心、尽心、用心地应对复杂的乡村儿童泛留守现象，才会真正提升服务质量。

除此之外，还要多渠道吸纳专业社工人才，壮大机构的人才队伍，以应对人数众多的泛留守儿童。

从社会参与角色来看，社工机构在专业价值观的引领下应该积极做好社会倡导工作，整合协调社会资源，助力解决乡村儿童留守问题，彰显社工机构存在的社会价值。乡村隐性留守儿童尚未引起社会关注与重视，社工机构有义务有责任为其发声，倡导社会关注这一弱势群体。此外，面对显性留守儿童现有关爱资源的多元重合现象，社工机构作为一个专业助人的组织载体，更应该主动与其他关爱主体建立联系，链接与协调服务资源，促进资源利用和服务成效的最大化。

（三）社会层面赋权：社会要为社工服务释放足够空间，多方位提供助力

从社工及社工机构层面反思既有乡村留守儿童社会工作服务模式是很有必要的，然而乡村儿童泛留守现象作为一种新的社会现实，不是单靠社工及社工机构的努力就能解决的。社工及社工机构面临的很多现实问题一定程度上也受社会大环境的影响，因此也必须从社会层面做出相应反思。

首先，从意识层面重视和提升社工的话语权，让社工的声音能得到关注。社会工作的助人功能不仅体现在其对服务对象的直接介入上，还体现在其作为政策倡导者和资源链接者等的间接介入上。然而，目前社会工作的话语权十分有限，尤其是一线社工发出的声音往往很难被听见和重视。因此，社会要为其提供多元化的发声渠道，设立专门的信息传递和反馈系统，让一线的声音能被传达上去，从而让政府了解真实的乡村儿童留守现状及社会工作实际介入时的现实困境，从而在政府决策时做出准确有效的回应。

其次，从制度层面提升社工地位和就业环境，助力专业人才队伍的壮大。从留守到泛留守群体，服务对象的拓展意味着社工人才队伍也要相应壮大。当下社会工作由于合法地位和专业认可度不足，加之薪资水平和奖励机制差，存在吸纳专业人才难度大且人才流失率高的现象。针对这一现实问题，政府有必要从制度层面加快对社工合法地位的肯定，提升公众对社会工作的认知度，提升社工的薪资福利水平，改善社工的就业环境，吸纳更多的专业人才从事社会工作，从而满足泛留守现象下社工行业内对社工人才的需求度。

再者,从战略层面鼓励多元主体协作助人,肯定社工助人的主体地位。泛留守现象不仅仅是父母外出务工的显性留守事实的表现,还体现出了乡村儿童留守问题的隐蔽性,因此单纯依托社会工作是无法有效应对这一复杂现象的,它需要社会多主体间的协同努力。对此,政府要从战略层面重新认识和规划,鼓励社会力量在关爱乡村儿童留守群体时要重视协同合作,促进关爱服务的规范化。同时,也要肯定社会工作助人的专业性,给予社会工作更大的发挥空间和自主权,让社会工作在资源链接和整合方面发挥更大作用,帮助和指导其他关爱主体提高服务成效,从而促进乡村留守儿童关爱服务真正落到实处。

最后,从执行层面给予资源支持和操作便利,消除服务开展的现实障碍。乡村儿童泛留守现象不仅涉及亲子分离的显性留守,还现实存在亲子不分离的隐性留守,其波及群体涵盖家庭、学校、社区及社会层面。社会工作在实际介入时往往受到来自各个层面的现实阻碍。面对这一问题,政府应当继续深化和落实好对社工机构及社工个体的支持。在资源支持方面,适度加大财力物力等资源投入,并做好审批规划和使用监督工作;在意识启蒙方面,加大对乡村人群的知识普及和思想引领,让留守问题得到相关主体的关注和重视;在具体操作层面,协助有关专家出台实务操作指南,指导社工及其他主体在关爱服务中规避误区,提高服务成效。

第十二章　研究结论、政策建议与研究展望

第一节　研究结论

本次研究得出以下关键性结论：留守儿童内部的差异大于留守儿童与非留守儿童之间的差异性；家庭教育对于留守儿童的影响大于家庭留守状态的影响；"泛留守"现象不容忽视；乡村的衰落对儿童的成长不利；很多儿童的家庭生活结构并不完整，家庭的情感氛围有待提升；学校教育要更注重新型数字化及素质性教育知识的充实；拓展乡村儿童基于地缘和学缘的传统型帮助需求，扩大社会力量对他们的关注及帮助，构建以乡村社区发展为基石的服务体系。

一　关于乡村儿童的日常生活原型

（一）乡村儿童的生存状态：社会环境支持主要以传统地缘和学缘为主，各种软实力教育资源相对较弱

在儿童的家庭生活、学习生活、社区生活、心理行为等几个维度上的基本发现如下：家庭的教育动机偏重于文化学历期待；家庭道德行为榜样有待提高；学校生活总体满意度适中，学习内容偏重传统智力知识，老师或者父母关于新型素质性知识的引导作用还有待提升；社区硬件配备情况良好，但参与性不高，同时社区软实力环境有待改善；社会环境支持主要以传统地缘和学缘为主；儿童的心理总体健康，但是不能忽视家庭亲子沟通；儿童的道德认知及行为总体适中；儿童的价值观受学校中老师认知导向及同辈群体行为导向的影响；不同年级、不同性别儿童的生存状态在多项指标上存在显著差异，中学儿童相比于小学的儿童，更少与父母交流，对家庭氛围的评价相对较低，对同辈群体的依赖要更高，而小学阶段的儿

童更依赖自己的父母和家庭；男性儿童相比于女性儿童，发生偏差行为的风险更高。

（二）乡村儿童的主要需求：儿童寻求帮助的主体多为初级群体，而需求的内容则偏向新型素质性活动

家庭生活需求存在选择性矛盾（选择是与父母住在一起，还是父母外出打工改善家庭经济困难）；对同辈友谊关系的需求非常明显；潜在家庭亲子情感沟通的需求强烈；儿童寻求帮助的主体多为初级群体，而需求的内容则偏向新型素质性活动；不同年级、不同性别儿童的需求在多项指标上存在显著差异，中学阶段的儿童相比于小学阶段的儿童，幸福感偏低，女性更倾向于学业帮助，男性更需要娱乐健身帮助。

（三）乡村儿童的行为影响因素：家庭教育与社区参与的影响突出

首先考察了家庭环境对儿童的综合影响，结论如下：家庭的文化氛围对儿童的学习成绩、学习方式、学习内容、学习习惯、偏差行为、人际交往、道德认知、亲子沟通及家庭氛围感知等均有影响；父母对儿童的文化期待会影响孩子的学习成绩及学业期待；精神奖励对儿童的学习、亲子沟通、孩子对未来自身的文化期待等有良性影响，而体罚等负面的惩罚性措施对儿童的亲子沟通、道德认知与行为、偏差行为、家庭氛围感知以及孩子的幸福感等有负面影响。

其次从生态系统环境角度对几个重要观测变量——学业成绩、健康状况及偏差行为的影响因素进行了考察，结论如下：社区活动参与、学校生活满意度、学习成绩、亲子沟通、自我期待等对偏差行为产生显著性影响，中学男孩偏差行为相对严重，留守与否对儿童的偏差行为影响并不显著；父亲学历与儿童学业成绩呈正向关系；在健康状况模型中，与同伴互动越多、越会参与社区活动，父母或监护人越是经常监督，儿童的健康状况越好。

二 留守儿童的日常生活原型

（一）留守儿童的生存状态：新型媒体受到学生的青睐，父母回家频率有待提升，加强与父亲的沟通

留守儿童家庭的教育动机偏重于安全方面，对孩子的文化程度期待较高，家庭道德行为榜样有待提高；父母回家频率有待提升，需加强与孩子

的沟通交流；留守儿童的生活场所向家庭外转移；新型媒体受到学生的青睐，社会环境支持主要以学缘和传统地缘为主；留守儿童的偏差行为总体不是很严重；留守儿童的心理总体健康，但是不能忽视家庭亲子沟通，尤其是加强与父亲的沟通；留守儿童的价值观受学校中老师认知导向及同辈群体行为导向的影响。

（二）留守儿童的主要需求：不同性别及年龄的儿童在需求的内容及形式上有差异

留守儿童对父母在学习辅导上的需求最强烈；经济改善需求明显；对家庭亲子情感沟通有强烈需求；留守儿童更期许得到同学、父母的帮助和辅导，而需求的内容偏向新型素质性活动；中学留守儿童相比小学留守儿童，在需要的帮助上差异不大，但是在需要提供帮助的形式上有差异；女性留守儿童相比于男性留守儿童，参与家务劳动更多。男性儿童相比于女性儿童，发生偏差行为的风险更高；女性对传统意义上的学业帮助需求强烈，男性对形式新颖的娱乐健身类的帮助需求强烈。

（三）留守儿童的主要问题及影响因素：相比于亲子分离，家庭教育对留守儿童主要问题的影响更突出

中学阶段留守儿童的幸福感低、学校生活满意程度低、学业评价低、学业期待低；中学阶段的留守儿童可能引发偏差行为的风险更大，道德认知更偏自我。家庭教育文化背景、家庭教育方式、教育动机对留守儿童行为有很大影响，父母或监护人有相对高的学历、好的学习督促习惯及阅读习惯对留守儿童的学习成绩有好的影响，父母有好的督促作业的习惯、阅读习惯，留守儿童的学习习惯、幸福感相对较好及偏差行为相对较少；家庭教育中精神奖励方式会提升留守儿童的幸福感、学习成绩、道德认知与行为，同时降低留守儿童的偏差行为；父母对孩子的文化期待、成就期待等会影响留守儿童的学习成绩、学业成就期望及道德认知等。

研究表明，打工与否、在哪里打工并不是问题的重点，重点是父母本身的文化修养及是否经常联系和关心留守儿童对留守儿童行为影响显著，亲子分离及家庭教育对留守儿童几个重要指标有影响。父母的联系频率高，对留守儿童的自我能力认知、身体健康、幸福感、人际交往、亲子沟通等有好的影响，同时可以降低留守儿童的偏差行为；亲子直接联系的方式比间接联系的方式更能增强留守儿童的幸福感及亲子沟通关系，并有效

降低留守儿童偏差行为的发生概率；母亲的打工距离对孩子的影响要高于父亲，母亲的打工距离越近，对孩子的引导越积极，同时孩子对家庭氛围的感知会更好；父母回家时间的间隔长短对留守儿童也有非常重要的影响，回家时间间隔越短，亲子沟通及家庭氛围越好，更利于留守儿童身心的健康成长。

三 留守儿童与非留守儿童的比较：留守儿童内部的差异性大于与非留守儿童的差异，以家庭为核心的社会联结关系应该受到重视

（一）描述性统计显示：留守儿童与非留守儿童在学业、健康及道德行为等方面有差异性

留守儿童与非留守儿童在生活自理能力、安全常识、幸福感、人际关系等方面不存在明显差异性，但是在学习成绩的自我评价、家庭课业辅导、未来学历期望、身体健康的自我评价、需要得到的帮助等方面有差异性。非留守儿童整体比留守儿童的学习适应力好、学习期望高；中学留守儿童相比于中学非留守儿童对身体健康的自我评价低；中学留守儿童相比中学非留守儿童在道德行为上更偏向自我。上面主要是描述性的结果，具体在推论上是否成立，还需要进一步的统计推论检验。

（二）留守儿童与非留守儿童学业、健康及偏差行为的异同及影响因素

研究结论如下：留守儿童与非留守儿童在学业上整体无差异，但是留守儿童的学业状况更受到父母学业期望及父亲文化程度影响；与非留守儿童相比，留守儿童的健康状况较差，更受到同辈交往关系、社区活动参与、亲子关系沟通的影响；留守儿童与非留守儿童在偏差行为上，整体无差异，但是留守儿童的偏差行为更容易受到学校满意度、亲子沟通、父母学业辅导、学业成绩等影响。

（三）从生态系统环境的正向因素（社会联结关系等）和负向因素（压力源：负面关系、受欺凌经历等）的互动思路，比较两组儿童偏差行为影响的作用机制

无论基于理论研究角度，还是实际应用实践，都要重视对于留守儿童社会联结纽带的巩固问题。

从生态系统环境的正向因素——四个社会联结要素的角度，在留守儿童与非留守儿童的比较中发现：偏差行为与受欺凌问题之间呈现正向相关

关系；在控制社会联结因素后，留守儿童与非留守儿童在偏差行为与受欺凌上不存在显著差异，但是留守儿童在积极认知及心理方面弱于非留守儿童，这表明要从对外在影响的关注转向对内在隐秘的长期影响关注上，而这种内在隐秘的长期影响是现有研究缺乏的；依恋因素是影响留守儿童偏差行为和受欺凌的共同因素，同辈关系对留守儿童受欺凌呈现显著负向影响，而偏差朋辈对留守儿童的偏差行为呈显著正向影响，亲子联结能够调节此一影响。

从生态系统环境的负向作用——压力源（家庭、学校、同辈群体负面关系、受欺凌经历）的角度，在留守儿童与非留守儿童的比较中，从更细致及微观的角度，呈现生态系统环境对儿童心理及行为的作用机制。研究发现：留守儿童的压力指数及负面情绪指数显著高于非留守儿童；亲子负面关系仅对留守儿童的偏差行为同时产生直接及间接作用（负面情绪为中介变量）；受欺凌经历同时直接及间接（负面情绪为中介变量）影响留守儿童及非留守儿童的偏差行为；社会控制因素对留守儿童偏差行为的约束力较非留守儿童更强。

四 留守儿童"价值观"的形塑：反思乡村文化传递内容、机制与后果

研究发现：留守儿童学习价值观的生成环境处于结构与功能变化下的家庭环境、外部与内部断裂下的学校环境和整体"空心化"显著与局部教育功能替代下的社区环境；家庭教育期待与重要他人的影响具有内在驱动的作用，学校学习价值的传递与同辈群体的交往对他们本源的学习价值观起到一定程度的强化，而乡村社区中"跳农门"意识的传播及薄弱的社区文化传递，使乡村社区教育在留守儿童学习价值观生成过程中的引导略显无力；研究发现留守儿童的学习价值观具有以提升学习成绩为基础性目的和实现人生理想为宏观目标的显著特征；整体而言，留守儿童的精神世界稳定但也存在受外在强力的影响出现转化的可能，个体实践在外在结构的制约下有发挥自我策略的能动性，而对于精神和实践共同运作的场所——日常生活，不能因重复而对留守儿童的教育问题及乡村少年的厌学情绪等问题麻痹。

五 "泛留守"现象的反思

将乡村儿童的"留守"内涵从"亲子分离"引申到有效"教育与陪伴"缺失的内涵，并将其称为"泛留守"，因此下文中的"留守"儿童指"泛留守"儿童。正如此前的调查数据显示，亲子分离并不一定导致留守儿童问题，但是家庭教育导致留守儿童问题。将乡村儿童放在整体城乡二元格局及乡村振兴的战略背景中，"留守"的内涵会变得更加丰富，它不仅仅是物理空间意义上的更是教育资源分配与传递意义上的。

六 "网格化陪伴"实务模式初探及以乡村社区服务为展望的研究

1. 应用"陪伴式"实务模式。该模式是基于家庭风险理论的研究，伴随着家庭结构的变化，在人口老龄化、家庭小型化和人口大流动的社会背景下，家庭面临着婚姻危机、亲子冲突等各种家庭风险，这些风险使家庭功能弱化，使其在教养模式、沟通方式、家庭氛围以及家庭外部环境等方面出现了很大的问题。在此背景下，"陪伴式"实务模式认为，青少年需要家庭父母的陪伴，并且没有人可以取代这种陪伴，但社会工作可以通过专业方法促进陪伴在青少年身边的父母实现更"科学"的陪伴，对于父母不在身边的青少年则实行替代性的陪伴。其实务方法主要从家庭父母和青少年自身两个方面着手。本次实务实验主要包含了四个部分：亲子沟通的需求与实务；学习辅导的需求与实务；心理支持的需求与实务；素质型活动的需求与实务。

2. 反思"陪伴式"实务模式。需求局限性，"陪伴式"实务模式在需求预估方面过于狭窄，不适合群体性服务；资源局限性，服务场域相对单一，不利于服务资源的有效整合；伦理局限性，在资源有限的条件下，占用过多的服务资源，不符合社会工作者平等服务的伦理守则。

3. 探索"网格化陪伴"实务模式。根据以上"陪伴式"实务模式三个方面的局限性，基于生态系统理论的视角，将案主的社会资源分为几个系统：微观系统、中观系统和宏观系统，对应提出"网格化陪伴"实务模式，主要包含三个基本问题、网格系统与陪伴转移，建立网格系统——个案管理与服务信息化。本研究认为随着资源、环境日益复杂化，社会工作专业与职业分化必然更为细致，社工"网格化"的协同合作方式能更有效地整合资源，实现多领域更专业的服务。

4. 探索基于"资源整合"的专业社会工作服务模式。根据以上"网格化陪伴"实务模式理念，从实务介入的角度，结合实证研究结论，正视现行"碎片化"及低效的服务体系，探索适应服务对象真实需求及发挥专业社会工作角色真正价值的服务模式。

5. 展望乡村社区"留守"服务。将实务介入和实证研究结论相结合，从乡村社区的发展及培育的角度研究社区工作对"留守"儿童问题的介入，整个研究的落地点回到对于乡村社区本身的观照中。

第二节 政策建议

一 从法律制度的高度上认识和面对留守儿童的生存发展问题

留守儿童问题将长期存在，它不是发端于哪一个乡村或者家庭的变迁问题，而是一个时代的社会变迁问题，它是一个社会问题，而不仅仅是留守儿童家庭和学校的问题。社会问题，必须从社会政策的高度才能有效加以统筹和解决。大规模的城镇化将是未来中国几年内的巨大社会变迁，值得注意的是，在党的十八大、十九大报告中，在健全社会保障体系部分，专门提出健全乡村留守儿童、妇女、老年人关爱服务体系，健全残疾人权益保障、困境儿童分类保障制度，但是对于这个健全的保障制度，地方政府和相关部门要花很长时间进行系统摸索。2013年4月，国家发改委关于推进城乡公共服务一体化建设政策的颁布实施，标志着横跨半个世纪以上的城乡隔离和差异将成为历史的记忆，城乡公共服务一体化建设，必然包含针对社区、学校及家庭服务的统一建设。从法律制度建设的角度，结合本次调查研究，建议如下：

1. 完善我国及地方的监护法律政策体系。这是解决儿童尤其是留守儿童监护缺失问题的必要保障。这种制度有利于明确父母和监护人各自的权利义务，从而使留守儿童的成长和发展处在一个完整的监护体系之中。明确留守儿童的监护人资格以及承担的监护责任，留守儿童监护人的资格确定了监护人能否担任监护工作的问题，其直接关系到留守儿童各项权利是否能够得到切实保障。建立符合实际的乡村留守儿童委托监护制度，以法律的形式规定被委托监护人的资格和范围（李亚楠，2010）。

2. 建立区域性儿童及留守儿童信息系统，为宏观决策服务。

（1）国家统计局和相关部门应当设立儿童及留守儿童信息专项调研指标，每年定期搜集留守儿童基本信息，包括：儿童数量、性别比例、地区结构、入学情况、家庭背景等信息，建立全国性留守儿童信息库；

（2）在国家相关部门统筹下，省、市、县（乡）和学校建立本区域内儿童及留守儿童信息库；

（3）组织多学科专家，在乡村人口流动密集区域对儿童及留守儿童进行跟踪研究。在省内建立多个留守儿童观察点，搜集、积累留守儿童成长与发展的系统化信息，为政府决策以及学术研究提供坚实基础。

二 针对乡村儿童"泛留守"问题的建议

1. 引入专业的儿童社会服务模式，减轻和分担教师压力，让"留守"儿童有专门的空间解决情绪及行为难题。本次调查发现，学校教师在面对儿童问题时，承受着巨大的精神和时间压力，专业人士做专业事，本课题组并不赞成将儿童课堂知识传授以外的服务工作交给教师，而是建议引进专业的社会工作者或者心理咨询师。实行帮扶的三级管理制度和社会工作者（心理咨询师）与家长的定期交流制度。学校详细登记本校各班"留守"学生情况后，将学校"留守"学生按年级进行划分，由专业社会服务人员，配以校级领导、中层干部和班主任协助，分块负责，明确各级帮扶责任人与帮扶对象，通过定期的电话沟通或家访，积极交流意见。重点关注中学阶段"留守"儿童的偏差行为问题。有调查显示留守儿童违法犯罪行为呈逐年上升趋势，问题很严重（沈洋、曹凯，2007）。

2. 大力推进乡村学校数字化及素质化教育理念与方式。借助教育信息化和网络化技术，引进多元的在线信息平台，让学校的教育方法能够匹配学生的需求，同时减轻传统应试教育的课程压力，让学生在童年时期能够更宽松和自由地探索知识。

加强乡村寄宿制学校建设。解决"留守"儿童无人照看、学习和安全得不到保障的问题，政府部门要加大对乡村寄宿制学校的建设力度，不断完善基础设施，尽最大努力为儿童提供良好的成长环境（姚丽，2012）。

3. 丰富、壮大专业师资队伍建设，改变学校教育格局，让"留守"

儿童找到更多的发展空间。调查显示，虽然很多乡村学校的基础设施相当完备，但由于老师更新换代比较缓慢，新教师无法进入学校，学校没有资金和自主招新权，除了语数外三门课程，其他能开发学生兴趣和潜力的课程，如音乐、美术、体育、计算机等课程缺乏老师，由于老教师很难接受新的教学思维方法，与现在学生的思维脱离，不能站在学生的角度进行教学，同时学校的留守儿童服务站并没有专业人员，这就造成了资源的浪费。

4. 强化乡村文化的庇护和培育功能。学校教育在开启乡村青少年儿童知识视野的同时，应扩大教学内容与乡村生活经验之间的融合。本次调查的数据显示，大多数学校的劳动体验课都是在本校进行，学生的生活远离乡村文化，学校的知识传导更是倾向于城市导向，乡村青少年对乡村传统优秀文化的记忆日益单薄，甚至是否定。

发展多元化社区文化。关注"留守"儿童身体健康，重建乡村文化秩序（江立华，2011），强化乡村社区建设与社区参与。笔者通过访谈了解到，绝大部分儿童所在社区的社区文化严重匮乏，社区组织更多的只是将注意力集中于老人身上，而忽视了儿童的需求。乡村社区应发展多元化的社区文化活动。

5. 加强乡村儿童的家庭教育意识，推行常规化及不可替代的家长学校。家长学校，重点是针对缺乏正确教育管理儿童知识和能力的临时监护人，定期进行"育儿"知识的集中培训，教授教育管理儿童的方式方法，沟通了解孩子的生活学习情况，交流管教儿童的方法，促进儿童健康成长。建议在社区可以适当地请一些家庭教育方面的专家，开展有关家庭教育的系列讲座、演讲之类的活动，从而使家长们意识到家庭教育对孩子影响的重要性。

6. 从"资源共享及整合"的视角，以专业的社会服务为中心，构建以乡村社区发展为基石的服务体系。由于"留守"儿童与监护人的交流过少，所以应该为他们建立一个持久而稳固的社会支持网络。但是为了避免服务资源的浪费及"碎片化"问题，让专业服务人士承担"资源整合"的角色，迫在眉睫。

尽快在各地推动建立基于"网格化""资源整合"思路的乡村儿童服务体系。在乡村建立有针对性的儿童社工站点，提供专业化的社会服务，由社工的工作弥补和替代部分家庭功能，发展和推广"陪伴式"家庭社会工作模式和"网格式"的社会工作服务模式，并给社会工作者的资源整合角色"赋权"。首先，搭建专业的资源整合的平台，可由国家设立专门的资金用于组织和推动乡村社会工作者的培训与工作站的建设；同时鼓励、推动社会公益组织、基金会资助乡村社工培训或设立服务项目。其次，在资源整合模式的平台上，动员社会其他力量与组织在校大学生和毕业生参加乡村社工培训，参与新乡村建设和乡村社会工作，活动形式可以多样。

第三节 研究展望

乡村振兴的语境不是偶然形成的，是对当下乡村危机的切实反映。乡村振兴的语境始于党的十八大以后，乡村振兴是习近平总书记 2017 年 10 月 18 日在党的十九大报告中提出的战略。农业农村农民问题是关系国计民生的根本性问题，必须始终把解决好"三农"问题作为全党工作的重中之重，实施乡村振兴战略。2018 年 2 月 4 日，国家公布了 2018 年中央一号文件，即《中共中央国务院关于实施乡村振兴战略的意见》。2018 年 3 月 5 日，国务院总理李克强在作政府工作报告时强调，要大力实施乡村振兴战略。

儿童的"留守问题"，不是单一性的问题。单纯从家庭、学校或者同辈群体等因素来寻求"修修补补"的完善，并不能彻底解决问题。在本次调查与实务过程中，本课题团队屡屡感受到力不从心，除了研究设计需要进一步改进外，研究团队也越来越体会到乡村全局性生态系统的掣肘与城乡发展的深刻失衡问题。有鉴于此，本次研究仅仅是一次微小的"抛砖引玉"。

现实问题的复杂性提出了未来系统整合研究框架的需要。根据《中国流动人口发展报告 2010》预测，随着我国城镇化和户籍制度改革的逐步推进，未来流动人口规模会进一步增加，预计到 2050 年达到 3.5 亿人。党的十八大报告在健全社会保障体系部分，提出要健全乡村留守儿童、困境儿童等分类保障制度。研究乡村"留守"儿童的心理健康及教育引导措施问题，对保护"留守"儿童的健康成长权益、建立分类保护政策及措施，具有不可忽视的参考意义。

从乡村振兴的角度，整合系统思路框架，从有效教育实践和政策介入的角度，将"留守"儿童问题置于乡村社区的发展、培育及与城市良性循环的角度，可以使整个研究的落地点回到对于乡村社区本身的观照中。这种综合研究框架需要做多学科的整合设计，将社会学关于社会结构的宏观思考、心理学及教育学的微观动力研究及社会工作等实务介入工作有机贯通，以提升研究结论的适用性及内在的理论价值。本次研究仅仅尝试了以上综合性研究框架，更为细致的研究工作，还有待进一步推进。

参考文献

中文参考文献

著作：

Julius R. Ballew, George Mink 等：《个案管理》，王玠等译，台湾心理出版社股份有限公司 1998 年版。

郭志刚：《社会统计分析方法——SPSS 软件应用》，中国人民大学出版社 1999 年版。

杨东平：《艰难的日出——中国现代化教育的 20 世纪》，文汇出版社 2003 年版。

曹立群、周愫娴：《犯罪学理论与实证》，群众出版社 2007 年版。

何雪松：《社会工作理论》，上海人民出版社。

沙莲香：《社会心理学》，中国人民大学出版社 2007 年版。

周林：《留守儿童教育问题研究》，四川教育出版社 2007 年版。

任焰、潘毅：《无法形成的打工阶级：农民工劳动力再生产中的国家缺位》，见方向新主编《和谐社会与社会建设——中国社会学会学术年会获奖论文集》，社会科学文献出版社 2008 年版。

江山河：《犯罪学理论》，上海人民出版社 2008 年版。

曹立群、任昕：《犯罪学》，中国人民大学出版社 2008 年版。

谭深主编：《中国 12 村贫困调查（四川—江苏卷)》，社会科学文献出版社 2009 年版。

占少华：《生活风险、社会政策和乡村社会发展》，社会科学文献出版社 2009 年版。

王晓毅、马春华主编：《中国 12 村贫困调查（理论卷）》（第 8 章），社会科学文献出版社 2009 年版。

国家统计局人口和就业统计司：《中国 2010 年人口普查资料》，中国统计出版社 2010 年版。

林胜义：《社会工作概论》，台湾五南图书出版有限公司 2011 年版。

范先佐：《人口流动背景下的义务教育体制改革》，中国社会科学出版社 2011 年版。

郑杭生主编：《社会学概论新修》，中国人民大学出版社 2013 年版。

期刊：

丘海雄：《社会控制理论与香港青少年越轨行为》，《中山大学学报》（哲学社会科学版）1987 第 4 期。

谢泽宪：《行政化倾向，发展社会志愿服务的主要障碍——上海市浦东新区社区志愿服务的调查与思考》，《社会》2003 年第 1 期。

林宏：《福建省"留守孩"教育现状的调查》，《福建师范大学学报》（哲学社会科学版）2003 年 3 期。

屈林岩：《面向未来的学习观》，《高等教育研究学报》2004 年第 2 期。

雷雳、王燕、郭伯良等：《班级行为范式对个体行为与受欺负关系影响的多层分析》，《心理学报》2004 年第 5 期。

周宗奎等：《乡村留守儿童心理发展与教育问题》，《北京师范大学学报》（社会科学版）2005 年第 1 期。

范方、桑标：《亲子教育缺失与"留守儿童"人格、学绩及行为问题》，《心理科学》2005 年第 4 期。

沈原：《社会转型与工人阶级的再形成》，《社会学研究》2006 年第 2 期。

叶敬忠、王伊欢：《留守儿童的监护现状与特点》，《人口学刊》2006 年第 3 期。

罗国芬、佘凌：《留守儿童调查有关问题的反思》，《青年探索》2006 年第 5 期。

王春光：《乡村流动人口的"半城市化"问题研究》，《社会学研究》2006 年第 5 期。

卢昌军：《新乡村建设背景下乡村经济发展的困境分析》，《经济问题》2007年第8期。

魏爽：《偏差行为青少年群体的社会支持网络研究》，《中国青年研究》2007年第11期。

李秉龙：《中国乡村经济改革开放三十年的基本经验与政策集合》，《调研世界》2008年第5期。

段成荣、杨舸：《我国乡村留守儿童状况研究》，《人口研究》2008年第3期。

宋月萍、张耀光：《乡村留守儿童的健康以及卫生服务利用状况的影响因素分析》，《人口研究》2009年第6期。

金一虹：《离散中的弥合——乡村流动家庭研究》，《江苏社会科学》2009年第2期。

熊易寒：《底层、学校与阶级再生产》，《开放时代》2010年第1期。

金一虹：《流动的父权：流动农民家庭的变迁》，《中国社会科学》2010年第4期。

喻永婷、张富昌：《留守儿童的主观幸福感及影响因素的研究》，《中国健康心理学杂志》2010年第6期。

周靖祥：《中国乡村经济增长："空巢化"转变及相机选择——来自1978—2007年的证据》，《财经研究》2010年第6期。

江立华：《乡村文化的衰落与留守儿童的困境》，《江海学刊》2011年第4期。

唐有财、符平：《亲子分离对留守儿童的影响——基于亲子分离具体化的实证研究》，《人口学刊》2011年第5期。

郑震：《当代西方社会学的日常生活转向——以核心理论问题为研究路径》，《天津社会科学》2012年第5期。

纪德奎：《城乡教育一体化进程中乡村学校文化的冲突与调适》，《教育发展研究》2013年第21期。

郑磊、吴映雄：《劳动力迁移对乡村留守儿童教育发展的影响——来自西部乡村地区调查的证据》，《北京师范大学学报》（社会科学版）2014年第2期。

段成荣、吕利丹、王宗萍：《城市化背景下乡村留守儿童的家庭教育与学校教育》,《北京大学教育评论》2014 第 3 期。

金小红,王静美:《城乡结合部留守儿童的行为问题:亲子分离或家庭教育的影响——基于定量分析的研究》,《教育研究与实验》2015 第 3 期。

金小红、徐晓华、太小杰:《乡村结构变迁背景下农村儿童的生存现状:一项比较研究》,《教育研究与实验》2017 第 2 期。

谢爱磊、匡欢、白杰瑞、刘群群:《总体性文化资本投资与精英高校城乡学生的社会适应》,《高等教育研究》2018 年第 9 期。

黄铁苗、徐常建:《关于健全农村留守儿童关爱服务体系的思考》,《行政管理改革》2018 年第 10 期。

范兴华、方晓义、黄月胜、陈锋菊、余思:《父母关爱对农村留守儿童抑郁的影响机制:追踪研究》,《心理学报》2018 年第 9 期。

张凌:《学业成就获得的城乡差异研究——基于首都大学生成长追踪调查的实证分析》,《复旦教育论坛》2019 年第 1 期。

庞渤:《社区养老人力资源立体化整合发展研究》,《现代管理科学》2019 年第 6 期。

曾东霞:《"斗室星空":农村贫困家庭第一代大学生家庭经验研究》,《中国青年研究》2019 年第 7 期。

英文参考文献

Agnew, R. (2006). Pressured into crime: An overview of general strain theory. Los Angeles: Roxbury.

Agnew, R. (2015). Using general strain theory to explain crime in Asian societies. Asian Journal of Criminology, 10, 131 - 147.

Antman, F., M. (2012). Gender, educational attainment, and the impact of parental migration on children left behind. *Journal of Population Economics*, 25, 1187 - 1214.

De Beeck, H. O., Pauwels, L., & Put, J. (2012). Schools, strain and offending: Testing a school contextual version of General Strain Theory. European Journal of Criminology, 9, 52 - 72.

Duan, C. & Zhou, F. (2005). Studies on left behind children in rural

China. (in Chinese). Population Research, 29, 29 - 36.

Hirschi, T. (1969). Causes of delinquency. Berkeley: University of California Press.

King, G. (1988). Statistical models for political science event counts: bias in conventional procedures and evidence for the exponential poisson regression model. American Journal of Political Science, 32, 838 - 863.

Kuptsevych - Timmer, A., Antonaccio, O., Botchkovar, E. V., & Smith, W. R. (2018). Scared or attached? unraveling important links in strain - crime relationships among school students. International Journal of Offender Therapy and Comparative Criminology, 63, 1175 - 1201.

Lv, L. (2014). From the "left - behind children" to "new generation of migrant workers": Drop - out and its implication for high school - age left - behind children in rural China. Population Research, 1, 37 - 50.

Li, Q., Liu, G., & Zang, W. (2015). The health of left - behind children in rural China. China Economic Review, 36, 367 - 376.

London. (1989). H. B. Breaking away: A study of first - generation college students and their families. American Journal of Education, 1, 144 - 170.

Merton, R. K. (1938). Social structure and anomie. American Sociological Review, 54, 597 - 611.

Neter, J., Kutner, M. H., Nachtsheim, C. J., & Wasserman, W. (1986). Applied linear statistical model. Journal of the American Statistical Association, 81, 880 - 880.

Olweus, D. (1993). Bullying at School: What we know and what we can do?. Oxford: Blackwell.

Ro Payne, A. A., Gottfredson, D. C., & Gottfredson, G. D. (2010). Schools as communities: the relationships among communal school organization, student bonding, and school disorder. Criminology, 41 (3), 749 - 778.

Sampson, Robert J. & Janet L. Lauritsen. (1990). Deviant Lifestyles, proximity to crime, and the offender - victim link in personal violence. Journal of Research in Crime and Delinquency, 27, 110 - 139.

Skues, J. L., Cunningham, E. G., & Pokharel, T. (2005). The influence of bullying behaviours on sense of school connectedness, motivation and self-esteem. Australian Journal of Guidance and Counselling, 15 (1), 17–26.

Siegel, A. W. & Scovill, L. C. (2000). Problem behavior: The double symptom of adolescence. Development and Psychopathology, 12, 763–793.

Spera, C. (2005). A review of the relationship among parenting practices, parenting styles, and adolescent school achievement. Educational Psychology Review, 17, 125–146.

Smith, P. K. (2000). Bullying in schools: Lessons from two decades of research. Aggressive Behavior, 26, 1–9.

Su, S., Li, X., Lin, D., Xu, X., & Zhu, M. (2012). Psychological adjustment among left-behind children in rural China: the role of parental migration and parent-child communication. Child: care, health and development, 39, 162–170.

Solinger, Dorothy. (1999) Contesting Citizenship in Urban China. Berkeley, CA: University of California Press.

Tarroja, M. C. H. & Fernando, K. C. (2013). Providing psychological services for children of overseas Filipino workers (OFWs): A challenge for school psychologists in the Philippines. School Psychology International, 34, 202–212.

Terenzini, P. T., Springer, L., Yaeger, P. M., Pascarella, E. T., Nora, A. (1996). First-generation college students: Characteristics, experiences, and cognitive development. Research in Higher Education, 1, 1–22.

Tong, Y., Luo, W., & Piotrowski, M. (2015). The association between parental migration and childhood illness in rural China. Eur J Population, 31, 561–586.

Wang, X. & Guo, Q. (2010). Analyze of the frequency of negative life events and the influencing factors among left-behind children in a mountainous rural area in Guizhou province (in Chinese). Chinese Journal of Social Medicine, 27, 351 - 353.

Wang, X. , Zhang, J. , Wang, X. , & Liu, J. (2019). Intervening paths from strain to delinquency among high school and vocational school students in china. International Journal of Offender Therapy and Comparative Criminology, 64, 22 - 37.

Walters, G. D. & Espelage, D. L. (2017). Mediating the bullying victimization - delinquency relationship with anger and cognitive impulsivity: A test of general strain and criminal lifestyle theories. Journal of Criminal Justice, 53, 66 - 73.

Wang, J. , Iannotti, R. J. , & Nansel, T. R. (2009). School bullying among adolescents in the United States: Physical, verbal, relational, and cyber. Adoles Health, 45 (4), 368 - 375.

Wen, M. (2008). The effect of family structure on children's health and well - being: Evidence from the 1999 National Survey of America's Families. Journal of Family Issues, 29, 1492 - 1519.

Wen, M. & Li, K. (2015). Parental and sibling migration and high blood pressure among rural children in China. Journal of Biosocial Science, 48, 129 - 142.

Wen, M. & Lin, D. (2012). Child development in rural China: Children left behind by their migrant parents and children of nonmigrant families. Child Development, 83, 120 - 136.

Willis, P. (1977). Learning to labor: how working class kids get working class work. New York: Columbia University Press.

Wicks, P. (2002). Parameters of Malaysian identity in the novels of Lloyd Fernando and K S Maniam. Asian Research Service.

Xu, H. & Xie, Y. (2015). The causal effects of rural - to - urban migration on children's well - being in China. European Sociological Review, 31, 502 - 519.

Yang, D. (2008). International migration, remittances and household investment: Evidence from Philippine migrants' exchange rate shocks. The Economic Journal, 118, 591 - 630.

Ye, J. Z. & Pan, L. (2011). Differentiated childhoods: Impacts of rural labor migration on left – behind children in China. Journal of peasant studies, 38, 355 – 377.

Yan, H., Chen, J., & Huang, J. (2019). School bullying among left – behind children: the efficacy of art therapy on reducing bullying victimization. Frontiers in Psychiatry, 10.

Yildiz, M. & O. Solakoglu (2017). Strain, Negative Emotions, and Suicidal Behaviors Among Adolescents Testing General Strain Theory. Youth & Society, 51, 638 – 658.

Zhang, J., Liu, J., Wang, X., & Zou, A. (2017). Life Stress, strain, and deviance across schools: Testing the contextual version of general strain theory in China. International Journal of Offender Therapy and Comparative Criminology, 62, 2447 – 2460.

Zhen, R., Li, L., Liu, X., & Zhou, X. (2020). Negative life events, depression, and mobile phone dependency among left – behind adolescents in rural China: An interpersonal perspective. Children and Youth Services Review, 109.

Zhou, M. & Cai, G. (2008). Trapped in neglected corners of a booming metropolis: residential patterns and marginalization of migrant workers in Guangzhou. In Logan, J. R. (ed.) Urban China in Transition. Blackwell Publishing, Oxford, 226 – 249.

Zhao, Q., Yu, X., Wang, X., & Glauben, T. (2014). The impact of parental migration on children's school performance in rural China. China Economic Review, 31, 43 – 54.

Zhang, N., Becares, L., & Chandola, T. (2015). Does the timing of parental migration matter for child growth? A life course study on left – behind children in rural China. BMC Public Health, 15, 1 – 12.

Zhou, C., Sylvia, S., Zhang, L., Luo, R., Yi, H., Liu, C., Shi, Y., Loyalka, P., Chu, J., Medina, A., & Scott, R. (2015). China's left – behind Children: Impact of parental migration on health, nutrition, and educational outcomes. Health Affairs, 34, 1964 – 1971.

Zhou, M., Murphy, R., & Tao, R. (2014). Effects of parents' migration on the education of children left behind in rural China. Population and Development Review, 40, 273 - 29.

Zhang, X., Li, M., Guo, L., & Zhu, Y. (2019). Mental health and its influencing factors among left - behind children in South China: a cross - sectional study. BMC Public Health, 19, 1 - 11.

后 记

从2013年开始进行留守儿童调查，没有想到成果出来是7年以后的事情了，但这其实是科学研究的时间规律。对"留守问题"的认识，也从最初的"留守儿童"问题，回归到"留守问题"的实质，从最初的留守儿童家庭生活调查，到现在反思乡村生活的实质，一个小小学人的思路历程，其实微不足道，但是置身于历史进程中，又难免多了点苦大仇深的感慨。反思，需要摆脱个体已内化的基本常识对社会研究活动的束缚，释放社会学的活力。反思性，是更好地理解实践的重要依据，它一方面针对学术无意识现状，另一方面针对权力无意识现状。反思性，既是一种态度，也是一种原则。在当前乡村振兴背景下，用反思性的视角去审视当前乡村儿童的生存处境，是本书的初衷，却不是结束，因为还需要继续推进的实质性问题，一直摆在那里，无论是作为学术探讨的药引，还是作为政策影响的良方。乡村的"泛留守"现象不容忽视，它不仅仅是部分家庭的问题，更是整体社会生态环境的问题，在此意义上，"留守问题"研究的落地点回到对于乡村本身的观照中。这种综合性问题，需要做多学科的整合设计，将社会学关于社会结构的宏观思考、心理学及教育学的微观动力研究及社会工作等实务介入工作有机贯通，以提升研究结论的适用性及内在的理论价值。本次研究仅仅尝试了以上综合性研究，更为细致的研究工作，还有待进一步推进。

在反思的态度上，我要感谢我的博士生导师侯钧生教授，南开精神，"允公允能，日新月异"，经由导师的面授身教，当时只是学到表层，后来才明白体悟是终身的；在反思的原则性上，我要感谢我的硕士生导师江立华教授，他一直不惜拉下脸面督促我对一个问题要深挖，而不能浅尝辄止，本书的部分内容，尤其是"留守问题"发生的条件关系及乡村文化衰落对留守儿童的影响,受到江老师多篇文章的启发。因为历史的原因,我其实有三个硕士生导师,另外两位分别是夏玉珍教授和刘祖云教授,两位老师常常因为对我疼爱有加而不忍批评我。

正如本书试图呈现的,对事实认识需要有实证的立场,社会学的实证主义最初来自于法国奥古斯都·孔德的倡导,数据本身不会说话,但是承载其中的人赋予了它内涵及对它的诠释。英国社会学家安东尼·吉登斯用"双重解释学"的立场,表达了学术人与实践者的"血肉相连"关系,学术人只能用最虚心的态度才能捕捉到实践的真实样貌。本书在研究方法上进行了综合性设计,便于三角查证,在调查区域的选择上,对多个地区进行了取样,虽然以一己之力无法穷尽全国范围,但是中部及西部地区,是留守儿童最为集中的区域,均有所涉及;在时间上,分别在2013年、2015年、2016年、2017年、2019年,进行了持续调查,对一些问题进行了较为深入的比较和追踪。未来应该在区域比较及与"留守"或者"泛留守"问题相关的比较研究上,进行推进。

2014年开始调查后,笔者去了台湾访学,剩下的资料收集及整理工作一边通过视频"遥控"学生协助完成,一边重新系统整理统计知识,以备分析之用。在台湾访学时,有幸遇到孙懿贤教授,当时的我,正值对于统计知识理解和应用陷于困境之时,孙教授帮助我从粗糙的描述性及初步的推论性统计走向了更高阶的阶段,感触最深的是,学习再多,但是要精准用出来,需要不断注意对细节的把握。2015年去了美国访学,在孙教授的帮助下,与本书研究相关的数据得到重新整理,并形成学术论文。进步往往是在"摸爬滚打"中发生的,在相关论文写作中,暴露了前期调查的诸多缺陷,比如变量的精确性问题,研究设计中文献整理的完备性问题,都对未来的研究提出了新的高度和要求。

在这里我要感谢在田野调查中不遗余力付出的学生们,他们是:李健、王静美、王俊、郝杰花、宋霞、牛自山、宋虎、魏华、陈华丽等。时间久了,记忆确实也模糊了,但是和他们一起吃盒饭、从天蒙蒙亮出发、一路颠簸到调查地点、一路在车上迷迷糊糊回家的种种情形,是无法忘却的,艰苦的美好都留给了回忆。值得一提的是,这些学生中,本身就有很多是留守儿童,他们各自的经历分享,在很多方面也督促并启发了笔者要不停反思留守问题,他们带给我最深的启发是,留守问题并不等于负面问题，尤其是呈现在一个具体而活生生的个体身上时，也许他们是艰辛的，也许他们是不易的，但是经历也带给了他们另外一些难能可贵的品质。

资料的整理非常烦琐，在这里要感谢几位学生的倾情付出：第二、三、四章，是关于乡村儿童的描述性分析，记得当初在台湾通过视频指导李健和王静美进行统计时，她们担心我太辛苦，有些地方"自作主张"，结果却被我完全否定而重来，事后李健告诉我，当时她望着一百多页的统计稿，哭了一个晚上，但是"军令不可违"，第二天重新来过（她们两人现在都就职于上海的高级咨询公司）；第五章，王静美自学了中级统计技术，这一章形成的文章，我们作为合作者已经发表了；后面的几章，以下几位同学在资料整理方面做出了许多贡献：徐晓华、杨杰、太小杰、王俊、费婷婷、胡梅佳等，其中部分内容也形成了学术论文并合作发表。整个文本的校对工作非常细碎，许松影及尹紫怡投入了大量的时间和精力。以上诸多工作，都要感谢我的学生的辛勤付出。

要感谢的人还有很多，尤其是我的家人、闺密及其他师友，在最困难的时候，陪伴我的是你们，你们是我前进的动力，也让这一切都更有意义。

金小红
华中师范大学位于桂子山
2021 年 5 月 8 日